中國學術思想

研究輯刊

二一編

林慶彰 主編

第 12 冊

「無」與「空」：
以嵇康與大乘佛教的音樂觀爲討論中心

韓文傑 著

花木蘭文化出版社

國家圖書館出版品預行編目資料

「無」與「空」：以嵇康與大乘佛教的音樂觀為討論中心／韓文傑
著 -- 初版 -- 新北市：花木蘭文化出版社，2015〔民 104〕
目 2+184 面；19×26 公分
（中國學術思想研究輯刊 二一編：第 12 冊）
ISBN 978-986-404-052-0（精裝）
1.（三國）嵇康 2.（三國）王弼 3. 音樂美學
030.8   103027154

ISBN-978-986-404-052-0

9 789864 040520

中國學術思想研究輯刊
二一編　第十二冊　　　　　　ISBN：978-986-404-052-0

「無」與「空」：
以嵇康與大乘佛教的音樂觀爲討論中心

作　　者　韓文傑
主　　編　林慶彰
總 編 輯　杜潔祥
副總編輯　楊嘉樂
編　　輯　許郁翎
出　　版　花木蘭文化出版社
社　　長　高小娟
聯絡地址　235 新北市中和區中安街七二號十三樓
　　　　　電話：02-2923-1455 ／傳眞：02-2923-1452
網　　址　http://www.huamulan.tw 信箱 hml 810518@gmail.com
印　　刷　普羅文化出版廣告事業
封面設計　劉開工作室
初　　版　2015 年 3 月
定　　價　二一編 27 冊（精裝）台幣 50,000 元

「無」與「空」：
以嵇康與大乘佛教的音樂觀爲討論中心

韓文傑　著

作者簡介

　　韓文傑，1979 年出生於泰國曼谷，泰籍本名爲 Nipon Sasipanudej，2013 年於國立臺灣師範大學國文研究所文學博士畢業，現在擔任泰國法政大學（Thammasat University）中文系暨東南亞學系專任講師，授中國文學史以及中國美學課，研究興趣爲魏晉文學、魏晉思想、中國佛學。目前研究康德與大乘佛教的關係以及準備翻譯大乘佛經。

提　要

　　本文探討音樂的淵源與其功能，專門推敲中古嵇康及大乘佛教的音樂觀。筆者把論述分析在兩個不同的美學領域──「無」與「空」。在此的「無」指的是魏晉王弼的「貴無」的形上思考，在此的「空」指的是大乘所談的空論。

　　筆者把嵇康所提出來的「和」解釋當作一種體性（svabhāva）之說，而且這個體性之說互文於王弼的無論，音樂的和諧狀態屬於形上的體性，作爲一種先天的存在物，我在此引用佛學的術語──體性解釋魏晉玄學，以佛解玄使王弼的無論歸根到底成爲了一種有論，這個有論使湯用彤的歸類──漢爲宇宙論，魏晉爲本體論，無法成爲可能，因爲宇宙論在希臘哲學文化上其目的就是尋找萬象背後的第一因或原動力，因此原子論（萬象不過是最爲基本的原子的運作）屬於宇宙論的一種考察，漢代的五行、氣象之說無法相比於原子論，因原子之說本來就含有本體的說法了（本體作爲最爲基本的原子），按照希拉哲學，宇宙論就是本體論的萌芽，所以我建議與其說魏晉爲本體論，不如說魏晉作爲一種一元論（Monism）或絕對論（Absolutism），因王弼把所有的現象上的存在物解釋當作無論的化身，王弼的方法就是把「無」在形上絕對化，這個「無」中生有，這個「無」還是存在的，作爲一種先天的存在物，越非常有體性，所以無論就是體性論。

　　嵇康推論音樂的和諧狀態也呼喚了王弼的聲音，樂聲優先存在，跟我們的後天感受互不相干，音樂以平和爲體，其功能就是感物無常，嵇康的方法論就是王弼的體用之說。因音樂以宇宙的和諧作爲自己的體性，所以嵇康的樂論比較偏向重視旋律（melody），因旋律可以反照大自然的形上的和諧。這個和諧狀態跟我們的語義也毫無關係，這些語義，比如：喜、怒、哀、樂、孔子聞韶等等，都是我們的後天感受，而且各有各的文化領域，無法跨越文化的疆域。我們的這些感受在聽音樂前本來早就已經形成了，而後被和聲引發出來。嵇康還說不同的樂器可以引發不同的感受，比如：琵琶容易引發快感，琴容易引發舒緩的感覺，這是因爲每種樂器各有各的傾向性，琵琶有傾向彈快節奏是因爲線的部位放得比較近，琴有傾向彈慢節奏是因爲綫的部位放得比較遠，這不是說琵琶不能彈慢節奏或琴不能彈快節奏，那不過是一個樂器的趨向性而已。

　　因各種樂器有自己的傾向性，琵琶才容易引發激動的感覺，琴容易引發舒適的感受，這也不是說琵琶不能引發舒適的感覺，琴不能引發激動的感受，這談不上琵琶只有刺激、快樂的感覺，談不上琴只有緩慢、舒適的感受，此外這些趨向性也不過是拍節、音調的高

低的組合而已，跟我們後天千變萬化的喜、怒、哀、樂沒有關係，音樂可以引發這些感受，可是樂聲本身沒有或擺脫掉這些感受，音樂的效果是無常的，一篇歡曲少年男女聽了歡欣鼓舞，有的老人聽了，老淚縱橫，因此我說嵇康的樂論是傾聽音樂的效果的相對論。

音樂的最高境界對嵇康來說是聽琴的神祕感，這個神祕感有兩種說法：（一）淡味、恬和淵淡（二）擺脫所有的喜、怒、哀、樂的那種境界，嵇康把擺脫哀樂的那個境界稱作「玄貞」（純潔的意思），第二個意義使他的樂論遠超過阮籍。

相比於樂聲的體性之說，佛教反而疑問樂聲是從哪裏來的？音聲不是形而上學的存在物，而是從我們的唯心來的，因出於我們的唯心，樂聲是唯心作也，它彷彿一種幻影或雲煙，無體性，這個幻影是般若而來的現象，它生起、維持、變質、消滅，一旦我們擺脫掉心的相應染（虛擬二元對立的思辨，比如：動/靜、明/暗等等），這個聲音的存在就站不住了。樂聲不過是我們的唯心作也，沒有體性。因音聲本無體性，佛樂才偏向重視所有現象的音質（acoutics），這個音質範圍很廣，從心裏念經、念佛的節奏拉到菩薩本願的維持狀況（如：阿毘跋致（Avivartin）的嚮往、修身與他們的能聞性），還包含天樂、梵唄、聲唄、咒，沉思現象上的音質成為達空、完成佛性的一個重要手段。

關鍵詞：王弼、嵇康、無、大乘佛教、空、音樂觀、比較美學

Wu and *Kong*: A Discussion on Ji Kang and Mahayana Buddhism's Musical Thoughts

Abstract

This thesis attempts to explore the origin of music, and its function in Medieval China, which were represented by Ji Kang, and Mahayana Buddhism, by means of locating them into two aesthetic traditions——*Wu* (Nothingness), and *Kong* (Emptiness). *Wu* in my discussion refers to Wang Bi's *guiwu* (Nothing-ism) of Wei-Jin Dynasties, and *kong* refers to Theory of *Sunyata* in Mahayana Buddhism.

I argue that Ji Kang's notion on *he* (harmony) in music essentially is a kind of a *svabhāva* (a substantial being), and its ontological elaboration has an intertextual connection to Nothing-ism of Wang Bi, that is, a musical harmony is attributed to a state of *svabhāva* as a priori being in Metaphysics. I here apply Mahayana term——*svabhāva* to reinterpret *Xuanxue* (Mysterious Learning) of Wei-Jin Dynasties. By reinterpreting Wei-Jin *Xuanxue* under the lens of Mahayana Buddhism, Wang Bi's *wulun* (Nothing-ism) cannot escape from *youlun* (Thing-ism), and meanwhile it makes Tang Yongtong's philosophical categorization——*Han wei yuzhoulun* (Han as Cosmology), *Wei-Jin wei bentilun* (Wei-Jin as Ontology) theoretically impossible for the reason that Cosmology in Greek culture is to find out a universal ground, or First Cause, or Prime Mover behind all phenomena, so Atomism in Greek thought originally belongs to a cosmological speculation. *Wuxing* (Five Agents), and *qixiang* (Vital Force) in Han thought cannot be compared to Atomism, because Atomism initially includes an ontological speculation to explore in depth the Prime Mover. According to Greek philosophy, Atomism is considered as an inception of a science in modern sense. For this reason, I propose that Nothing-ism should be considered as a kind of Monism, or Absolutism more than Ontology, for Wang Bi tries to absolutize *Wu* in terms of metaphysics, that is to say, *wu* gives birth to *you*, or *wu zhong sheng you*, *wu* remains an ontological ground as a priori existence, that firmly occupies a state of *svabhāva*, so Nothing-ism is a kind of Thing-ism.

When Ji Kang elaborated his notion on musical harmony, it evokes Wang Bi's ontological voice, that is, music is a state of a priori being in metaphysics which does not concern a posteriori sentiments, for music takes a harmony as its self-entity, and effects listeners variably. Ji Kang's methodology echoes Wang Bi's concept of *tiyong* (Substance and Function). Because music takes a cosmological harmony as its *svabhāva*, Ji Kang's musical thought is prone to emphasize on a melodious quality, for it is able to represent a metaphysical harmony in Nature. Its melodious quality transcends our a posteriori sentimentalism, such as, sorrow, and joy, or even in any auditory rendition by Kongzi. Musical effect has its own cultural boundary which is not universal. Ji Kang argues that our sentiment has been already formed in our mind before it is triggered, and transmitted outwardly by a harmonious sound. Ji Kang discusses that each musical instrument can trigger different sentiments, such as, lute (pipa) is likely to trigger an exciting sentiment, zither (qin) is tend to trigger a relaxing emotion, for each musical instrument has its own innate tendency. Due to its own characteristics, lute is tend to produce a fast melody, for its strings is close to each other, and zither is tend to perform a slow melody, for its strings is rather far to each other, but it cannot be said that lute cannot produce a slow melody, and vice versa. Thus, lute is easy to trigger an arousing sentiment, and zither is easy to trigger a cozy feeling, but it does not mean that lute cannot trigger a cozy feeling, and zither cannot trigger an arousing sentiment. It is merely an intrinsic tendency of each instrument. Moreover, its tendency is just a combination of rhythms, beats, and pitch which does not concern our a posteriori affection, varying to time, space, and each person. Music can trigger our affection, but music itself transcends our affection, and its psychological effect is inconstant, or *wuchang*. Young people feel high-spirited when they listen to a piece of joyful melody, but old people maybe feel tearful. This is the so-called a relativism of psychological effect by music, discussed by Ji Kang.

The idealistic realm of music for Ji Kang is a kind of mysticism in listening to zither. This mystical feeling can be classified into (1) a flat taste, or *danwei*, and (2) an absence of sentiments in music, or *sheng wu aile*, Ji Kang called the latter as "pure," or *xuanzhen*, the latter signification makes an instrumental melody transcend our sentiments, and meanwhile it makes his musical thought outdistance Ruan Ji's musical notion.

Compare to the concept of *svabhāva* in Ji Kang's musical thought, Mahayana Buddhism questions, and discusses critically its illusory origin. Musical sound is not *svabhāva* in metaphysics, but it derives from our Mind-only, or *weixin*. Because it comes from our Mind-only, music is a fabrication of Mind-only, or *weixin zuo* as *asvabhāva*, as though an illusion, or *maya*. Our ideation is *tathata*, or a suchness as a cognitive process in phenomenology, namely, it is created, maintained (under some conditions), transient, and annihilated, whenever we go beyond a defilement associated with binary discrimination, or *xiangyingran* of mind, such as movement/non-movement, darkness/brightness, etc., the so-called an entity of sound is deconstructed. Because music is a construction of Mind-only as *asvabhāva* without any content in itself, Buddhist's music tends to focus upon acoustics in all auditory phenomena. Acoustics can be extended from one's mental rhythm, *nianfo* (Mindfulness of Buddha), to Bodhisattva Vows, or *fa putixin*, Avivartin's listening ability, Celestial Sound, or *Tianyue*, liturgical chant, or *fanbai*, and dharani, or *zhou* as skillful means, or *upaya* to attain *Sunyatabhava*, and to complete his or her Buddhahood.

Keywords: Wang Bi, Ji Kang, *Wu*, Nothingness, Mahayana Buddhism, *Kong*, Sunyata, Emptiness, musical thoughts, comparative aesthetics.

致　謝

　　我在此十分感謝花木蘭文化出版社讓我的博論正式出現文壇，希望通過本書在精神上與讀者交談而獲益。

　　功德日（Punyaditya）說：「猶如迷人依方故迷。迷無自相不離於方。」，因而本篇論文才誕生起來。

　　從小到大，我花很多時間與古人交談，也許是爲了當作學者，也許不過是精神上的安慰。如果生活是一種修行，也許本篇論文不過是個人修行的微不足道的產物之一。我在此衷心致謝王基倫教授。他對本篇論文細心地閱讀，忍耐地修改，連微小之處，他也細心地察看，同時也發出很有幫助的意見。他的人格、品德、學術態度及人生觀對我的學術生活影響極大。也許偉大的老師他沒有教你什麼，除非讓你充分地發揮在你心底的先天知識，而你從中得以解放。

　　我在此衷心感謝四位口考委員，他們仔細、耐心閱讀我的論文，在口考的時候也寬心地傾聽我的論述。我感謝王次澄教授的意見，她培養了我的學術態度，又讓我知道我忽略了佛樂的世俗功能，不過在我心目中非常希冀把人間世俗的需求與渴望連接於空性的超越境界，本嚮往只能成爲文外隱隱約約的一些殘餘，彷彿「眞相只能夠說一半」，也如同「我在說眞相，而不是完全的眞相，因爲無法述說完全的眞相。述說完全的眞相逐字是根本不可能的：言語無奈。不過透過此無奈，眞相反而走向眞理。」——拉岡（Jacques Lacan 1901-1981）。我感謝蕭麗華教授，她人就如同凡間菩薩，來至人間施予學生知識。我感謝李辛玲副教授的查看，她誠懇地回應我的論述，當我傾聽她回應時，她讓我反省我自己，亦發現我心中的惡魔（mara）尚未除掉，之後自我

涵養成爲修佛永遠不會退步之學生。最後我非常感謝吳冠宏老師的審查，老師閱讀得很透徹，也提供很有幫助的意見。

我在此衷心感謝 Anongnad Ngamjariyawat，她既是我的摯友，又如同善良的恩姐。自從下筆到完成本篇論文，她虛懷若谷地傾聽、回應我不斷的埋怨，樂觀、幽默地鼓勵我，同時也提出實用的見解。她向來使我相信一個人可以充分地發展以及發揮自己的潛在能力，而且生命也包涵著等待與發展。我樂意在此表示感謝。

我在此衷心感謝 Acting Sub Lt. Kumphon Yumanthamma，自從返台答辯論文，他不僅忍耐地傾聽我，撫慰我，還給予我一股勇氣和力量，他的願望就如同天上的一顆星，玲瓏閃爍，耐心地等著我完成本篇論文。

我在此由衷感謝鄭順德。他是一個精神上的好友，如同兄弟。他的善心與誠懇就如同清晰的鏡子，當你照它的時候，你看到你自己。

我在此衷心感謝林玉惠學妹，她不僅忍耐地傾聽我訴苦，如同大人耐心傾聽小孩，還熱情地回應我的學術問題、提供有用的閱讀資料、鼓勵我如同恩姐。她的浩然之心在現代社會上雖然罕見，不過也讓我回顧人性的奧秘。

我在此衷心感謝父母的恩愛與寬容。他們不僅了解我、安慰我，還給我自由，讓我可以過我想過的生活。我在此真心感謝恩父，連在清寒的童年之際，他還是一直支持我的閱讀，培養起來我的閱讀喜愛和習慣，讓我可以擁有屬於我自己的精神境界。

我們怎麼能理解自己，如果不通過他人。他人就如同無所不在的纖維，慢慢組織成爲本篇論文的背後之靈魂。當你描述它的時候，只剩下被順理過的句子，被語言的結構節下的一點渣汁。

最後我深心感謝佛（Buddha）與法（dharma），它們彷彿我靈魂的舵與帆，也猶如我精神上的最後歸宿。它們不僅指導我，還施與我力量、信念完成本篇論文，終究成爲我精神上的修煉的一部分。

2014 年 5 月 18 日，韓文傑誌於泰國法政大學人文學院

目　次

第一章　引　論

　　比較美學家比較的東西即爲美學觀念和信念以及在某某地區
裏佔用的美術實踐——讓我們稱之爲美學傳統——人類文化的不同
的各種美學傳統。這些美學傳統包含很多概念關於美學賞鑑，成爲
藝術本質。這些比較出於它們自己，也是爲了它們自己，但其效果
反而影響或點燃某些美學問題，而且這些美學問題在某某文化區域
內或某某國內文化的美學裏常常未注意到。〔註1〕

　　夫和實生物，同則不繼。〔註2〕

　　本章節論述幾個問題：（一）比較美學的方法論以及其重要性；比較美學
的目的就是在一個更爲龐大的觀念裏比較兩個對象，此方法是爲了點出兩個
對象在觀念上如何有細微差別，此細微差別在更爲巨大的一個觀念裏有什麼
樣的連續統一體，可以對比、排比或詮釋。（二）比較美學的研究對象：嵇康
的樂論和佛教的樂論，前者我稱之爲「無」的美學傳統，把它分析在無的美
學的觀念之下，後者爲「空」的美學傳統，把它分析在空論的觀念之下。（三）
本篇論文中所用的定義與範圍，這是爲了點出「無」與「空」的定義與範圍。
本篇論文指出「無」的美學可以追溯於王弼的無論，無論又是一元論或絕對
論的一種化身，嵇康的樂論也像無論一樣，有無意地在形上絕對化音樂的身
分，使之有形而上學的意義，而「空」的美學可以歸屬於大乘佛教的般若之

〔註1〕 Mazhar Hussain and Robert Wilkinson（eds.）,"Introduction,"in *The Pursuit of Comparative Aesthetics：an Interface between East and West*（Burlington, VT：Ashgate, 2006）, p.1.

〔註2〕 《國語》，第十六卷，〈鄭語篇〉。

說法，所有的聲音和語言不過是分別識，音樂不過是心理過程中的般若，如同幻影一般，從而可以藝術化之、借用之爲工具達至「空」。

上述的引文精準於比較美學的方法論，因爲比較美學的主要任務的其中之一就是在巨大視角（macro perspectives）中讓主體可以看到其內在的微觀視角（intra-micro perspective），同樣的，從其內在的微觀視角裏可以看到巨大視角。本篇論文基於這種方法論而追求「無」的美學與「空」的美學的細微差別的深遠意義，因爲兩者都是中國思想史的兩個重要精神，而影響到歷代的文藝表現。

所謂的細微差別，英文叫做 nuance，它的複雜含義指的是連續統一體，非完全差別，也非完全接近，不是完全屬於甲類，也不是完全屬於乙類。〔註3〕有些重疊、連續、並列、對比或排比的部分值得箋注或詮釋。詮釋後，我們會看到更爲龐大的前景或更爲清楚的圖示，讓我們掌握到兩者的不同的部分或者相關、相通的部分，不管在文本上或觀念上。

筆者認爲在意味深遠的細微差別的美學要素裏，如果將之來對比會讓我們看到更爲龐大的相通性質，同時也在巨大視角裏看到其內在差別，讓甲、乙文化——「無」的美學與「空」的美學，意味深長地擁有美學特性。〔註4〕比較美學所追求的就是在細微差別裏的可以相通的可能性，非獨立的相同或相異的成分。相通指的不是相同（或有些相異），而是可以溝通、詮釋（解釋到兩個實體可以溝通）、交流、需要註解、有意、值得對比、排比或並列，中國古人稱之爲「和」的狀態，所以「和」的狀態在這個意義上是清晰的狀態，非不清不楚的混沌。本篇論文則是爲了追隨這種精神而闡明嵇康的「無」的美學與大乘佛教的「空」的美學。在這兩個個美學命題之下針對音樂理論的

〔註3〕 Nuance 一詞原本用來描繪物體的連續性的細微差別，如：布料的色彩（成爲色譜）或味道、音調、香韻、感情的微差。後來變成翻譯研究、語義學的術語。譯成中文後反而看不到連續統一體的含義。

〔註4〕 這個方法論完全不同於傳統的大同小異或大異小同的方法論，是因爲比較美學的方法論著重於各個要素的互動操作或互相關聯的活動，此是爲了發揮各個成分引起的作用、功能，非把各個要素作爲靜態來對待。傳統方法經常在某某文本裏盡量找出相同或相異的刻板要素來，多於解釋它們的關聯性、功用性及相通性。傳統方法所在乎的是相同或相異的獨立成分，非探索各個要素的互相共通的可能性、互動性，努力尋找文本的確定性或固定性，非文本的多義性，相反而言，比較美學在某某觀念上尋找兩個文本可以相通的可能性或互動性，把兩個東西在某某觀念之下作出比較，讓兩件東西在某某觀念或可以相通的概念之下發揮其用。

體系研究從來未有。

　　比較美學使我們在細微差別的範疇裏可以看到更爲龐大的相通性質，而在龐大的相通性質之下可以看到細微差別和其連續統一體，讓本篇論文反對絕對的相對論或完全個別的多元性的所有的方法論，因爲那些論述強信各個文化實體固有獨特的性質，研究者的責任不過是尋找或提煉出來那些絕對獨特的性質、精髓，而認爲那些性質在根本上不可能含有其他有意義的關聯。實際上沒有哪個文化向來完全自己獨立而存在，如果不跟其他的文化交流、溝通，那個文化會衰落，所以大乘佛教也處於這種情況，它一部分完成了新儒家思想，豐富了中國美學。這就是和而不同的重要意義之一。

　　Joseph Margolis 指出我們越尋求獨立而各別的單元性，我們反而越違背單元性的本質——那些努力不斷地分歧和離心的本質。〔註5〕我們當然承認比較美學提出差別，但是差別不代表不相關或不相通。在某某文化區域裏可以有很多思想、哲學，如同儒家思想、道家思想和佛教思想都可以交叉或互相充斥。這就是「和而不同」在方法論上的深義；在共同分享的結構內含有各不相同的元素和諧地運作在內。〔註6〕

　　我所說的甲、乙文化指的是魏晉玄學與大乘佛教。當我們把兩件東西拿來相比、對比或並列時，比較美學所基本要求的是兩者可以討論的相等因素（這些因素有幾種可以進一步討論），不然會有偏見或成見。〔註7〕這些因素

〔註5〕 Joseph Margolis, *The Truth about Relativism*（Oxford：Basil Blackwell, 1991），p.118.

〔註6〕 當然是筆者把《論語》中的這段引文運用到方法論身上了，非談君子的爲人、品德或德行。《論語13‧23》〈子路篇〉。因爲我從閱讀《論語》的英文翻譯本中得以這樣的啓發，所以在此引用中英雙解材料，非中文古籍文本，而以後論及《論語》，也是如此。*The Analects of Confucius：A Philosophical Translation*, bilingually translated by Roger T. Ames and Henry Rosemont, Jr.（New York：The Ballantine Publishing Group, 1998），p.168～169.

〔註7〕 如同牟宗三把康德的形而上學拿來跟宋儒的理學相比，然後判斷康德的形上概念缺乏倫理，不像中國宋明理學那樣解讀「理」的概念向來都包含著倫理觀念。有些學者認爲這是相比的一種偏見，他們認爲某些中國形上概念未必要讓西方的形而上學來共同分享。Fang Zhaohui, "Metaphysics or Xing（er）shangxue 形（而）上學？：A Western Philosophical Term in Modern China," in *Dao：A Journal of Comparative Philosophy* Vol. V, No. 1, December 2005, pp.101～103.
　　不過筆者反而覺得牟宗三在意康德的某些哲學成分，那表示他只是看完康德的一些作品，非康德全部著作，而趕快判斷康德的全部哲學。康德引導的形而上

當然不是要同國或異國，而是一種概念，可以是一個概念或兩個概念（以上皆可），這些概念當然必要是哲學上或思想上的概念，而且有值得注目的細微差別（nuance），如：新儒家思想（宋代道學到王陽明）與大乘佛教對心的見解（如果我們泛泛地把大乘佛教的初始視爲外國的發明）、法國蒙田（Montaigne 1533～1592）與明末李贄的反思。〔註8〕在這個意義上，國家界限或自然地理的界限並不是比較美學所在意的問題，魏晉玄學與大乘佛教的相關命題也如此。魏晉時期大乘也十分盛興，值得把佛教的音樂觀念拿來相比於嵇康同時代的樂論，探討他們兩者採用什麼爲前提論述音樂的屬性與功能（至於大乘的樂論，從梵文譯成漢文的佛經，筆者引用中國歷代的翻譯版本，比如：六朝、隋代、唐宋代的譯本，也都是歷代著名的高僧翻譯的）。

如同《左傳》所說的「以他平他」（和諧狀態須要在共享的一個範疇裏可以接受與己不同的成分）〔註9〕以及如同《論語》所說的「和而不同」〔註10〕，如果把此兩引文理解成爲一種研究方法或分析的視角，似乎告訴我們在一個

學是否含有倫理概念，取決於分析者怎麼運用康德的哪些文本或段落去詮釋或給予意義。這種偏見讓筆者顯然看到牟宗三忽略了康德的一些作品，如：《單純理性限度內的宗教》（Religion within Boundaries of Pure Reason），在這部作品裏康德明顯地證明形上一定要有係於倫理。但這些問題牟宗三毫無談到，所以牟宗三中西的哲學比較在方法論上是不公平的。而且牟宗三在相比過程中努力僵死化中西的哲學差別，變成二元對立的判斷方法，中國宋明理學有了什麼？而康德的形上缺了什麼？然後提出中國的理學比西方的哲學傳統還優越。筆者認爲這種想法不知不覺地走向國家主義，如同薩義德（Said）在他的《東方主義》（Orientalism）一書裏所分析過；二元對立的研究方法會導致國家主義或國家概念。因國家、文化概念是人爲的知識體系，此知識體系會建立權勢，而後合法化它再現出來的知識體系，我們所認知的知識也不過是再現，非眞實。牟宗三也不知不覺地陷入這個陷阱。其實牟宗三的偏見之例是當代的普遍現象，人有時也有無意識地刻板化某某知識。Hannah Arendt 稱這種偏見爲「邪惡的平庸」（banality of evil），上帝不過是過路來而拯救我們的一種理智瞬間（intellectual moment），非我們所認知的擬人化之上帝。

本論文不是爲了點出嵇康的樂論有了什麼，而大乘缺乏了什麼或大乘有了什麼，而嵇康缺乏了什麼，又不是大同小異或大異小同的研究，而是爲了點出兩者分別在哲學上、文藝美學上有什麼功用。

〔註8〕因爲明末港市解放，李贄接受外來的影響而批評儒家思想。Rivi Handler-Spitz, Diversity, Deception, and Discernment in the Late Sixteenth Century：A Comparative Study of Li Zhi's A Book to Burn and Montaigne's Essays（PhD dissertation）（Chicago：University of Chicago Press, 2009）.

〔註9〕《國語》，第十六卷，〈鄭語篇〉。

〔註10〕《論語 13．23》〈子路篇〉。

文化地區裏幾乎沒有外來的文化或異國的文化形式未穿插在內，我們可以說
在世界上幾乎沒有一個文化不跟其餘的文化交流、溝通，而且那些外來的文
化形式逐漸地組成「和」（和諧）的狀態的必不可少的一部分，換句話說，「和」
涵蓋著自己既相同又相對的成分在內，組成各個成分相通的狀態，不然萬物
無法衍生。

　　既然如此，大乘佛教原本來自印度，其身分是如何呢？如果把印度龍樹
（Nagarjuna 約150～250）的中觀學派視爲大乘佛教的起源，大乘佛教在自然
地理上是屬於印度，不過傳入中國之後逐漸地得以詮釋、註解，久而久之，
成爲中國文化的精神之一。從大乘佛教的中觀學派以後，梵文的佛經得以細
膩箋注而分支成爲華嚴派的唯心論以及其他派別，如：天台派、淨土派，有
的學者說禪派的局部是中國唯心論（cittamātra）之伸論，Whalen Lai 提出禪派
是佛教唯心論的擴展，而且中國文人也透過《孟子》和《莊子》的哲學與用
語去翻譯梵文佛經。〔註 11〕詮釋活動讓一個觀念可以跨越國家界限，不管是
科學地理上的界限還是相像中的地理界限。佛教也同樣跨越國家界限，讓筆
者可以從容地把它拿來跟魏晉文人作出比較。我在此要強調所謂的跨越東與
西的界限，指的是詮釋活動，多於移植。因爲移植一詞著重於起源，並缺乏
詮釋活動、思想上的延續旅程，只有創始者跟接受者的意義，但詮釋著重於
跨越國界的解讀活動。

　　既然大乘佛教跨越國家界限，所以佛教的地位在方法論上是中立的，這
裡的中立還意味著中間（in-between），我們說之外來亦可，說之國內亦可，視
角規定眞實或認識論引導所運用的經驗性的材料（empirical data）。〔註 12〕我

〔註11〕 Whalen Lai 指出中國僧人透過孟子的「性」與心即性（心性）也的這兩個觀
　　　　念以及莊子的超越善惡之「心」（虛明靈覺心）來翻譯佛經，如：《華嚴經》
　　　　（Avatamsaka sūtra）、《楞伽經》（Lankāvatāra sūtra）、《大智度論》
　　　　（Mahāparinirvāna sūtra）。他們通過孟子和莊子的上述概念來理解、翻譯佛教
　　　　的「佛性」（或「眾皆有佛性」）、「即心即佛」（或「無心無佛」）、以佛性心（指
　　　　的是以心爲佛性）。Whalen Lai, "The Meaning of "Mind-Only"（Wei-hsin）: An
　　　　Analysis of a Sinitic Mahāyāna Phenomena," in *Philosophy of East and West*, Vol.
　　　　27, No. 1（Jan., 1977）, pp.66～67.
〔註12〕 結構主義認爲一個句子或命題沒有所謂的一個永恒不變的本體在內，我們可
　　　　以把同一個句子支持兩個不同、互相矛盾或互不相關的論點，彷彿現象與資
　　　　料之間永遠維持差距一般，因此說詮釋視角決定所用的資料。歷史研究經常
　　　　踫到此問題，連哲學也碰上，可以舉簡例，《論語 14‧38》〈憲問篇〉，曰：「是
　　　　知其不可而爲之者與？」，其義可以作爲肯定或否定的肯定，也就是說，那件

們可以把大乘佛教當作國內的文化產物拿來與魏晉玄學相比，相對而言，把它作爲異國的思想來相比亦可。比較美學的方法論在這個意義上才值得用來分析中間的研究對象，這樣會讓中間的對象變得更有趣、更發揮其作用。

筆者比較偏喜對待大乘佛教爲既國內又國外的文化產物，多於完全外來的移植。說其國內，會讓魏晉玄學與佛教在同一個範疇裏擁有並列的關係，說其國外，會讓兩者在不同的範疇裏擁有對比的關係。如果我們更進一步探討魏晉文人的「無」的美學與大乘佛教的「空」的美學，亦更清楚地了解兩者之間值得注意的細微差別與其含義。

第一節　研究意圖：動機與目的

一、動　機

（一）爲何我把兩者作出比較？因爲嵇康的音樂理論與佛教的樂論在自己的美學領域裏代表兩種更爲廣大的美學觀念。這兩個美學觀念是抽象的，在狹義上可以說是全中國美學觀念（或中國美術思想史的兩大美學），在廣義上可以說是人類可以理解、溝通、共享的美術觀念——世界音樂觀念。在兩個更爲巨大的美學觀念裏，兩者可以保留其特徵，我稱之爲魏晉南北朝的「無」的美學與「空」的美學。所謂的「無」的美學與「空」的美學，我是在比較美學的研究過程中提煉出來，成爲本篇論文的兩個關鍵詞，然後把所有的論述在這兩個關鍵詞之下分析下去。

事業肯定應該去做即可或者明明知道那件事業本來就不該去做亦可，不該去做的含意在某些情況下是肯定的，不是否定。那麼對同一件事情在邏輯上也都能用此句來支持的話，問題則產生起來了。當裂成不同朋黨時，各黨都引用此句支持其立場，不論在政治立場上還是在哲學立場上所帶來的衝突就會層出不窮。這就是語義的流動性質，而且此性質作爲本體的問題，不是我們所想或不想的問題。孔子對此問題似乎沒有回答，也沒有對此問題交待得很清楚。嵇康與司馬氏（嵇康認爲反抗司馬氏是該做，司馬氏反而認爲處死本不該做，還是要做，才是該做的事情）、宋代王安石、范仲淹的新舊黨派、到了明代爲了改善國庫虧空而改稻爲桑的國策，於杭州毀堤淹田的實施的下司的反抗與下司的認同（有的下司認爲毀堤淹田原本不該做，有的下司認爲不該做，還是要做，才叫作該做）、到了《清史》之編寫與朝廷的掃蕩等衝突皆基於一個這麼簡單的命題：「是知其不可而爲之」。以互文的語碼之流動的理論解之，會讓我們看到歷史的內在結構，然後把所有的歷史引文擺在《論語》這樣一句之後面。這就是詮釋視角規定、引導所用的史料。

二、目　的

（二）爲了在同一個觀念——音樂理論之下闡述魏晉「無」的美學與佛教「空」的美學的內在差別與其含義以及分析它們的淵源、流變與功能。

這個問題是筆者個人的心目中長久以來的問題，不過我的研究範圍限制於兩者之間的一個觀念，即是音樂觀念本身，非魏晉時代所有的藝術表現，又不是音樂技巧之研究。在西方的音樂研究上，所謂的音樂哲學（philosophy of music）是專指有關音樂的最爲基本的幾項問題之考察，〔註13〕如：一、音樂的定義：音樂是何物？音樂的客觀屬性是什麼？二、音樂與心之間有何關聯？到底是有關聯還是沒有關聯？如果有關聯，如何有關聯？三、音樂史啓示了我們什麼關於我認知的世界？四、音樂與情感是否有必要的關聯？五、音樂與語義之間的關係。樂聲可以代表語義嗎？音樂必定與語義有關係嗎？如果有，如何有關係？此問題牽扯到定義與範圍：音樂是何物？樂聲有何屬性？音樂有何功能、作用？這些上述的問題幾乎無係於技法、指法、彈法等問題，而是直接相關到一些哲學上的問題，尤其是形而上學、本體之說、文藝美學等問題。

同時本文也是爲了指出中國文化是多元性，除了傳統儒家的「禮」的美學，中國性還包含「無」的美學與「空」的美學，而且這些美學傳統在一起共生，互相衍生而存在。這個多元性有時間性、有歷史性，在某某歷史階段中引起了作用、價值而已，而後也跟著時代消失或許再次衍生，非永恒、固定性的自我實體。

（三）爲了以佛解玄而證明王弼的無論就是一種體性論，而把嵇康所提及的「和」解釋當作體性之說，而且這個體性觀念互文於王弼的無論。

（四）爲了揭開、相連與擴展兩者之間的美學的地平線。

第二節　方法與方法論

一、方　法

本篇論文多層次地運用跨學科的方法，如：詮釋學、符號學、音樂學等學科。當然我用詮釋學居多，詮釋學對本篇論文起著重要作用，由於相關到

〔註13〕筆者總結自 Peter Kivy, *Introduction to a Philosophy of Music*（Oxford：Clarendon Press, 2002）.

我怎麼詮釋古典文本、文本中所表現出來的符號，如：象徵、比喻、暗喻，我自己選用的材料以及所用材料的範圍。

至於佛教的樂論，我大部分的推論較多使用當代學者的論述作爲理論根據，而且他們那些學者同樣使用詮釋學居多。他們的分析在大體上還是以中觀學派和華嚴派的理路爲主，也不會甚多偏離這兩個派別的主要理路。

我論述當中偶爾引用了近人的佛教音樂觀點，雖然把古代的佛教樂論拼合於近人的說法似乎不宜，不過筆者還是認爲近人的註解多多少少也會傳承古代佛教的樂理（如：陳氏在芝加哥大學音樂系研究佛樂多年，在那裏取得音樂博士學位，專門研究佛樂，釋興慈身爲僧人，專門註疏淨土學派的宗教理論與實踐），而且空論自古以來都直指諸法皆空，萬物無體性，音聲、聽覺的現象也是如此，雖然我引用了近人的許多說法，但也不會違背我的論述以及比較的框架。

另一個困難是難以專用魏晉佛典，因佛經大多數都是歷代陸續翻譯，到了唐、宋代才成了完整譯本，不過這也不會影響到我的理路，也不用怕選用的文獻不一致，因我的分析法就是把兩個觀念——「無」與「空」作出比較，空的觀念跨歷代還是一樣皆爲空論，筆者歷代佛經之運用不會影響到我原有的論點、範圍。

二、方法論

在此的方法論指的等於英文的 methodology，不是 approach，後者簡單的中文應該譯成方法。因爲前者的範圍比後者還要大，「大」的意思是說方法論研究者可以自己設計、組織或構建，可以運用一部分即可，改用也可，可以合作地運用在表面上看來不相關或相連的各種理念即可，加以新的定義與範圍給予原本的界義和範疇亦可，統統都在方法論上可以接受，但方法幾乎全都要按照原本的那個理論家的理路去分析和推論，我們才聽到有人說馬克思派別對文學的方法（Marxist approach to literature）或結構派別對文學的方法（structuralist approach to literature），沒有用方法論。

本篇論文可以說是詮釋研究，引用的資料也基於一個假設：嵇康（223～262）是魏晉玄學的文化產物，筆者之前一些學者只是間接提及，非注重地對待這個問題，如：李澤厚（1930～）只是談及，他只是解說〈聲無哀樂論〉以「和」爲音樂的本體，這個「和」就像王弼（226～249）所提出的「無」，

說明嵇康所用的「和」的概念就是王弼的「無論」（nothing-ism），但如何相關？也沒有詳解。除了把此論點相連到王弼的「無論」，李澤厚反而還把嵇康的〈聲無哀樂論〉解釋當作聲有哀樂論。〔註14〕這麼矛盾的推論，李澤厚也似乎不在意，他有意跳過一些邏輯、線索讓他的推論順暢就是了。他這樣的詮釋也解答不出來：如果音樂的性質真的是人的情感了，那為何音樂的和諧狀態才能超越人的情感，反而多樣性地感化人呢？

樂論到底需要不需要以形而上學的「無」作為它的前提。對我來說，我反而覺得「無論」可以相關到「和」的概念（「虛無」中之和諧或太虛中的和諧狀態），但音樂所謂的「和」未必跟王弼的「無」有關係或牽扯到王弼的「無論」，我們可以籠統地說是老子或莊子所談及的大自然的和諧——物理的自然界。不過老、莊的自然主義也回答不出來為何大自然脫離人的感情、何物或什麼力量使大自然擺脫人的情感？若運用王弼的「無論」解之，此問題就容易解答了，因此我說王弼的「無論」對嵇康樂論的解答起著極大的作用。

自然有幾種？到底自然是何物？自然是指單獨的物理現象（看得見的自然）還是一種秩序狀態（看不見的自然）？可以沒有控制自然的大秩序嗎？看得見的自然可以泛泛地說是老、莊浪漫主義的自然，自然很偉大，其美觀可以消解觀者的自我等等老、莊式的自然論述，而看不見的自然呢？看不見的自然可以當作自然嗎？對我來說，沒有所謂的自然，如果沒有控制自然本身之秩序。當嵇康談及自然時，它不是自然本身，而是自然中的秩序，那個秩序是含有形而上學的意義。此外，自然中的「和」到底是什麼樣子也可以去討論，比如：自然的「和」是不是狀態、形態？如果是狀態，等不等於一種秩序或力量，包羅萬象的形上的一種力量，如同一個理？若是狀態，它並不僅是物理的自然界。另一個問題可以提問：可以不可以單獨只有物理世界、物理現象，反而沒有掌控物理世界的一個形上之理？可以沒有理的自然嗎？

〔註14〕李澤厚說：「（嵇康的）聲無哀樂論，並非說音樂與情感不相關，而正好是要使音樂能喚起人們最廣泛的情感，並使各個不同的欣賞主體的情感要求都能從音樂的欣賞中得到滿足，這一切又正是魏晉玄學的以「無」為本的思想在美學上的系統應用。」此引文到底是什麼意思？李澤厚的意思是說嵇康的樂論不是說明音樂無關於情感，當然音樂中含有情感，這裡的「情感」普遍到客觀程度，汎濫到每人都有的客體程度，彷彿沒有情感那樣似的。我認同於蔡仲德對李澤厚的反對，蔡仲德認為李澤厚不僅誤解嵇康的音樂理論，還把〈聲無哀樂論〉論當成了聲有哀樂論。蔡仲德，《中國音樂美學史》（臺北：藍燈文化公司，1991），頁568。

如果沒有那樣的世界，「和」一定要有係於形而上學或本體之說。

我上述的詮釋果然未必絕對，據我所調查，發現有的學者認爲嵇康的樂論大體上而言是莊子的自然主義，偏離王弼的形上哲學之影響。我認爲爲何有的學者如此分析，重點在於每個人對天籟這個隱喻詮釋不同。對我來說，嵇康這個隱喻不可避免地含有形上概念，但 David Chai 反而覺得這個隱喻完全沒有形上概念。他認爲嵇康的樂論偏離王弼的否定美學（或「無」的美學），而轉去尋找莊子所提倡的自然主義。〔註15〕（對於詮釋與派別，我在參考文獻：詮釋與派別的小點題目裏重新解釋一番。）David Chai 這樣詮釋也會自然而然碰到幾項上述的問題：

（1）爲何自然的「和」要超脫人情呢？

（2）我們怎麼知道或證明自然的「和」是無情，除非解之爲理或控制宇宙之秩序）。

（3）如果假設人情（局部或全部）是自然的反映，那爲何人情無係於自然的狀態——和諧呢？

（4）如果假設上天無情（客觀），既然上天造化人與萬物，那爲何人才有情呢？這個縫隙是從哪裏來的？

（5）最後一個重要問題：「和」到底是本體狀態的問題（客觀上的秩序之狀態）還是主體感覺和諧不和諧的問題？

這些問題會完全消失，如果用超越的形而上學（metaphysics of transcendence）來解之，使人的意志和主觀性外在於超越世界，換句話說，將「和」的狀態在形上得以絕對化，「和」就脫離感情了。

我認爲嵇康所談的「和」指的是和諧狀態，是宇宙中的一種秩序，不是物理世界的現象，也不是主體覺得和諧不和諧的問題，因爲音樂本來就和諧了，不必討論爲何和諧，嵇康也沒有在意這個問題。

導論到此爲止，嵇康的樂論明顯地接近於王弼的理念中的本體之說。在此的理念，指的就是優先而存在的超越世界，缺乏它，嵇康的樂論就無法成立。爲何如此就相關到我們怎麼對本體之說下定義？（事實上王弼沒有使用本體論一詞解釋其哲學，此術語初次出現於湯用彤的發明）定義與範圍稍微

〔註15〕David Chai, "Musical Naturalism in the Thought of Ji Kang," in *Dao：A Journal of Comparative Philosophy*（Publisher Springer Netherlands）Subject Collection Humanities, Social Sciences and Law, Volume 8, Number 2/June, 2009, p.151.

有各不相同，而我的定義來自本體論的一個命題：人情是後天經驗，但「和」是優先狀態，我們必須要把人情從形上的和諧狀態中區分開來，而解釋形上的和諧狀態成為優先存在之永恒實體。

我還認為嵇康對「和」的思辨方法也接近於王弼對「無」的思辨。嵇康在王弼的影子之下運用莊子天籟的隱喻、中庸的比喻等敘述他的樂論，我們可以通過和諧狀態的絕對化看出他樂論的思辨。本論文不是證明王弼如何影響到嵇康，而是論述嵇康的文本如何與王弼「互文」。我運用的隱藏（hide）一詞也是後結構主義的批評術語，借用之來解釋嵇康的書寫身分與書寫狀態，是一個文本的互文性，一個文本是自我的他性，既然是自我的他性，它並不是影響研究。互文專家非常強調互文不是影響研究，因為互文研究基於一個假設：全世界沒有一個文本擁有獨立性，一個文本必須要互文於前有的文本（prior text）。所以一個作者也沒有什麼完全的創造性，需要一直與前有的文本進行互文。文本在本體上是多聲性（polyphony）或多詞性（一個作家的用語在文本上可以有雙重或三重意義穿插在內，互文理論稱之為某某詞的多詞性或 heteroglossia），一個詞沒有任何永恒不變的意義實體包含在內，但影響研究反而相信一個作品本來就是作者的創意與成果，一個作品代表初始的淵源，語義也要靠那個作家來證明，後解構主義才把作品和文本區分開來討論。因此我說嵇康的文本呼喚了王弼的「聲音」。

因為相信作者的創造性，一個作品才獨立而存在，才有潛力去影響到其餘作品，彷彿母子的基因關係。他們不相信一個文本本來就是語言符號的集合，而語言符號自然可以不斷地衍生、離心，在語言符號無法控制的情況下可以看到一個文本的自我的他性。事實上一個文本從來也沒有源頭或盡頭，作家也是語言符號的產物。因為作家在語言符號的地平線裏書寫文本，他們便是語言符號的主語，又是語言符號的賓語。對於互文研究，沒有所謂的文化債務或文學債務，因為全世界的文本都是互文（所以不需要還債）。當我們把方法論轉移到互文身上，我們才可以說嵇康的文本與王弼的文本有互文的關係。在嵇康的用字之下可以聽到王弼的聲音——互文中的他性。

此外，筆者以音樂為聽覺藝術，針對探索嵇康的「無」的美學與佛教的「空」的美學在音樂上有何差別：

（1）在「無」的美學之下，音樂到底是何物？它擁有什麼樣的屬性和功能？為何我們要談琴和聽琴？在嵇康的觀念裏，音樂的最高境界是

什麼？

（2）在「空」的美學之下，音樂歸根結底是什麼？它擁有什麼樣的性質和功用？就佛教而言，音樂的最高境界是什麼？爲何大乘佛僧可以接受和容納音樂藝術？

（3）在「無」的美學與「空」的美學之下，音樂的範圍是多廣？爲什麼嵇康的「無」的美學指的是純粹音樂，不涵蓋音樂帶歌詞，不包含詩、樂、舞三位一體？爲什麼佛教的樂論可以容納純粹音樂、音樂帶歌詞、舞蹈，而且還把梵唄當作一種音樂實踐？

（4）在「無」的美學之下，樂聲必要有語義嗎？或跟某某固定的語義有必要的關聯嗎？

我還不同意於 Edmond Yi-teh Chang 的詮釋，不管他怎麼分析王弼還是嵇康，我都不同意，因爲他有意使用形而上學這個哲學術語，但沒有意思引發希臘柏拉圖的形而上學的超越意義。〔註 16〕我反而認爲當我們談到本體論時，我們沒辦法避免不談到形而上學的超越意義，而且論及形而上學，希臘哲學文化當然扎實、系統化多於中國的形而上學，爲何如此？請參看小點題目：用語的定義與範圍。

Edmond Yi-teh Chang 沒有先下定義什麼是形而上學、什麼是本體論，接著解釋形而上學和本體論之間的關係，因爲他也許覺得沒必要解釋或許誤解形而上學、本體論的含義。不過對我來說，定義與範圍非常重要，我們應該從原有的成立定義和範圍談起，這當然不是意味著那些定義和範圍已經定型了，無法改變或添加某某觀念進去或重新詮釋，不過不管怎麼改變、添加或詮釋，都要符合於原有的大概定義與範圍，起碼不能相反於原有的意義，不然那個專有名詞，不管是哲學還是文學的術語，就會失去原本的界義，久而久之大家就會搞亂、懷疑那個術語到底是什麼意思。對於這個問題，我會在定義與範圍的小點題目裏重新解釋一番。我會指出 Edmond Yi-teh Chang 如何搞亂、誤解原有的形而上學和本體論的界義與範圍。其實不僅是 Edmond Yi-teh Chang 誤會中國的本體論是什麼，很多人也誤解以爲中國的本體論就是甲跟乙的互相轉換、更迭，如同體跟用的互相代替而已。這種互相轉換的方式並不是本體論，而是互相依賴或互相滲透，因爲甲沒有眞正的實體，令而言之，

〔註 16〕Edmond Yi-teh Chang, *The Aesthetics of Wu：Wang Bi's Ontological Paradigm and the Transformation of Chinese Aesthetics*（PhD dissertation, University of California, San Diego）（Ann Arbor：2001）, p.6.

甲沒有自己的內在眞實，因要依賴於乙的存在。相反而言，乙也沒有自己的內在眞實，因乙的眞實要依賴於甲的存在。但嵇康和王弼的思辨並不是這種思維方式。

　　關於佛教的音樂理論，我運用的主要文本是《大智度論》、《楞嚴經》以及中國唯心派別的主要佛經，以它們爲主要的參考文獻，並作爲本篇論文的分析脈絡。在《大智度論》裏描寫很多關於音樂的所在、性質與功能，《楞嚴經》也談及有關觀世音菩薩聆聽的活動，詳細地形容觀世音菩薩爲何把傾聽的活動作爲最爲有效的宗教實踐。

　　當分析佛教的樂論時，我的脈絡方向還是以華嚴派和中觀學派的思辨爲主，因爲筆者認爲其他佛派都基於這兩個派別的哲理，其餘佛派不過是這兩個派別的伸展和充擴。當我討論梵唄時，我會隨處談及淨土派的音樂實踐。

　　至於阮籍與其樂論，筆者當然談到阮籍，但不會把他當作主要的部分，因爲對我來說，阮籍只是提及音樂不該太過悲哀，過於悲哀的音樂是不妥當的。〔註17〕其實古樂本來就恬和淵淡，音樂的淡味不是新的觀念，阮籍也沒有進一步理論化這個論點。音樂爲何該淡乎其無味，阮籍也沒有全新的見解，也如同漢儒一樣解說古樂本來就清淡，以清淡恬和作爲陶冶性情、移風易俗的工具。〔註18〕此相比於嵇康的〈聲無哀樂論〉，〈聲無哀樂論〉其義除了「淡乎無味」以外，另外可能的意思就是「無係於人情」或「全無情感」，此義使嵇康的音樂觀點遠超過阮籍。

第三節　定義與範圍

一、本體論與形而上學

　　我們來釐清什麼是本體論和形而上學，很多人把本體一詞理解當作本體

〔註17〕阮籍曰：「夫是謂以悲爲樂者也。誠以悲爲樂，則天下何樂之有。天下無樂，而欲陰陽調和，災害不生，亦已難矣。樂者，使人精神平和，衰氣不入，天地交泰，遠物來集，故謂之樂也。今則流涕感動，噓唏傷氣，寒暑不適，庶物不遂，雖出絲竹，宜謂之哀。奈何俛仰歎息以此稱樂乎。」阮籍，〈樂論〉，《阮籍集校注》（北京：中華書局，1814），A.99。

〔註18〕阮籍曰：「乾坤易簡，故雅樂不煩。道德平淡，故無聲無味。不煩則陰陽自通，無味則百物自樂，日遷善成化而不自知，風俗移易而同於是樂。此自然之道，樂之所始也。」阮籍，〈樂論〉，《阮籍集校注》，A.81.

論，其實不是。本體指的是所有東西的實體或性質而已，未必相關到本體論，本體的意義無法涵蓋比它還更高一層的本體論。每次我們談到本體論的時候會自動地跳入形而上學的領域，這是爲了尋找普遍性的基地（universal ground）或第一因（First Cause）給予所有一切的萬象。就這個定義而言，我們不必看王弼的文本才知道本體論是什麼，因爲全世界都有本體論的想法，印度教也有，基督教也有，連希臘哲學文化也有，而且希臘哲學還把本體論當作形而上學的亞類。中國也有自己的本體論，只是魏晉古人沒有用本體論一詞來立論而已，但探討的內容的確是本體論。在此我會引用王弼的一些引文，在後面的章節裏更詳細地引用之。

我所謂的本體論指的就是不管怎麼下定義或演繹，一定要有某某實體作爲其終止的目的，也作爲其優先前提，而且這個實體必須要優先存在，既優先，又優先存在，優先於它本身後面所產生的所有一切，並且不管怎麼分析，它後面所有一切的存在物，一定要依賴或依靠著它，以這個實體爲絕對基地。它後面的其他事物可以本身沒有元素或本質（因互相依賴的關係等原因，且不用去談），這個實體一定要有永遠的內在精髓就是了，它後面的所有一切都要依靠住它爲基地而與它分享其體性。這就是「無論」的定義與範圍。

「無論」可有可沒有「有論」爲末，但「有論」當然無法沒有「無論」爲本。「無」是涵蓋一切的容器，其地位當然優越於「有」。就算沒有所謂的「有」，「本無」也存在，等待著人展現之，「有」、「無」可以同時並列顯現或不同時顯現，但「有」時時都要靠著「無」爲其顯現的基礎，也就是說，「有」可以有或沒有其精髓（essence），但「無」非有其精髓、實體不可。那表示什麼？那表示在「有」跟「無」的互相轉換、互相更迭的關係之下一定要有另外的一個「無」爲其主。顯現和消失的機械不過是「無」的掩飾。如果把更高一層的這個「無」絕對化的話，它的意義毫不異於宗教的深義。所以魏晉的玄虛之學從來也沒有逃脫宗教的含義，而且更接近於之，兩者都相信具有某個實體優先存在，而使之成爲所有的倫理的淵源或終止基地。印度教的推論方法也是如此，不過其內容區別於魏晉玄學。

爲何 Edmond Yi-teh Chang，認爲本體論不是一種一元論或絕對論的化身？（在此的一元論不是一個元素的那種意思，而是把一個理當作一切（萬物、倫理、政體）的所在地。）答案就是上面的論述——顯現和消失的過程不過是「無」的掩飾。因爲掩飾，才難以看到，實際上王弼說了好幾篇，反

反覆覆地說明同一個主題，但王弼的說法比較難懂，不是一開始，就清楚地說明自己的哲學命題。我也要從很多篇章慢慢地構建王弼的哲學理念，而且也取決於我怎麼詮釋王弼的古文文本。

Edmond Yi-teh Chang 所分析的「有」、「無」沒有從我上述的定義談起，他認為王弼的「有」、「無」可以互相依賴、轉換、更迭而已，因互相依賴，才同時互相隱藏、互相顯現、互相相反、互相補充。我反對 Edmond Yi-teh Chang 的詮釋，因所謂的互相依賴，其真義就是因為互相依賴，兩樣東西才沒有實體在內，它們的存在性取決於對方的存在性，這就是真正的互相依賴的意思。互相依賴促使甲跟乙都失去其真正的內在真實，因互相依賴使然。但王弼的無論並非如此。

互相依賴在事實上是佛教所運用的高尚邏輯，並不是王弼的「無論」。為了推翻二元對立的林林種種的思維方式，大乘提出「分別識」，使所有的分別不過是心中的塵相。〔註 19〕但王弼的推論非如此，因為不管怎麼推論，王弼還相信「有」歸根到底還是靠以「無」作為其根源。因為「無」是所有一切的所在地，其餘的「有」都依賴著「無」，但「無」本身未必依賴著「有」而存在，它並不是 Edmond Yi-teh Chang 那麼簡單的顯現和消失的互相操作之論述。只有在這個意義上才使王弼的本體之說獨立於佛教，可以保留他獨特的哲理，非走向佛教的互相依賴的哲學。很明顯，我們不能把王弼的「無論」解釋成為互相依賴的關係。

不僅於此，我後面的章節會從王弼所提的「至建之秩序」、「旡妄」、「恆有之情」、「虛無」等觀念中慢慢展開我的論述，也互文性地運用到嵇康所提及的「和」。〔註 20〕湯用彤對王弼的詮釋一部分可以運用到嵇康所談的「和」。

如果把「和」當作一種「玄理」，而「玄理」一詞屬於形而上學的領域，「吹萬不同」就不僅是物理現象或物理世界了，因這個物理自然（physical

〔註 19〕 Açvaghosha, *The Awakening of Faith in the Mahâyâna*, translated for the first time from the Chinese versions by Teitaro Suzuki（second printings, 100 copies）（Republic of China：Chinese Material Center, 1983），p.153.

〔註 20〕 王弼把「本體」解釋當作「旡妄」也足夠解答嵇康所談的「和」了。「旡妄」指的是「本體是萬物和事物的初始與終止，真實而不受心意的約束。」T'ang Yung-t'ung, "Wang Pi's New Interpretation of the *I Ching* and *Lun-yü*," in *Harvard Journal of Asiatic Studies*（translated, and noted by Walter Liebenthal）Vol. 10, No. 2（Sep., 1947），p.143. 原稿：T'ang Yung-t'ung 湯用彤, "Wang Pi chih *Chou-I Lun-yü* hsin-i," 王弼之周易論語新意 *T'u-shu chi-k'an* 圖書季刊, New Series, Vol. 4, Nos. 1 and 2（combined）（Pei-p'ing, 1943），pp.28～40.

nature）需要其外在的因素來推動之，使之有「理」或秩序，有系統地操作，像一個原子與一個原子之「道」，換句話說，自然物體是一回事，物體之道或理也是另一回事，物體本身需要超越的力量推動之。能夠使動原子的就是這個「理」，此「理」也要超越之、無始無終、無生無死、無孔不入，是萬象之母。嵇康所談的音樂中的和諧狀態就屬於本體這樣的推論，它當然並不是物理現象的外在自然的表現（像有的人詮釋成爲看得見的自然或大自然罷了，但同時也解答不了爲何這麼浪漫的大自然才擺脫人情或與人情沒有必要的關係），而是物理自然之理的再現。

這個「理」含有形而上學的意義。朱熹（1130～1200）、程頤（1033～1107）才在這個「理」下箋注孔子的經書，使之起著形上的作用。所以我們不能籠統地說《莊子》的天籟比喻有玄理，因爲莊子反而反對任何的形上推論，對我來說，嵇康只是借用之來說明音樂的「和」的性質而已，因而我說嵇康在王弼的影子之下借用《莊子》的天籟成爲比喻說明「和」的形上狀態。

Edmond Yi-teh Chang 似乎認爲所謂的「無」只不過是「隱形」（或無形）跟「有形」的轉換之差別而已，我不認爲王弼的貴論不過如此。無論不是「隱形」跟「有形」的這麼簡單之互相轉換（既然它們互相依賴而生存，兩者就會無體性，無體性才是大乘之說法，非王弼），因王弼所謂的「隱形」的東西作爲「有形」的所有基地，「有」／「無」之間的生起與消滅之背後還有另外一個「大無」作爲它們的所在地，此「大無」又不是完全消滅，而是超然的存在物，這就是中國本體論之深義，此也相關到若干問題，如：形上與和諧之現象、形上與倫理之間的關係等問題，但 Edmond Yi-teh Chang 的推論據我所讀不過是「隱形」跟「有形」的言、象、意的這麼簡單的互相轉換而已，而到底也未解讀「隱形」的東西如何跟音樂之無係於人情如何有關。

此外，對此問題我們來看看李澤厚怎麼說，李澤厚說：「（嵇康的）聲無哀樂論，並非說音樂與情感不相關，而正好是要使音樂能喚起人們最廣泛的情感，並使各個不同的欣賞主體的情感要求都能從音樂的欣賞中得到滿足，這一切又正是魏晉玄學的以『無』爲本的思想在美學上的系統應用。」〔註21〕

上面的引文到底是什麼意思？李澤厚的意思是說嵇康的樂論不是說明音樂無關於情感，當然音樂中含有情感，這裡的「情感」普遍到客觀程度，汎

〔註21〕李澤厚、劉鋼紀（主編）《中國美學史》（臺北：谷風出版社，1987），頁 261～265。

濫到每人都有的客體程度，彷彿沒有情感那樣似的。另而言之，李澤厚沒有逐字去解釋嵇康，反而添加新的意思給予逐字的意思——音樂不是沒有哀樂，但因為本來就有哀樂，有到變成事實了、有到成為真實了、有到作為本體了、有到成為其性質了。因變成客體了，所以說音樂沒有哀樂。當然李澤厚這樣的邏輯非常複雜，他似乎設立了一個概括性的說法，接著把所有的論述放在那個概括性的說法裏。李澤厚這樣的說法似乎相信王弼的「無論」包含人們的情感成分在內，信任人們的情感就是宇宙、本體的一部分，那麼我們可以提問李澤厚情感與王弼的貴無有什麼關聯呢？假如音樂的性質是人們的情感了，那麼為何音樂的和諧狀態才超越、擺脫凡人的情感，反而可以多樣性地感化人呢？嵇康說得很清楚，音樂的效果是「無常」的。李澤厚的那個說法明明是把「聲無哀樂」解釋當作「聲有哀樂」的意思，對於這一點，也值得懷疑。〔註22〕

　　這還沒談到把莊子、王弼、嵇康三者思想會通的問題，到底會通不會通也是一個大問題，因對我來說，「王氏形上之學」〔註23〕怎麼解釋都無法合乎莊子的自然主義。如果把嵇康與莊子會通，就不必談及王弼。相同而言，如果把嵇康與王弼在一定的程度上會通，也不需要談及莊子。三者會通的假設在理論上似乎也值得質疑。

　　有關形上與倫理的密切關係，嵇康所提出的音樂的最高境界可以完成這樣的作用（音樂與養生）。請詳看後面的章節的論述。我在此只是談到本體論和形而上學的定義與範圍為主。

　　上文說明一些了，我在此強調一番。我所用的本體，意思是屬性或性質而已，不等於本體論，因為本體論屬於形而上學的推論。我們中國人說某某東西是什麼本體或擁有什麼樣的性質、屬性，未必代表我們正在談及本體論的學科領域，但當我們談到本體論時難以避免不談及形而上學的概論，因本體論本來就屬於形而上學的一種領域（domain）。漢代文人，如：董仲舒、張恆、王充等人也談及天道、元氣，以之為本體，那些想法只談及天地的本

〔註22〕　我認同於蔡仲德對李澤厚的反對，蔡仲德認為李澤厚不僅誤解嵇康的音樂理論，還把〈聲無哀樂論〉論當成了聲有哀樂論。蔡仲德，《中國音樂美學史》（臺北：藍燈文化公司，1991），頁568。

〔註23〕　「王氏形上之學」一詞我借用於湯用彤。湯用彤，〈魏晉玄學流別略論〉（1940），載《魏晉玄學論稿》（1957），《湯用彤學術論文集》（北京：中華書局，1983），頁236。

體、外觀的構造，而不是本體之論，因爲漢代的宇宙之論的五行、天人感應、元氣之說不像王弼以「無」作爲宇宙、萬物的第一因（First Cause）或原動力（Prime Mover）。這意味著五行本身不重要，重要的是何物使五行運作，那就是以「無」作爲形上力量，作爲第一因。王弼在意的是超越五行的時空之外之真際，而漢代注重的是五行時空內之真實。這就是漢代的宇宙之論與魏晉的本體之論的根本差別。湯用彤不認爲元氣等於本體論，湯用彤也曾說王弼所談的「無」不是元氣，〔註24〕湯氏似乎以爲元氣與五行之氣、天地之氣是同一物，皆爲氣象，既然是氣象，本來就是自在物（self-presence）了，不必要追問它們的存在。我在第三章解釋爲何湯氏如此詮釋，而此詮釋出於漢人文獻的不一致性及閱讀活動本身就是互文的構建。

顯然本篇論文按照希臘哲學的體系把本體論當作形而上學的亞類，未用前有的泛泛定義——研究存在之學。

二、和

所謂的「和」在中國傳統裏有悠久的歷史，我在此提前講述「和」的來源和觀念，後面的章節才分析嵇康的「和」是何物、範圍多廣？並且把嵇康樂論中的「和」與佛教樂論中的空論互相比較。以下就是我對「和」的評論觀察，我大概的探討基於這篇文章的詮釋。〔註25〕

Li Chenyang 的方法論就是先談「和」的字源，而後從字源可相通的意思中提煉出來一個可以共通的定義與範圍，接著把那些定義與範圍運用到儒家思想、道家思想、墨家思想，透過可以共通的定義與範圍去詮釋各派別的細微差別或相反的含義，解答儒家、道家、墨家的「和」應該是如此，最後把中國哲學各派別的「和」與西方哲學的「和」互相比較。可見，他的方法論完全基於詮釋學，因字源的解釋未必能完全涵蓋得了各派別的「和」的觀念，而且有的「和」的概念其定義與範圍都大於字源的解釋，大到字源的解釋不過是語義上的基礎而已。Li Chenyang 所提煉出來的定義與範圍有助於讀者更

〔註24〕湯用彤，〈魏晉玄學流別略論〉，《湯用彤學術論文集》（北京：中華，1983），頁 233。

〔註25〕Li Chenyang, "The Ideal of Harmony in Ancient Chinese and Greek Philosophy," in *Dao：A Journal of Comparative Philosophy*（2008）7:81～98.（DOI 10.1007/s11712-008～9043～3）筆者使用本大學的資料庫，在 Springer 的版權下下載。我還幫 Li Chenyang 箋注、詮釋過不少東西。

容易明白儒家思想、道家思想、墨家思想中的「和」。假如他論文中刪掉字源解釋的部分，也不會影響到儒家、道家、墨家對「和」的邏輯推論，因各派別也有他們自己對「和」的看法，此外當談到各派別的「和」的時候也要靠各個讀者的閱讀經驗來詮釋，比如：Li Chenyang 提出儒家的「和」就是怎麼樣和諧地運用與實行仁、義、禮、智、信的五種行為，但田浩（Hoyt Cleveland Tillman ?~?）認為《論語》中子貢曾經批評某些人物有「六蔽」，比如：管仲的違禮，「但孔子也沒有反思他對管仲的德行與貢獻之稱讚。孔子沒有陳述過或解決過這麼明顯的舉棋不定、模棱兩可的狀況，但是後人覺得比較困難界定道德（之心）與其後果之間的和諧平衡。」〔註 26〕而且不論子貢、孔子、孟子、荀子個別都對管仲的行為有所不同的看法。〔註 27〕（所以到了宋代才

〔註 26〕 Hoyt Cleveland Tillman, "Chapter 1 Confucian Polarities and Evolving Configurations in Sung Thought Some Problems and Polarities in Early Confucianism," *Utilitarian Confucianism: Ch'en Liang's Challenge to Chu Hsi*（陳亮與朱熹的辯論──明道誼而記功利）, p.25.

〔註 27〕 子貢曰：「管仲非仁者與？桓公殺公子糾，不能死，又相之。」子曰：「管仲相桓公，霸諸侯，一匡天下，民到于今受其賜。微管仲，吾其被髮左衽矣。豈若匹夫匹婦之為諒也，自經於溝瀆，而莫之知也。」《論語 14.17》我在此比較相信子貢責備管仲的舉止，但孔子稱讚他，而且還清楚地說明他的德行與貢獻，孔子明顯把他抉擇的道路相比於自殺的選擇。「微」是古漢助詞，意思表示事實的相反，在事實相反的情況下得以使用。為了點出實用上的力量，多於語法上的語氣，因而可以肯定孔子「正在」稱讚他。我的詮釋來自古漢助詞的實用研究。Yang Xiao, "The Pragmatic Turn：Articulating Communicative Practice in the *Analects*," in *Oriens Extremus*（OE）（2005）45：6~7. 然而孟子對管仲的人生抉擇表示不滿，雖然孟子沒有疑問過管仲的傳說的真實性，但當有人說他們想效仿管仲的行為時，孟子非常憤怒。《孟子 2A：1；2B：2》為何如此？因孟子比較關注人心的涵養為前提，多於注重人們的所作所為的結果，對於孟子，社會會變好或壞來自個人的心的涵養為主，何人未先「明心」，只專考慮他們行為的結果為優先，反而會誤導其心──「明心」才是必不可少的倫理根源。Lin Yü-sheng, "The Evolution of the Pre-Confucian Meaning of *Jen* and the Confucian Concept of Moral Autonomy," in *Monumenta Serica*（1974~1975）31：172~204. 對於心與行為的結果之間的問題，孔子沒有直接判斷「明心」較為重要，還是人的舉止的結果較為重要，然而孔、孟皆認為倫理可以相機而行、適應，《論語 4：10》曰：「君子之於天下也，無適也，無莫也，義之與比。」，對於孟子，倫理也要順著環境而適應，他認為男女有別，君子和弟媳當接收或傳遞物品時，在「禮」上不該接觸其手，如果在弟媳淹水危機的情況下，君子不「插手」幫助，孟子認為此為「不仁」，辯論家為此指責孟子，孟子駁回拘束禮儀而不「明心」則如同在臨近淹水之國、世亂的情況下反而不「插手」救之。*The Chinese Classics*, translated by James Legge, （Hong Kong, 1960）, Vol II, p.307. 此為孟子的唯心論的最為深刻的駁回，還

有功利主義的儒家陳亮（1143～1194）以及他與朱熹（1130～1200）對「和而不同」、自我涵養等問題之爭論）可見，田浩論述的方法沒有儒家思想中的「和」的刻板印象，田浩分析歷代人物的「和而不同」的細微差別的含義，同時點出其問題，但 Li Chenyang 反而盡量抓住儒家思想中的「和」的不動之形象。

不論如何，我還是覺得應當談到「和」的字源，不然讀者會反反覆覆地提問、猜測我在本篇論文中所談的「和」的舊新觀念。我後面的章節所談的是音樂中「形上的「和」的觀念，此「和」互文於王弼的「無論」，我稱之爲「無」的美學，這就是我對「和」所補充的新含義，使之更完美。

> 古代中國對和的哲學上的概念化是在各種事物的具體狀態
>
> 上，如：各種音聲、各樣味道的結合的一個比喻、概括化及抽象化
>
> 的過程之結果。〔註28〕

「和」字常見於先秦古書裏，中國最早的文學作品《詩經》，詩人也使用之來描述生活中的良機、人間快樂之際。〔註29〕詩人用「和」來描寫兩個場景：第一是一個很美麗的自然場景，充滿著鹿聲和樂器之演奏。人們來集合享受酒味和親切的友情。第二場景是一個家庭，家庭充滿著關懷的兄弟、恩愛的情人之相合、可愛的兒童在享樂美食和酒味。在此的「和」不過是表達理想生活之精神，讀者只能掌握住一個略影、一個令人嚮往的生活方式。

「和」密切相關於兩個古字：龢與盉。「和」的最早形式出現如此：「咊」、

有其他情況説明倫理順著情況而適應，參見《孟子　3B：1; 4A：17; 4B：11; 5B：1; 7A：26;》。

至於荀子，他注重行爲的結果多於良好的動機，因他相信人的舉止的結果可以判斷其心。荀子對管仲的人生態度參見《荀子 3：21b～22, 23a-b; 5：7a-b; 7：1b～5b, 21b; 9：2～3, 7a-b; 11：1b～2, 23; 17：19a-b; 19：1, 12b～13》。我對荀子的上述見解來自 Henry Rosemont, Jr. "State and Society in the *Hsün Tzu*：A Philosophical Commentary," in *Monumenta Serica*（1970～1971）29: 38～78; Hsieh Shan-yuan, "Hsün Tzu's Political Philosophy," in *Journal of Chinese Philosophy*（March, 1979）6.1：69～90; Y. P. Mei, "Hsün Tzu's Theory of Government," in *Tsing Hua Journal of Chinese Studies*（August, 1970）8.1 & 2：36～80.

〔註28〕 Li Chenyang, "The Ideal of Harmony in Ancient Chinese and Greek Philosophy," in *Dao：A Journal of Comparative Philosophy*（2008）7：82.

〔註29〕「呦呦鹿鳴，食野之苹。我有嘉賓，鼓瑟鼓琴，和樂且湛。我有旨酒，以燕樂嘉賓之心。」與「儐爾籩豆，飲酒之飫。兄弟既具，和樂且孺。妻子好合，如鼓瑟琴。兄弟既翕，和樂且湛。宜爾室家，樂爾妻孥。是究是圖，亶其然乎。」〈小雅・鹿鳴之什〉鹿鳴篇，《十三經注疏》。

「唰」、「㕻」以及另外一個形式，就是口在禾的上頭。「龢」此字的另一個古代寫法可以把「禾」寫在左邊。「盉」字的上面部分放在右邊即可。可見，「和」、「龢」、「盉」此三字都跟禾的字源有關係，這些字形的多樣性都念 he。

「禾」的最早形式出現在甲骨文裏，它代表穀的枝幹，其頂端有種子。〔註30〕《說文解字》說禾：「嘉穀也」。此字表達穀類植物作為人們美好生活的基本之根源，也有豐盛、吉祥的含義。

到了清代，王國維（1877～1927）解釋說「盉」本來代表一種器具，用來調理酒醇的濃度之專用器具。〔註31〕可見，王國維的解答合乎《說文解字》，因許慎也把「盉」當作動詞，表示「調味也」。

《說文解字》還把「和」詮釋成聲音的「相應也」，而把「龢」詮釋成「調也」，但郭沫若（1892～1978）反對「和」與「龢」的差別，說兩個字沒有必要的差別。按照郭沫若，他認為「龢」的字源（真正的部首）就是「龠」（念成 yue）。「龠」代表使用竹管製造的一種樂器，三個口代表樂器的三個小孔。郭沫若的研究結果指出「龢」就是「龠」的一個變形，而其原義還是「龠」，也就是說，一種樂器。〔註32〕在此我們可以看到現代意義的「和」（和諧）就是合音或調整各種各樣的聲音成為佳音的伸展意義之結果。

郭沫若的理論還合乎一個事實；「龢」的意思（協調、和諧音聲的使動用法的意思）明顯地出現在金文（另稱鐘鼎文）裏，比如：臺北故宮博物館收藏的「子犯龢鐘」（約西元前 632 年），鐘鼎上記載：「龢鐘」，在此的「龢」也起著使動用法的作用，但在句法上反而起著修飾的功能，形容後面的鐘，意思是說用來協調（音聲）之鐘。所以鐘的音階可以協調、和化音聲演奏成好音樂。還有在戰國時期（西元前 700～476 年）的沈兒鐘上也有這樣的記載：「自作龢鐘……龢會百姓」。〔註33〕前者的「龢」是名詞，而其作用是形容鐘，變成形容名詞，後者的「龢」是動詞，作為使動用法。在此就可見，從協調音聲的直接意思擴展到社會上的含義，從和化音聲奏成音樂走向和化人民的行為建造社會上的和諧。

值得注意的就是在「和」、「龢」與「盉」三個字之間，只有「龢」字可

〔註30〕方述鑫，《甲骨文字典》（成都：巴蜀書社，1993），頁 519。
〔註31〕王國維，《觀堂集林》（北京：中華書局，1959），頁 152。
〔註32〕郭沫若，《郭沫若全集》（上冊）（北京：科學出版社，2002），頁 93～106。
〔註33〕張蔭麟，《中國史綱》（上海：上海古籍出版社，1999），頁 23。

以認定相同於甲骨字，因為「和」與「盉」沒有被收入在《新編甲骨文字典》裏。〔註34〕所以 Li Chenyang 才認為郭沫若的理論應該正確，因郭沫若提示「和」來自「龢」的簡化形式，通過刪掉三個口的過程成為一個口，變成「和」。〔註35〕此外，早期的儒經：《尊德義》和《五行》，這兩篇文本被記載在郭店竹簡文字裏，其中的「和」寫成「咊」，此「咊」也如同虢叔鐘鐘鼎文的「龢」，只是左旁的「侖」沒有簡化成為一個口而已。〔註36〕

在鐘鼎文裏，「和」、「龢」與「盉」都交替使用，然而「龢」在使用中仍是主要形式。〔註37〕在「史孔盉」裏，金文形式的「和」寫成「盉」。Li Chenyang 最後所引的證據使音樂觀念上的「和」轉移到烹飪的調味身上；在春秋中到晚葉的金文——「庚兒鼎」裏，有這樣的記載：「用龢用鬻」，意思是說結合種種配料成為湯。〔註38〕

如果我們認為王國維和郭沫若的推論正確。「和」的觀念應該這麼總結：

（一）「和」來自一種樂器——「龢」，而後來簡化成「和」。〔註39〕

（二）「和」來自用來調理酒醇的濃度之專用器具——「盉」，後來可以與「和」代替使用。

不管第一還是第二的總結都相關於結合種種成分的作用，皆出於用來協和各種各樣元素的儀器。〔註40〕第二總結還有很多證據可以證明其來源。西周末葉的史伯稱讚先王說：「（先王）和五味以調口，和六律以聰耳朵，和之至也」。〔註41〕前面兩個「和」是使動用法——和諧化的意思，後面的「和」是名詞。

〔註34〕劉興隆，《新編甲骨文字典》（北京：國際文化出版社，1993）。

〔註35〕郭沫若，《郭沫若全集》（上冊）（北京：科學出版社，2002），頁 4～105。

〔註36〕張守中，《郭店竹簡文字遍》（北京：文物出版社，2006），頁 15。

〔註37〕周法高，《金文詁林補》（臺北：中央研究院歷史語言所，1997），頁 297。

〔註38〕馬承源（編輯者），《商周青銅器銘文選》（第四冊）（北京：文物出版社，1990），頁 381～382。

〔註39〕許慎早就把「龢」詮釋成「和」（「相應也」、「調也」的意思），後來段玉裁（1735～1815）還解說我們現今一概都用「和」，而「龢」已廢棄了：「今則概用和，而龢廢矣」。《說文解字注》（上海：上海書店，1992），頁 93。

〔註40〕許慎對「和」的詮釋，還可以擴展運用到「和詩」的意思——寫詩對應於另一個詩人的詩。《論語》中也有這樣的記載：「子與人歌而善，必使反之，而後和之。」《論語》（7·32），這裡的「和」就是「和詩」的意思。

〔註41〕《國語》，第十六卷，〈鄭語篇〉。引用於來可弘，《國語直解》（上海：復旦大學，2000），頁 746～747。

　　在《春秋左傳》裏的一個典型例子也專談「和」的概念。晏嬰也把「和」理解成「調味」。〔註42〕從引文中細讀，筆者認為《春秋左傳》所表達出來的「和」應該是過程，多於狀態，也就是說，協和味道的過程，多於美味的狀態，是和諧化的過程，多於和諧化的成果。

　　這裏的羹我認為應該是古代的一種美味的濃湯。因羹裏包含肉、魚、蔬菜，這樣的濃湯味道應該很重，不是清談的湯，廚師要懂得和諧化各種成分，如：肉味、腥味、菜味，做成美味的漿糊，使之擁有和諧的味道。所以做羹就是和諧化的一種具體的比喻。有趣的是晏嬰認為君子消費美食的終止目的就是「（君子食之，）以平其心」，他明顯地講述，吃這麼簡單的動作，是人們日常生活的文化的體現，其目的則是為了平心（我的詮釋是說餓是人性，但吃是文化，屬於文化領域了）。

　　接著晏嬰轉移去解釋另一個和諧化的過程，音樂的和諧化的過程，透過演奏音樂的動作去詮釋「和」。〔註43〕對於晏嬰，好聽的音樂在很多層次上要求各不相同之音，演奏成為和諧的音聲，晏嬰稱各不相同之音的和諧化之過程為「相成相濟」，這裏的「成」，筆者理解成為互相完成，這裏的「濟」就是互相補充。高明的音樂家要懂得使各種各樣的音聲互相完成、互相補充。

　　總而言之，晏嬰把「和」理解成為和諧化各種各樣的音聲和味道的過程，其詮釋還是離不開「和」的原有意思，協和聲音的「龢」與調味儀器的「盉」的字源上的意義。對於晏嬰，「和」的狀態不僅是協和各種聲音和味道的表層意思，還包含更為龐大的意思，包容「他人」的成分在內，而使每個成分和諧地操作，使之互相完成、互相補充。這意味著和諧在共同分享的範疇裏一定要接受與己不同的成分，作為「以他平他」的運作。〔註44〕

　　中國古代文人，如：儒家、道家、墨家，玄學家都以兩個上述的意義來箋注「和」。嵇康也憑藉兩個上述之一的意義，而補充玄虛之學的風格，使之

〔註42〕　「和如羹焉，水火醯醢鹽梅以烹魚肉，燀之以薪，宰夫和之，齊之以味，濟其不及，以洩其過。君子食之，以平其心。」晏嬰，《春秋左傳》（1985），頁2093。

〔註43〕　「聲亦如此，一氣，二體，三類，四物，五聲，六律，七音，八風，九歌，以相成也。清濁大小短長疾徐，哀樂剛柔，遲速高下，出入周疏，以相濟也，君子聽之，以平其心。」同上註，頁2093～2094。

〔註44〕　《國語》，第十六卷，〈鄭語篇〉。引用於來可弘，《國語直解》（上海：復旦大學，2000），頁746。

含有形而上學的味道。〔註45〕

三、無

在此的無不是一般的無，所以筆者把無寫成「無」，此「無」就是王弼的無論或魏晉之「貴無」，皆為形而上學的一種考察。筆者的以佛解玄使王弼的無論歸根到底成為了一種有論，因王弼把所有的現象上的存在物解釋當作無論的化身，王弼的方法就是把「無」在形上絕對化，這個「無」中生有，這個「無」還是存在的，作為一種先天的存在物，越非常有體性，所以無論就是體性論。

而後我把「和」（宇宙和諧）的狀態附屬於無論，因為無論的形而上學含有秩序，即為和諧。接著筆者把嵇康所提出來的「和」（音樂的和諧狀態）附屬於這個秩序。

四、空

上文我們提出「和」可以當作形而上學的化身了，我稱之為音樂的「無」的美學，之後我們來釐清另外一個觀念──「空」（sunyata）。我們可以把大乘的空論分為三個面向：

（一）法性空：指的是諸法皆空。諸法皆由因緣和合而生，由因緣離散而滅，一切事象皆無實體性，故可稱幻。〔註46〕所有的現象都是法的再現，心也是，物也是，但心、物在某某條件下互相依賴，因互相依賴，才沒有自己的內在真實，因而說諸法皆空。經文說：「（佛言：）於汝意云何，是菩薩摩訶薩壞相不？』（須菩提言：）『不也，世尊！』佛告須菩提：『云何名不壞相？』須菩提言：『世尊！是菩薩摩訶薩行般若波羅蜜，不作是念，我當壞諸法相。……世尊！菩薩摩訶薩以方便力故，於諸法亦不取相，亦不壞相。何

〔註45〕英文裏的 concept 和 conceptions，中文的翻譯就是概念 觀念或理念，其實 John Rawls 點出值得思考的論點。John Rawls, *A Theory of Justice*（Cambridge：Harvard University Press, 1971），p.5.他提出人們可以共同擁有一樣類似的 concept，但在這個 concept 裏也許有各不相同的 conceptions，而這就是比較美學所根據的重要的方法論。我們各國都可以擁有共同的「和」的概念，但在此概念下有值得注意的細微差別。筆者對「和」的論述也是如此。

〔註46〕《中華佛教百科全書》藍吉富主編，頁1304，中華佛教百科文獻基金會出版，1994年元月出版。

以故？世尊！是菩薩摩訶薩知一切諸法自相空故。』」〔註47〕《大品般若經》的意思是：一切事物的「自相」（自體）都是空的，因此沒有眞實的本質；既然沒有眞實的本質，也就一方面不可執著（不取相），二方面不可破壞（不壞相），因爲只有眞實不空的事物，才可以執著它或破壞、否定它。因此，當我人說：「一切皆空」時，我人並沒有破壞或否定事物的「自體」（自相），因爲事物的「自體」（自相），本來就是空而不存在的。諸法皆空成爲大乘哲學之最，因法性空可以解釋自性（atta）也空，緣起性（pratityasamutpaada）也空，萬物無眞實的因名（hetu）。

　　（二）自性空：因「按照標準的佛教信條，沒有所謂的統一性的感知之存在——自我、我自己或我。就佛教而言，我們所謂的「『存在』、『個體』或『我』不過是不斷變化之物理上、精神上的力量或勢力之結合。……對於佛教，心是一種機構或器官，非某種東西相對於物質，……，如果沒有心的機構，世界就不會形成。同樣的，理念與思想也依賴、受制約於物理性的經驗，……，聲音在這個意義上就是一種物質，作爲感應於我們聽見機關的外界物質。」〔註48〕整個過程不斷地滑動、流變，如果我們把「我己」或「自我意識」消除，就沒有心與物之間相粘的溶液了，就沒有所謂的音樂了，「作爲時間性的聲音活動的形式的音樂概念不過是心的構建，……沒有在『音聲』的滑動之背後的所謂的『音樂』。它不過是流動過程。當我們消除流動，就沒有所謂的音樂。」〔註49〕自我彷彿一種膠水，粘住意識與外界之間的認知。

　　（三）緣起性空：所謂的緣起性空非味著完全沒有緣起，又不是說完全沒有緣起，但意味著互相依賴之緣起，pratityasamutpaada 逐字的意義是在某某的條件之下同時升起，pratyaya 是指條件或共同因緣，samutpada 是指同時升起（中文譯成緣起有時誤以爲原有的因緣之說），所以所謂的緣起指的不是因或果，但是指因→條件→果之間的互相關係。〔註50〕大乘的因緣之論既反

〔註47〕後秦龜茲國三藏鳩摩羅什譯，〈堅固品第五十六〉，《摩訶般若波羅蜜經》，《大正新脩大正藏經》，CBETA，第八冊，No.23，頁 346 下。

〔註48〕Chen Pi-yen, "Sound and Emptiness：Music, Philosophy, and the Monastic Practice of Buddhist Doctrine," in *History of Religions*, Vol. 41, No. 1（Aug., 2001），pp.26～27.

〔註49〕Ibid.

〔註50〕Miyamoto, *Studies in Indology and Buddhology*, presented in honor of Prof. S.

對印度的婆羅門之論（以唯一存在爲因之論）或 parinama（以第一因緣作爲決定之論），又反對萬物無因緣地同時存在或 arambhavada（以無因緣的同時存在爲論）。音聲與主體的感知也如此，音不會起著作用，除非以感知者爲其條件，感知者感知音聲認知自己的存在，又可以趁自己的能聞性感知音聲的空性，如同心、物在某某的情況下互相依賴，只有在這個意義上，空論本來就是美學，它從來不會脫離人的感知或阿賴耶（Alaya）。〔註51〕

　　另外一個近義詞是因明，因明就大乘而言不過是語言遊戲，則爲空性。我們能以某某命題爲出發點推論音樂的屬性亦可，如：我們觀聽的感知來自何處？就來自自我的覺醒，如同主體在好奇問音聲是何物？音聲來自何處？我們怎麼感知音聲？音聲本來就存在還是我們的感知存在？還是音聲不存在，只有我們的感知存在？皆爲因明之論，強信音聲有其因明。主體對因明的好奇之心源於主體對自我的覺醒，大乘提問那麼我們有沒有所謂的眞正的自我？龍樹可以簡單地駁回若說所觀聽之物爲眞實，爲何觀聽自身不能看到、聽到它們自己，若不能看到、聽到它們自己，怎麼可能看到、聽到他物？若說觀聽只能看到、聽到他物，而不能看到、聽到它們自己，豈有此理？此爲不合理來自何物？皆出於自我的依戀使然。龍樹的空論駁回兩種人：（一）邏輯推論（二）經驗推概。那麼龍樹也可以被駁回說既然如此，空論也是一種實體之論嗎？龍樹本知道會被如此問，他說他並不「否定」（遮）任何事物；他只「告訴我人」（jñāpayati）一切事物的「自體」都是空幻不實的。因

Yamaguchi（Kyoto：no publisher, 1955），p.156.
〔註51〕梵文有時譯成中文造成無法完全涵蓋的語義，比如：Alaya 一詞，Alaya 來自字源——lî，其義是附屬、溶化、滲透、坐著、住著、留著，laya 是名詞形態，其義是依賴、溶化、融解、解散、散漫、逗留、安置、歇息之所在、住宅、房子、住處。波羅末陀（Paramatha）譯成「無沒識」（âlaya-vijnâna），這裡的「沒」（mo），意思是慢慢消失或不見，彷彿逐漸地沒落一般，不是「沒有」的意思，「無沒識」一詞用雙重否定形式，「無」也否定了，「沒」也重復否定，使意思變成肯定，全義就是不消失的意識，既然是「不失蹤」的意識，那麼意思就變成什麼都涵蓋、保儸萬象的意識了。
　　玄奘將之譯成「藏識」，我認爲他把 a 的否定前綴的意思加以後面的 laya，變成 alaya，整個一起來翻譯。加了以後不是 a 否定 laya 的意義，反而越使 laya 有更爲肯定、強化的意思，這就是梵文的特色，非每個否定前綴都要有否定的意思，這些例子雖然少見，但他也辨認得出來，表示玄奘非常精通梵文。
　　譯後還是可以保留原文的意思——聚藏、保存、居住、花托的意識。
　　有時可以泛泛地代替而譯成「心」，梵文是 citta，也是「無沒識」的另稱。Citta 還涵蓋兩種意思——「支撐」（âdana）與「種子」（âçraya）的意思。

此，他在《迴諍論》中說：「又復有義，偈言：『我無有少物，是故我不遮。如是汝無理，枉橫而難我。』此偈明何義？若我如是少有物遮，汝得難我；我無物遮，如是無物我無所遮。如是無遮，一切法空。如是無物遮與所遮。是故汝向如是難言何所遮者，此汝無理，枉橫難我。」〔註52〕其義是說我並沒有否定任何事物，也沒有任何事物被否定（pratiṣedhayāmi nāhaṃ kiṃcit pratiṣedhyam asti na ca kiṃcit）。因此，當你說：「你有所否定」時，你是在中傷我（tasmāt pratiṣedhayasīty adhilaya eṣa tvayā kriyate）。你確實可以正確地那樣說，如果我否定了某些事物的話。但是，我並沒有否定任何事物，因為並沒有任何事物可以被否定（na caivāhaṃ kiṃcit pratiṣedhayāmi, yasmān na kiṃcit pratiṣeddhavyam asti）。因此，當所有事物都是空的時候，既沒有任何事物被否定（pratiṣedhya），也沒有任何否定（pratiṣedha）可言。當你說「你有所否定」時，你做了無理的中傷（aprastuto 'dhilayaḥ）。

　　因此佛教的空論又不等於相對論，因為相對論以自己的相對之說作為絕對之真實，也就是說，相對論不會相對化萬物皆相對的觀點（相對不會相對自己），而以相對之真實否定絕對之論之真實而立論，而佛教的空論並沒有立論的內在真實，空論沒有否定什麼，也沒有肯定什麼。相對論說 A 與 B 相對，所以 A 與 B 一樣好，懷疑論反而把懷疑本身作為絕對目的，總是提問 A 確實是否有 B 一樣好？懷疑論就大乘而言也會像相對論一樣踫到相似的問題，即為以懷疑本身為絕對之自體，大乘可以簡單地提問那麼懷疑本身可以懷疑自己嗎？若不可以，懷疑論也無自體，空而不存在，大乘並沒有把懷疑作為終止目的，只是以之為工具，就像世間的車子、瓶子、衣服等事物，雖然都是因緣生，因此也是無自體、空的，但是卻仍然有它們各自的功用一樣，同樣地，「一切皆空」這一語句，雖然也因為是因緣生而無自體、空的，但是卻仍然有它的功用，它的功用就在「告訴我人」（jñāpayati）一切事物都是空的。龍樹說：「又復有義，偈言：『若因緣法空，我今說此義，何人有因緣，彼因緣無體。』此偈明何義？汝不能解一切法空，不知空義，何能咎我？如汝所言，汝語言空，語無自體；無自體，故不能遮法。此法若是因緣生者，生故，得言一切法空，得言一切皆無自體。以何義故，知因緣生法無自體？若法一切皆因緣生，則一切法皆無自體。法無自體，則須因緣；若有自體，何用因

〔註52〕龍樹菩薩造，後魏三藏毘目智仙共瞿曇流支譯，《迴諍論》，《大正新脩大正藏經》，CBETA，第三十二冊，頁 22 上。

緣？若離因緣，則無諸法。若因緣生，則無自體；以無自體，故得言空。如是，我語亦因緣生；若因緣生，則無自體；以無自體，故得言空；以一切法因緣生者，自體皆空。如輿、瓶、衣蓆等諸物，彼法各各自有因緣，世間薪、草、土所作器、水、蜜、乳等，將來將去，及舉掌等，又復寒、熱、風等障中，諸受用法，因緣生故，皆無自體。如是，如是，我語因緣和合而生，如是得言無有自體。若無自體，如是得言無自體成。如是空語世間受用。是故汝言，無自體故，汝語亦空，則不能遮諸法自體，是義不然。」〔註 53〕內文中我指出大乘對音聲的感知之分析既非相對論，又非懷疑論，有關龍樹對傾聽的眞實之檢討詳看第五章第二節。

其實說來也互相矛盾，就大乘佛教而言，「空」不屬於哪一種的觀念推類，由於「空」本來就擺脫所有的二元對立的語言的約束，所以稱不了「空」是何物，佛語簡單地稱之爲「般若」，因「般若」，才「空」。但爲了簡單地論及「空」，我把「空」的觀念並列於「無」的概念。而且我在此的「空」的觀念也出於大乘佛教的中觀學派與華嚴派的教義。

嵇康將「和」提升到無論的形上程度，佛教並不在乎音樂的和諧狀態，反而將之理解成爲大乘佛教的最爲基本的因素——「幻影」或心理之般若。大乘佛教把音樂解散成爲聲音之虛幻構建，把聲音理解成爲我們意識中的一種幻影或妄念，而從妄念之心推論所有的聲音現象。音樂之所以然不過是心理與物體的互動操作，心與物本來也沒有任何實質（或眞實）在內，彷彿幻影，所以佛教才把意識所引發出來的東西作爲灰塵，梵語叫做 guna，這個灰塵造成幻影給予人們，使人認爲他們所接觸的物體屬於眞實。當消除任何自我時，我們才可以看東西那樣「般若」（tathata）似的。更有意思的就是法相宗也沒有簡單地把般若的狀態簡單地視爲絕對實體，法相宗還把般若或如來當作沉思的對象，認爲沉思般若或如來的狀態之過程究竟會引發涅槃的智慧。沉思般若或如來的形態不過是達至涅槃的基礎而已。〔註 54〕傾聽音樂的過程也是如此，音樂可以展現般若的狀態，沉思音樂就等於思考般若的狀態。

對於心或意識是從哪裏來的，華嚴派也回答得很清楚，筆者會在後面的

〔註 53〕同上註，頁 17 下～18 上。

〔註 54〕Yamabe Nobuyoshi, "The Idea of *Dhātu-vāda* in Yogacara and *Tathāgata-garbha* Texts," in *Pruning the Bodhi Tree：The Storm over Critical Buddhism*, edited by Jamie Hubbard and Paul Swanson（Honolulu：University of Hawaii Press：1997），pp.198～199.

章節詳細論之。在此我只是給「空」下定義與範圍而已。大乘佛教也不是因為「空」，就盲目地反對音樂，大乘佛教能夠接受音樂藝術，同時也保留「空」，也借之達至「空」的狀態，我稱之為「空」的美學。我會從佛教的「天樂」與「梵唄」談起，引用的文獻大部分都屬於中觀學派和華嚴派的論述。至於佛教的音樂實踐，一些例證來自淨土派的較有代表性的音樂實踐。

此外，我所用的「空」不管在哪個層次上都相對於「無」，筆者的「空」不是「無」的另一面，因為上文說明了「無」屬於形而上學的領域，魏晉的「無論」使某某東西歸根結底擁有本體或實體，但「空」反而相反。言、象、意之論不管怎麼推論，「有形」之物還是要依賴於「無論」的本體概念，不是這麼簡單的互相轉換的思辨，因我說了可以互相轉換的思辨意味著每個實體都沒有本體或真實在內，因為它己的本體需要依賴於非它己的存在，才起著意義。一個實體是部分，同時也是全部，像華嚴派說，一是全部，全部就是一，稱此狀態為互相分身或互相滲透。〔註 55〕這一點讓我可以跳過天台派去借用華嚴派的哲學，因為天台派只是提說完全中有一，一在完全中，但華嚴派解釋當成一等於完全，而完全也等於一。華嚴派「是中國佛教思想史上的發展之頂點。」〔註 56〕，是「佛祖最完善的教義」。〔註 57〕當然我會談到大乘佛教的唯心論的必要部分，我選用的這些部分也相關於華嚴派。〔註 58〕

五、唯　心

我按照 Whalen Lai 所分析的中國佛教的「唯心」之界義來論述聲音的現象。我認為如果根據他所提出的分類方法去談論聲音的現象，推論會更清楚。下面就是中國佛教的「唯心」之界義。我對中國佛教的唯心的意義之分類來自他的一篇文章。〔註 59〕值得注意的是 Whalen Lai 用「唯心」，而不是「唯識」。

〔註 55〕 中觀學派用「互相依賴」。不同派別用不同的術語形容同一個現象，表示各個派別在哲學上的互相吸收，代表各個派別的智慧與才華，使他們的術語擁有更有意義的細微差別。

〔註 56〕 Wing-tsit Chan, *A Sourcebook in Chinese Philosophy*（Princeton, NJ：Princeton University Press, 1963）, p.406.

〔註 57〕 Kenneth Ch'en, *Buddhism in China*（Princeton, NJ：Princeton University Press, 1964）, p.320.

〔註 58〕 如果細讀 Chen Pi-yen 的說法，我們就會感受到大乘佛教的華嚴派的解釋了，它隱藏在內，雖然 Chen Pi-yen 沒有直接說出來。

〔註 59〕 Whalen Lai, "The Meaning of "Mind-Only"（Wei-hsin）：An Analysis of a Sinitic

當我們談到「唯心」（梵文：Cittamātra）時，一般都包括禪派以及華嚴派，Whalen Lai 說：「我從特定的一個視角去追究禪派的一個觀念——『即心，即佛』。本人不會投入去討論華嚴與法相之間的爭論」。〔註60〕「即心，即佛」的意思就是把「心」當作「佛性」。

Whalen Lai 引用了一段簡明的佛文來證明上述的論點：「直指人心，見性成佛」，然後說此引文「可以形成中國禪派的四個特點之中的兩個特性」。〔註61〕Whalen Lai 所引的上述佛文很普通，而後面的引文十分特別，由於後面的引文使中國佛教的唯心論獨立於印度大乘佛教，這表明了大乘佛教的唯心觀念的萌芽流傳到中國後達到成熟之頂點。他強調：「這兩個特性不僅涵蓋中國禪派成爲一個獨立的派別，還當作整個禪派的關鍵概念」。〔註62〕

中國大乘佛教沒有一派別不接受上面所引的佛文爲其出發點；你的心就是佛（或菩提狀態）。連「北禪派別也運用否定的思辨——『無心，無佛』來形容之。……。其他禪派都附屬中國大乘教義——『眾生皆有佛性』。你的心和性成爲正覺之根源與基地。天台、華嚴、淨土都承受心與佛性的合一，承認到成爲其公理，……，認爲玄奘的法相不過是小乘佛教的僞裝。……。天台、華嚴、淨土都共同分享關於心的一個信念。天台談到『三智一心』（三個眞理如同唯心——筆者自解），華嚴也談及『三界唯心作』（三界：色、形色、無形色經由唯心作——筆者自解），淨土派也論及『三心』、『觀經』、『一念信心』或『安心』（這裡的意思不是培養自信心或平安心情，『一念信心』的意思是一心念佛，其目的就是爲了達到信仰之心——筆者自解）。……。我會把論述限於禪派的廣義——心與佛性之關聯。當然還是要分析一些印度語中的經文。然而一切都是爲了闡述中國禪派借用了道家思想中的心之觀念，並且結合了孟子所提的『心性』，同時也預示了明代王陽明的心學」。〔註63〕

因此佛教的唯心論是指比瑜伽學派（法相宗）更爲成熟的唯心之說，而

Mahāyāna Phenomenon," in *Philosophy of East and West*, Vol. 27, No. 1（Jan., 1977）, pp.65～83.

〔註60〕 Ibid, p.65.

〔註61〕 Heinrich Dumoulin, *A History of Zen Buddhism*（Boston：Beacon Press, 1963）, p.67.

〔註62〕 Whalen Lai, "The Meaning of "Mind-Only"（Wei-hsin）：An Analysis of a Sinitic Mahāyāna Phenomenon," in *Philosophy of East and West*, Vol. 27, No. 1（Jan., 1977）, p.65.

〔註63〕 Ibid., p.66.

不是其早期的唯識之說。因唯心之說更正了其舊之說法，於是它能得以受容於天台學派、華嚴學派、淨土學派及禪派，成為各個學派多層次地可以分享的中性觀念，比如：中觀學派的心、物互相依賴，華嚴派的互相滲透之理論也融合心與物的互相滲透之說，心非先天存在，物也非獨立本體，從而說心、物在法界中互相滲透，合乎因緣論（Pratityasamutpada），就西方佛學而言，華嚴派的心、物在法界中的互相滲透遠超過中觀學派的心、物互相依賴，因為華嚴派使心、物之間的互動成為所謂的體性上、本體上的因緣性（noumenal causative），才說華嚴派是佛教的絕頂。音樂就是我們的唯心組成的。主體又不是不存在或存在，聲音又不是不存在或存在，主體、音聲在法界中互相滲透，皆無體性。大乘的唯心之說成為各個佛派的中性之說法，筆者可以借用之來解讀傾聽的感官能力。

六、心與意識

　　就大乘佛教而言，心有兩種意思：（一）心作為意識或自我意識（狹義）與（二）心作為「眞如」、「般若」（廣義），梵文是 bhûtatathatâ──般若（逐字的意思是彷彿佛性之般若那樣似的），還包含般若之所在或「如來藏」（thatâgata garbha）或「如來藏心」的意思。梵文使用同一詞──tathatâ 或 thatâ，但譯成中文後反而有兩、三個詞彙形容同樣的東西，如：「眞如」、「如來」、或「般若」，心的廣義是指萬物永恒的潛在力或永恒智慧的潛在性，心意味著般若的面向，又是般若的操作和進化，有時是般若的另稱。〔註64〕可說，意識等於心，屬於心類，但心不等於意識，不能屬於意識類，梵文的原文名為二物。

　　根據《大乘起信論》，功德日把意識對等於妄念或妄念心，也是「阿賴耶識」（âlaya-vijnâna）或「無沒識」的另稱。意識發生在時、空裏，又變化無常，但心佔有永遠不變的性質。功德日把心當作「如來藏」（般若而來之藏），藏字梵文是 tathâgata garbha，逐字的意思就是般若而來之子宮，子宮內擁有佛性，才說「眾生皆有佛性」，萬物含有菩提性之子宮（或佛性之子宮）。既然心作為「如來藏」，成為「如來藏」的一部分，那麼「如來」是何物？

〔註64〕 「何以故？是心眞如相，即示摩訶衍體故；是心生滅因緣相，能示摩訶衍自體相用故。」馬鳴菩薩造，梁西印度三藏法師眞諦譯，《大乘起信論》，《大正新脩大正藏經》，CBETA，Vol. 32，No. 1666，頁 2。

據我所查的《金剛經》（Vajracchedikâ Sûtra）這麼說明，須菩提（Subhûti），如果何人說如來（tathâgata）就是來（來到）或去（前往）或站著或坐著或躺著，須菩提，那些人都不明瞭我的正義。爲何如此？因爲如來意味著沒有何人前往何處，也沒有來自何處，因而得名——如來（般若而來）。〔註65〕既聖潔，又空。

更有趣的是意識或「無沒識」也是「如來藏」的三個特性之一，屬於「如來藏」的特徵的一部分。我將之更爲詳細地解釋在後面的章節裏。

七、主觀性

就嵇康的樂論而言，我把所有的喜、怒、哀、樂等情感當作主觀性（subjectivity）的亞類，不僅如此，還包括思緒；思緒等於思想與情感的結合之狀態，難以分得清楚哪個是單一的情緒，哪個是單一的思考，說之情緒即可，說之思索也可，接近於西方文學的現代主義的一個術語——心理活動。後面的章節我論述所謂的心理活動需要有語義嗎？或與語義有必要的關係嗎？

八、音樂與歌

本篇論文所指的音樂就是純粹音樂，帶歌詞的音樂叫歌。當我們討論到嵇康的樂論時，我們談到純粹音樂，所以他所指的「和」就是器樂曲而已，非歌。嵇康是第一個樂論家把音樂與音樂帶歌詞區分開來分析，說純粹音樂的效果是無常的，說音樂「以平和爲體，而感物無常」。〔註66〕但音樂帶歌詞，其語義也許引發一定的感受，如同詩歌一樣似的。

筆者舉頗有代表性的一個例子，嵇康在〈聲無哀樂論〉裏表示懷疑而論述音樂帶歌詞，如：《風》、《雅》、《頌》，人聽了，知道哀樂，也許不是來自

〔註65〕 本篇論文很多地方有意引用非直接的引文讓讀者易懂，也讓我不用反反覆覆地註解經文裏的複雜術語，所以沒有引號。「須菩提！若有人言：『如來若來若去、若坐若臥。』是人不解我所說義。何以故？如來者，無所從來，亦無所去，故名如來」。姚秦天竺三藏鳩摩羅什譯，《金剛般若波羅蜜經》，《大正新脩大正藏經》，CBETA, Vol. 8，No. 235，頁 7。"The Vajracchedikâ Prajñâpâramitâ Sûtra," in *Buddhist Mahâyâna Texts*, translated by Max Müller（New York：Cosimo, Inc, 2007），Part II, p.142.

〔註66〕 嵇康，〈聲無哀樂論〉，《嵇康集校注》（臺北：河洛圖書出版社印行，1978），頁 217。

其純粹的音韻，而是來自《風》、《雅》、《頌》裏的歌詞的語義（而且這些語義多數皆是先入爲主的）或外在的情形使然，與音樂無關，晉國師曠吹奏律管以詠八風，得知南風音微多死聲，便知道楚師必敗，嵇康懷疑：（一）晉國師曠可能見多識廣，自有其預知勝敗形勢的根據，聽了便知道楚師必敗，不是聽見所謂的「死聲」。（二）師曠吹律的時候，起的風是從楚國吹來的嗎？那兩個地方相距千里，聲音不足以傳到此地。（三）假如確認正是楚風來入律中，那楚國南邊有吳、越，北邊有梁、宋，如果你沒有看見風的源頭，又憑什麼辨認它是楚風呢？此外，（四）所謂楚軍將傷亡慘重的「死聲」與律管又不能溝通等例證。〔註67〕這就是師曠的外在知識使然，與「死聲」無關。

　　當我們談到大乘佛教的樂論時，我們所談的既是純粹音樂，又是歌類的梵唄與咒，還包含心裏念佛、誦經的音韻、節奏。大乘把所有音性的現象當作一種「唯心作」，所以沒必要區分歌類或純粹音樂，重點是怎麼借用這些音性的現象達至「空」。

第四節　參考文獻：派別與詮釋

　　上文我們稍微提及派別與詮釋，以 Edmond Yi-teh Chang、李澤厚爲例，在此作進一步的解釋。對於嵇康的詮釋，據我調查，可以分成三個派別：
　　一、嵇康的樂論不屬於魏晉南北朝的「無論」，而屬於莊子的自然主義。這一派的詮釋只考慮到看得見的自然，看不見的自然之理的權勢未談及。這一派的解釋很簡單，說明嵇康的樂論是大自然的表現，自然偉大，自然沒有哀樂，未討論爲何自然沒有哀樂。若說自然沒有哀樂到底是不是形上的問題，論述中都沒有分析。這樣的詮釋除了不引用魏晉的玄虛之學作爲分析背景，還提出嵇康的樂論脫離了王弼的「無論」。這一條路的詮釋比較稀少。〔註68〕

〔註67〕　「請問：師曠吹之律時，楚國之風邪？則相去千里，聲不足達；若正識楚風來入律中邪？則楚南有吳越，北有梁宋，苟不見其原，奚以識之哉？……今以晉人之氣，吹無損之律，楚風安得來如其中，與爲盈縮邪？……豈師曠博物多識，自有以知勝敗之形，欲固眾心，而託以神微。」「無損」其義是無韻，「盈縮」是指進退變化。崔富章（注譯），莊燿朗（校閱），《嵇中散集》（新譯）（臺北：三民書局，1998），頁 268，269。

〔註68〕　如：David Chai, "Musical Naturalism in the Thought of Ji Kang," in *Dao：A Journal of Comparative Philosophy*（Publisher Springer Netherlands）Subject

二、嵇康的樂論雖然來自王弼的「無論」，但不論如何，王弼的「無論」似乎不違反，反而相容於莊子的自然主義。王弼和莊子之間在思想上沒有任何必要的縫隙，兩者可以解釋在一起、相容——王、莊、嵇「會通」的想法。〔註69〕李澤厚、吳冠宏、蕭馳也屬於這一派別。

三、嵇康的樂論屬於王弼的「無論」，這一條路的分析運用王弼的「無論」作爲詮釋的背景，但有意解釋王弼的「無論」不是形而上學的思考。〔註70〕這一詮釋脈絡反而有意把本體論解釋成爲「有」／「無」的互相依賴的一種形式、「有」／「無」的轉換的思辨而已。這一派誤以爲互相依賴、轉換是本體論，以爲兩種東西的身分之更迭是王弼的「無論」。筆者不以爲然。如果說這一派別的詮釋正確，就正確一部分，既然部分正確，就如同猶太諺語說：「半眞的陳述就是完全、絕對的說謊。」（A half truth is a true lie.），因對佛教而言，某某東西的身分的互相依賴會使那個東西沒有眞正的眞實或實體，因它的存在性要依賴於、取決於他人的身分來奠定；既然互相依賴，某某東西才沒有眞正或可以說清楚的身分，沒有二元對立的語義可以分析、辯論之，華嚴派說此爲互相滲透的狀態，大乘佛教概括性地稱之爲「空」或「般若」或「法界」（dharma-dhatu）——一種擺脫二元對立的狀態。在某種意義上大乘佛教反對任何的絕對論以及任何形而上學中的本體之推論——體性之說。但這一派別誤以爲互相依賴、互相轉換屬於本體論。〔註71〕

Edmond Yi-teh Chang 的博士論文基於這樣的假設，也引用了 Alan Chan 的一些引文，他認爲 Alan Chan 的想法也像他的想法一樣，都不認爲王弼哲學上的思考屬於超越的形而上學（metaphysics of transcendence）。我仔細查看 Alan Chan 所寫的書，我發現他對此問題沒有回答得很直接，他只是承認「無」

Collection Humanities, Social Sciences and Law, Volume 8, Number 2/June, 2009, pp.151～171.

〔註69〕這樣的詮釋據我所調查有幾篇文章，較有代表性的論文如下：蕭馳，〈嵇康與莊子超越境界在抒情傳統中之開啓〉，《漢學研究》第 25 卷第 1 期（民國 96 年 6 月）：95～129。

〔註70〕Edmond Yi-teh Chang, *The Aesthetics of Wu : Wang Bi's Ontological Paradigm and the Transformation of Chinese Aesthetics*（PhD dissertation, University of California, San Diego）（Ann Arbor：2001）, p.87～88.

〔註71〕較有代表性的論述，如：Edmond Yi-the Chang, *The Aesthetics of Wu：Wang Bi's Ontological Paradigm and the Transformation of Chinese Aesthetics*（PhD dissertation, University of California, San Diego）（Ann Arbor：2001）.

和「有」的相等層面，接著他說：「王弼不是把道視爲晦澀的本體，（不過）他對「無」的見解還是保留其神秘性以及超越性」。〔註72〕這不是說明王弼的無論含有超越的意義嗎？所謂的超越，就西方哲學體系而言，屬於形而上學，而且形而上學一方面作爲體性之說。

筆者的詮釋不屬於上述的三個派別，因我的詮釋方向就是把「無」的美學與「空」的美學區分開來，成爲兩個不同的美學形式、不同的美學傳統、不同的審美觀念：

「無」：「無」的美學採用王弼的「無論」爲其前提、命題，而不管怎樣，「無論」本身有自己的眞實，但「有論」可有可沒有自己的眞實，因要依賴於「無論」爲主。相同而言，「無論」可以不依賴於「有論」，但「有論」當然不可以不依賴於「無論」。歸根到底「無論」是「有論」的所在地，是「有論」的絕對原則，「無論」沒必要以「有論」顯現之，它有永恒的潛在力等著「有論」的之「勢」來體現之。「無論」與「有論」的關係是雙方向，同時是單方向，另而言之，「無論」可以沒有「有論」作爲基礎，但「有論」無法沒有「無論」作爲基礎。嵇康把音樂解釋成爲「和」，「和」的本體、性質就屬於本體上的思考，作爲萬物無所不在的形上的理、無孔不入的理，這個理超脫人的主觀性、感官或任何的主觀經驗。音樂的「和」的狀態是中立、中性的，其功能可以感化「無常」。

「空」：「空」的美學就是「般若」的意義，意思是說萬物都缺乏眞正的本體性（或體性），沒有所謂的「眞實性」的所在，因它們都互相依賴。我們對聲音的感知也是如此。聲音不過是我們主體的感知，這個感知是從哪裏來，就是來自我們所認知的自我意識，自我意識讓主體感覺我存在著，作爲一種存在物，這個「我」讓主體覺得自己在思考、在認知世界。在此的聲音包羅我們所有的物理認知和語義認知，不管是什麼聲音或語言，不管是純粹音樂還是帶歌詞的音樂，都是幻影，它們是所指，而不是眞實，但它們能夠所指到眞實，大乘佛教之所以然借用之爲媒介，讓主體解散自我，使他們的心達至「般若」。

〔註72〕 "Instead of turning the Way into an abstract substance, the notion of *Wu* seeks to preserve its mystery and transcendence". Alan Chan, *Two Visions of the Way：A Study of the Wang Pi and the Ho-shang Kung Commentaries on the Lao-tzu*（Albany：State University of New York Press, 1991）, p.63.

第五節　參考文獻初探

我選用的古籍文本或原始資料來自紙面形式和數位形式。有的來自數位版本，尤其是大乘佛經的數位版本。

王弼的古籍文本：

（1）王弼，《王弼集校釋》，（北京：中華書局，1980）。

嵇康的古籍文本：

（2）嵇康，《嵇康集校注》（臺北：河洛圖書出版社，1978）。

阮籍的古籍文本：

（3）阮籍，〈樂論〉，《阮籍集校注》（北京：中華書局，1814）。

古籍中英雙解版本，我引用：

（4）〈樂記〉，（禮記注疏），《十三經注疏》（阮元編輯，1814）。

（5）"Yue Ji"樂記——Record of Music：Introduction, Translation, Notes, and Commentary, trans. by Scott Cook, in *Asian Music* Vol. 26, No. 2, Musical Traditions of Asia（Spring-Summer, 1995）, pp. 1~96.

荀子的古籍中英雙解版本，我引用：

（6）荀子，《樂論》，http://ctext.org/xunzi/yue-lun。

（7）Xunzi 荀子，"Discourse on Music," Yuelun（樂論）（bilingual version）translated by John Knoblock（Beijing: Foreign Languages Press, 2003）.

大乘佛經的古籍文本：

（8）中華電子佛典協會（CBETA）http://www.cbeta.org。原始資料：蕭鎮國大德提供，維習安大德提供之高麗藏 CD 經文，北美某大德提供。皆爲中國歷代著名的高僧翻譯版本。

在佛教的數位經文裏，從梵文直接譯成中文的佛經，我還引用功德日（Punyaditya），另稱爲功勝（Punyaçrîka?）的《大乘起信論》（Mahâyânaçraddhotpâdaçâstra），本經作爲大乘佛教非常重要的經文之一，也作爲華嚴派的一個完善經文。〔註73〕本經可以解說爲何大乘佛教的樂論爲何

〔註73〕本經的梵文原文已經不存在了，Teitaro Suzuki 認爲梵文原文已經失蹤可能是因爲中國皇帝歷代排佛運動使然。按照《貞元錄》（西元前 785～804），本經還是存在的。Açvaghosha, "Introduction," in *The Awakening of Faith*, translated from the Chinese by Teitaro Suzuki（The Republic of China：Chinese Material

不像嵇康厭煩於魏晉時期的「以悲爲美」的風尚那樣似的，功德日反而運用悲感引導聽者達到「空」的狀態。〔註74〕

　　除了中文佛經以外，筆者還引用非中文的佛經。「非中文」指的是除了梵文以外，還包含西藏語言中的佛經。筆者無法看懂西藏語，但只看中文翻譯版本，也未必透徹理解，需要察看很多註解。連當時的中文翻譯版本的《大乘起信論》，筆者讀了中文版本，也未必每句都懂，由於很多時候我不知道上一句跟下一句有何關係，是因果關係，還是時間前後的關係，如何判斷這些

Center, 1983），pp.38～39. 我們後代人只能靠以當時的中文翻譯版本來念，真是可惜的事。功德日的經文之內，只有八本論述得以譯成中文，存在於今，我認爲《大乘起信論》是中國大乘哲學之「最」。八本如下：（一）《大乘起信論》（Mahâyânaçraddhotpâdaçâstra），本經爲功德日最重要的論述，可以靠之來理解整個大乘佛教的思想體系、大乘最後之解脫。（二）《大宗地玄文本論》，我不選擇引用本經是因爲本經傾向於神祕主義，相關到菩薩的五十一層次之進展，本經被視爲先鋒的著作，使金剛乘中的金剛菩薩繼續箋注之。（三）《大莊嚴論經》（Mahâlamkârasûtraçastra），本經敘述一些故事關於業障之因果。（四）《佛所行讚》（Buddhacaritakâya），本經敘述佛祖的生平。（五）《尼乾子問無我義經》，本經預示了龍樹的中觀學派的哲學，內容關於無我理論，其中把知識分成兩個層次：絕對眞理（Parmârtha-satya）和相對眞理（Samvrtti-satya）。（六）《十不善業道經》，本經論述十個不善的行爲。（七）《事師法五十頌》，本經說明伺候大師或師長的規矩。（八）《六趣輪迴經》，本經關於輪迴中的六種狀態之轉換。

〔註74〕　*Geschichte des Buddhismus* 記載功德日除了哲學思考精微以外，他所寫的《佛所行讚》、《大莊嚴論經》還表現他的詩歌才華，故事敘述他也是一個音樂高手：「當功德日去波吒利弗（Pâtaliputra）傳道時，在那裏他編寫了一部樂曲——『賴吒和囉』（Râstavara?），他也許作曲是爲了引導人們信仰佛教。旋律典雅、令人惋惜、迴旋、引發聽眾思考於存在物之悲苦、沉思於空以及萬物的無體性，進一步地說，音樂可以喚起聽者一個感想——五蘊不過是幻影，因循無常；三界不過是監獄、束縛，沒什麼令人享樂於中，榮譽與權利也無常，無法抵抗衰落，彷佛天上雲煙之消散，其象不過是僞裝，如同樹幹的空虛，如同敵人一般，無人嚮往靠近，又猶如裝著眼鏡蛇的箱子，無人懷有；諸佛皆譴責執著於形色世界之人。爲了具體地闡述無我與空的教義，功德日編寫了一篇樂曲，不過音樂家們沒辦法掌握到旋律中的眞義，從而無法演奏出旨意與其妙。他穿白長袍參與樂團更正音樂家們的音調，親自打鼓、敲鐘，使樂聲發揮其美，旋律惋惜，又令人寬心，同時喚起了聽眾心中的悲苦、萬物的無我。五百個王子在本都裏因而恍然大悟，厭煩於七情，斷絕凡間，嚮往在菩薩的懷抱裏找到歸宿。波吒利弗的國王驚嚇於此事，害怕若何人傾聽此曲，就會拋棄其家（如同王子門那樣），會使王國百姓減少、政事混亂。因此他警告平民此後不要演奏此曲。」*Geschichte des Buddhismus*（German Translation），p.91. 此引文已被引用於 "Introduction," in *The Awakening of Faith*, translated from the Chinese by Teitaro Suzuki, pp.35～36.

關係對佛經的理解影響很大。原文文本多次省略主語、賓語，一個句子跟另一個句子的關聯很多地方也不是很緊密，讓意思模糊、「不可理解」，所以我要靠很多英文翻譯版本和中文白話翻譯版本來幫助理解，因譯成英文或現代漢語後，當然要加入一些連詞或詞彙，甚至把原文重新改寫而後譯（改譯）或先概念化朦朧的語義，使之有某某方向的意思了，才能譯出來。當然我選用較有權威的英文翻譯版本和中文白話翻譯版本來參考。

　　梵文的譯音：

（9）中文譯音我一部分參考佛教數位詞典：

　　　http://glossary.buddhistdoor.com/。本站是臺灣網站，是東蓮覺苑佛門網站小組製作©2006～2011。爲了保留梵文的原始聲音，梵文聲調的拼音註明有時用傳統形式，有時用現代形式。

第六節　分章節的方式

　　爲了相連兩個不同的美學傳統以及分析兩者的深層含義與範圍，本篇論文採取比較美學的分析格式，把兩者的因素在自己的範圍內詳細分析，提煉出來其審美觀念。就音樂而言，「無」的美學是指形而上學的「和」，「空」的美學是指擺脫二元對立的自我意識的「般若」，接著分別把它們分析、詮釋在它們的領域裏。在這個意義上，兩者還是屬於個別的領域，還沒跨越領域或跨越美學。我在第六章節裏才把兩者跨越美學進行微觀對比。對比後我們才得到兩者之間的微觀、宏觀視野，同時也看到更爲龐大的音樂觀念，這個音樂觀念還包含世界音樂觀念的意思。

　　「音樂觀念」指的就是跨越國家、文化邊疆的音樂概念，成爲一種人類可以共同分享的音樂概念，也作爲人類的一種文藝表現。「無」的美學與「空」的美學成爲兩種獨立的元素參透在「音樂觀念」裏，在宏觀布景裏含有微觀，而在微觀裏有一些成分也無孔不入地滲透在宏觀布景裏，同時在「無」的美學與「空」之間也有些成分可能重疊、互相交叉。在我第六章節裏展開它們的所有的內、外在關係，仔細觀察它們所謂的連續統一體之差別。

　　第一章　引論

　　在第一章節裏，我鋪設我所運用的方法論，引導讀者慢慢熟悉於我自己構建的分析框架和理路、研究對象、研究目的、研究動機、研究範疇、定義

與範圍，還初探了參考文獻的派別與詮釋。

第二章　〈樂記〉：從天地觀念走向意識形態性之國家

在第二章節裏，爲了使讀者更了解魏晉時代的音樂理論，當然我要談到周秦兩漢時代的音樂理論與實踐，也就是說，分析〈樂記〉的內涵。我不會用傳統方式，詳細註解〈樂記〉的含義就得了，當然文本分析還是要做，但我會把所有的分析放在琴與其意識形態性之國家（ideological state）的關係上而分析，也就是說，不是先讀〈樂記〉，然後把當時的所有音樂實踐解釋成爲〈樂記〉的化身，而是古人爲了構建意識形態性之國家，才編寫〈樂記〉，〈樂記〉不過是古人林林種種的意識形態的展現之一而已，是意識形態的產物，作爲國家的意識形態性的工具。我認爲一個文本是存在物，它反映意識形態，一個文本是整個時代、整體社會的意識形態之產物，沒有視爲某某人的想法。在這個意義上，琴、一個古典樂器也是一種意識形態。〔註 75〕除了把〈樂記〉分析在琴與其意識形態性之國家的關係之下，我還分析儒家所謂的琴道問題：孔子怎麼對待音樂，我的推論還是要回去考察《論語》所記載的有關音樂的命題。當然很多推論我依賴詮釋學與符號學居多。

第三章　王弼的本體觀念：「無論」之來臨與第四章　王弼與嵇康：用字與觀念之交叉以及嵇康後的音樂觀點

本章的意圖非說明王弼如何影響到嵇康，而是說明嵇康的文本與王弼的文本如何「互文」（intertext）。我會點出王弼與嵇康之間的文本性的關係，這種關係不是影響的關係，而是互文性的關係，因影響研究努力用實證主義來證明作者單方向地影響到另一個作者，必須先有甲的存在，接著直接影響到乙，乙就是接受者或受容者。但就互文而言，一個作家在本體上沒有所謂的獨立的創造性，那表示互文理論完全拒絕作者的權威性（或作者論），互文認爲一個文本來自符號的構建，語碼透過其他文本給予作者和讀者意義，一個文本的意義不是從作者直接傳到讀者身上，但被以語言符號調解、過濾。所

〔註75〕我運用的方法論一部分來自阿爾讀賽（Louis Althusser：1918～1990）的新馬克思主義，一部分來自一篇很長的文章：R. H. van Gulik, "The Lore of the Chinese Lute：An Essay in Ch'in Ideology," in *Monumenta Nipponica,* Vol. 1, No. 2（Jul., 1938）, pp.386～438, Vol. 2, No. 1（Jan., 1939）, pp.75～99, Vol. 2, No. 2（Jul., 1939）, pp.409～436, Vol. 3, No. 1（Jan., 1940）, pp.127～176, "The Lore of the Chinese Lute（Monumenta Nipponica Monographs, Tokyo 1940）Addenda and Corrigenda," in *Monumenta Nipponica*, Vol. 7, No. 1/2（1951）, pp.300～310.

以一個文本本來就是互文的構建了，它的意義之組合都取決於前有的其他文本，它的意義經由前有的其他文本而引導、所指，也就是說，符號控制、引導作家的用字，作者要從已經定型的語碼系統中挑選出來他想要用的詞語，彷彿作者被以語碼的地平線包圍著，而且這些語碼沒有所謂的確定性。

當作者從符號系統中節選出詞彙時，連他所用的一個字本身就是與前有的其他文本進行「對話」（dialogism）了。〔註76〕在這個對話裏，「隱藏」了什麼？「隱藏」所謂的「他性」（otherness），一個詞當然一定會有非它自己的「他聲」參差在內，Kriseteva（1941～）把一個文本中的多元「他聲」當做「意識形態性之體裁」（ideologeme），作者怎麼避免也難以避免，逃脫不了語碼系統的決定論，即爲語義在本體上的滑動性質，Kriseteva 還強調一個文本的互文的規模不是考察、還原的研究，又不是影響研究，非把一個文本歸屬於已有的背景。〔註77〕

我會慢慢展開在嵇康的文本裏如何有「他聲」，我的詮釋方法使嵇康的文本成爲敘述或敘述聲，這個敘述聲代表什麼？它代表嵇康的用字隱藏著王弼的「聲音」，隱藏的意思就是可以呼喚王弼的哲學的聲音，可說，嵇康在王弼的哲學的影子之下借用、運用莊子的隱喻、漢代的易學（陰陽論）、中庸之道等文本，敘述他的哲學。所以我們可以說嵇康的文本互文於王弼的文本，不用證明誰對誰有何影響，不用討論到誰是創始人，誰是接受者，因在互文裏本來就沒有所謂的一個作者的獨立性，一個文本在本體上本來就是互文。

此外，我會指出王弼的言、象、意的思辨也基於一種形上觀念。王弼也用他自己創造的方式來解釋他如何箋注《老子》、《易經》，對於此問題，我會慢慢以王弼的言、象、意的方法註解他自己所寫的東西，說明所謂的「明爻通變」──解釋卦象爲了理解變化以及「適變通爻」──解釋變化爲了理解卦象。這樣的方法使王弼的「以傳證經」有進一步的進展，也就是說，王弼一部分也運用「以傳證經」的方式，一部分也修改之，把「以傳證經」修改、補充、分析在形上的本理之下，也就是說，使用形而上學來調整前人的箋注方法，使之順應於他的哲學，使之合乎他的形上思考。這樣的方法使王弼獨

〔註76〕另稱 heteroglossia。

〔註77〕Julia Kristeva, *Desire in Language：A Semiotics Approach to Literature and Art*, translated by Thomas Gora, Alice Jardine, and Leon S. Roudiez, edited by Leon S. Roudiez（New York：Columbia University Press, 1980）, pp.36～37.

立於前人的傳統箋注。對於王弼，如果形上性質已經達到，我們可以修改、調整「以傳證經」的方式。王弼如何調整「以傳證經」的方式也獨特，又複雜，這就是王弼最爲深奧的挑戰和創新。王弼這樣的方法既可以避免、省略反反覆覆、重重疊疊的氾濫箋注，也讓他的箋注更簡明、更富於形上的哲思。對此問題，我會在本章節詳細論之。

本章還詮釋嵇康的樂論；透過嵇康音樂的本體論（ontology of music）與聆聽音樂的效果的相對論（relativism of post-affect by music listening）討論之。除此之外，還分析嵇康對以悲爲美的風尚之反思與後代文人對音樂的思考，特別是中國古代的一種樂器——琴；檢查嵇康在當時怎麼自我確立以及論及後代文人怎麼看待音樂與歌，比如：韓愈（768～804）、白居易（772～846）、歐陽修（1007～1072）等詩人。

第五章　佛教的樂論：音樂的幻影屬性與「空」

本章分析大乘佛教在理論與實踐上怎麼對待音樂，（一）是爲了闡述佛教似乎矛盾的音樂觀念，（二）是爲了探討佛教音樂的複雜作用，透過挑選的佛經詳論之。就佛教而言，在理論上音樂不過是「幻影」或「幻境」，既然是在「業識」（產生永世的因果關係之意識）中所引發出來的虛擬構造，所有的聲音就彷彿「灰塵」，如同「雲煙」。〔註78〕值得注意的是大乘佛教如何運用音樂，同時也不違反自己對音樂的理解。

我會從中國文化圈內的佛教與佛教音樂談起，分析在佛教傳統裏把音樂實踐怎麼分類，探討聲音的作用。大乘佛教把音樂分成三個種類：「天樂」、「器樂曲」、「梵唄」，而把「梵唄」分成兩個類別：（一）早晚誦經（或日常念經）（二）自由誦經，〔註79〕會特別分析淨土派的音樂實踐，證明一個論點；佛教各派別接受音樂實踐是爲了達到一個宗教性的共同目標——取得佛性，而普度眾生。我會引用天台派的《重訂二課合解》的一些重要引文以及大乘佛經的《往淨土神咒》爲例。當討論到淨土派的音樂實踐時我會引用一些佛經，

〔註78〕 因我把《大乘起信論》的說法運用到此論點，中文翻譯版本的「業識」，據我所調查，梵文應該是 karmavijnâna。

〔註79〕 Li Wei, "The Duality of the Sacred and the Secular in Chinese Buddhist Music：An Introduction," in *Yearbook for Traditional Music*, Vol. 24（1992），pp.81～82. Chen Pi-yen, "Sound and Emptiness：Music, Philosophy, and the Monastic Practice of Buddhist Doctrine," in *History of Religions*, Vol. 41, No. 1（Aug., 2001），pp.30～37.

其中是《大智度論》以及《中論》，分析龍樹（Nagarjuna）怎麼分析諸法的「無性」（asvabhāva）、《楞嚴經》所談的音聲性質，《阿彌陀經》所描寫的「天樂」，詳細地詮釋經文的用語、符號。

最後我會展開比較美學的成果，指出對於嵇康，音樂不過是純粹的音樂（器樂曲），無關於參差歌詞的音樂（音樂帶歌詞），又無關於任何舞蹈中的林林種種的配樂（舞蹈藝術）。樂聲本來沒有什麼的語義，它本身不意味著什麼，也沒有教化什麼，它的存在除了當作形上的「和」的體現，則毫無語義的表達，我們聆聽音樂就是爲了提升其心達至形上的純然之「和」。嵇康樂論中的「和」的狀態是泛神論的意義上的那種存在物，它神聖、超然、優越、優先於人們的所有的主觀性，喜、怒、哀、樂無法沾染到它的純然本體。

嵇康從本體之說看待、談起樂聲，而大乘佛教從視覺的認知或意識的操作對待所有的聲音、語言。因音樂是形上的「和」的重現，嵇康的樂論之所以重視「旋律」（melody），多於「節奏」（rhythm）或「節拍」（pulse），音質（acoustic）變得不那麼重要，原因是嵇康早就已經規範形上的「和」與純粹樂聲之間的密切關係了。但佛教的樂論反而重視「節奏」、「節拍」，多於「旋律」（這不意味著大乘佛教完全不重視旋律），尤其是重視「音質」，因在「音質」裏息息有關到所謂的「聲音的性質」（quality of sound）。〔註80〕此「聲音的性質」反映了什麼？它反映了主體中的顯現、消失、又再顯現、又再消失的意識之滑動。所有的聲音或語言不過是意識中的一連串的一直流動的刹那間。

當我們醒悟到語義中的梵唄或什麼的聲音、什麼的樂聲通通都是意識中的刹那間——從自我意識所引發出來的「不空」（aśūnyata）的時候，所有的感知就「空」了。這就是聲音與空的細微關係。

最後我引用《楞嚴經》作爲我推論的基礎，本經解答爲何觀世音菩薩（Bodhisatta Avalokitesvara）重視傾聽（聽覺）的感官，多於視覺或嗅覺。觀世音菩薩也透過「聞」而「圓通」（通明所有萬物的性質）。

不管「無」的美學還是「空」的美學，兩者都相關到所謂的「聽覺的詩

〔註80〕 "Buddhist chanting is concerned less with the shapes of melodies than with the quality of sound, which is believed to reflect the chanter's mental and physical state." Chen Pi-yen, "Sound and Emptiness：Music, Philosophy, and the Monastic Practice of Buddhist Doctrine," in *History of Religions*, Vol. 41, No. 1（Aug., 2001）, p.45.

學」，兩者都論述聲音是何物，討論人類的感官世界。嵇康的「無」的美學與大乘佛教的「空」的美學都深化了世界音樂美學。

第六章 結論

提出玄學和大乘佛教的「聽覺的詩學」之比較以及總結所有的論述。

第二章 〈樂記〉：從人情觀念走向意識形態之國家

第一節 先秦兩漢時代的樂論：人情屬性與其意識形態上的目的論

　　按照《禮記·樂記》，音樂「生於人心」，而其作用就是抒發感情。〔註1〕此性質則爲音樂之不可變的性質，曰：「樂也者，情之不可變者也」。〔註2〕除了發揮情感，音樂也可以「移風易俗」，〔註3〕密切相關到聽者情感上的習得，其力量可以教壞人，也可以和諧化人的精神、涵養人的性情，其感化能力起著很大的作用。在這個意義上，古人似乎認爲情感一方面也是一種機智、知識的來源，是一種知識性的習得，由情感所引發出來的種種認知其價值不亞於理智的認知。柏拉圖（Plato 約公元前 427 年至前 347 年）也這麼認爲情感本身含有知識的性質。〔註4〕所以各種藝術（音樂也包括在內）在一定的程度

〔註1〕 〈樂記〉曰：「凡音之起，由人心生也。人心之動，物使之然也。感於物而動，故形於聲。聲相應。故生變；變成方，謂之音。比音而樂之，及干戚羽旄，謂之樂。樂者，音之所由生也，其本在人心之感於物也。……凡音者，生人心者也。情動於中，故形於聲。聲成文，謂之音。」〈樂記〉（禮記注疏），《十三經注疏》（阮元編輯，1814）。

〔註2〕 同上註。

〔註3〕 同上註。

〔註4〕 Clive Bell, *Aesthetics：A Critical Anthology*, ed. George Dicke, Richard Sclafani, and Ronald Robin（New York：St. Martin's Press, 1989），cited in Aphrodite

上須受審查，否則藝術可能教壞青年人。

　　同乎詩歌，樂、舞皆「言志」。音樂的地位從先秦到春秋末年高於詩歌，「詩歌理論實際是從音樂理論批評中派生出來的。論樂的內容實際也就是論詩的內容。」〔註5〕此關係可說是「詩、樂、舞三位一體」之說，而「樂佔有更爲重要的地位，是三者的核心。所以古代所講的「樂」常常不是單指音樂，而是包括了詩、樂、舞三者在內的。」〔註6〕爲了促使「抒情」起著「諷刺」、「教化」、「移風易俗」的作用，儒家學派規定娛樂的標準：「樂而不淫，哀而不傷」，〔註7〕透過倫理觀念把音樂分爲兩個大類：「雅樂」和「鄭聲」。在先秦時代音樂和「禮」是無法分開，兩者的原理會通，此「禮」也相關到倫理，〈樂記〉曰：「凡音者，生於人心者也；樂者，通倫理者也」。〔註8〕

　　由於音樂的目的是爲了輔助「禮」與維持朝政、社會的秩序，「禮」即是個體的秩序——人與人之關係的秩序，行「禮」就是個體化以及衍生每個單位的秩序，而音樂在功能上可以統一個體的多元性。〔註9〕音樂可以統一各等階級的差別是因爲音樂可以無階級性地感化人們，融化各等階級可以分享的共同感受，普遍地使各等階級的人可以同身感受。禮的功能是陶冶在外，而音樂的功能是陶冶在內，曰：「樂也者，動於內者也；禮也者，動於外者也。」〔註10〕還說：「樂極和，禮極順。內和而外順。」〔註11〕音樂固然可以統一各等階級的禮儀上或外貌上之差別，使上、下層社會組織在性情上可以互通，因其性情是普遍的，但禮、樂不能太過分講求，過於講求音樂，則讓人沉溺忘返；過於講求禮儀，則讓人的關係疏離，曰：「樂者爲同，禮者爲異。同則相親，異則相敬。樂勝則流，禮勝則離。合情飾貌者禮樂之事

Alexandrakis, "The Role of Music and Dance in Ancient Greek and Chinese Rituals：Form versus Content," in *Journal of Chinese Philosophy*, 2006：268.

〔註5〕張少康，〈第一章：先秦的文學觀念和文學理論批評的萌芽〉，《中國文學理論批評史》（上冊）（臺北：水牛出版社，2005），頁37。

〔註6〕同上註。

〔註7〕孔穎達註。〈樂記〉，《禮記注疏》收入於《十三經注疏附校勘記》（阮元編輯，1814）。

〔註8〕同上註。

〔註9〕〈樂記〉曰：「禮節民心，樂和民聲。……。樂者爲同，禮者爲異。……。樂統同，禮辨異，禮樂之說，管乎人情矣。」〈樂記〉（禮記注疏），《十三經注疏》（阮元編輯，1814）。

〔註10〕同上註。

〔註11〕同上註。

也。禮義立，則貴賤等矣；樂文同，則上下和矣。」〔註12〕音樂使人的體態靜怡，而禮使人行之有章，云：「樂由中出，禮自外作。樂由中出故靜，禮自外作故文。」，〔註13〕所以「大樂必易，大禮必簡。」〔註14〕若德已達，禮、樂的技藝之講求則爲其次，曰：「德成而上，藝成而下。」〔註15〕此才是高尚的治國之理，禮重在節制，而音樂重在精神上的飽滿，曰：「禮主其減，樂主其盈」，禮儀重在控制，才上進，上進則文雅，音樂雖然管乎精神上的發揮，若懂得克制，則美，曰：「故禮主其減，樂主其盈。禮減而進，以進爲文；樂盈而反，以反爲文。」《禮記》中這樣的抽象哲理——行爲的和諧與性情上的和諧也呼應於《論語》中的治國之理、爲人之理——「和而不同」，〔註16〕孔子把治國之理或五倫比喻成音樂的和諧；每個音符都獨立存在，反而產生和諧之音，如同孔子建議魯國樂師如何演奏音樂，《論語》八佾篇第三曰：「樂其可知也：始作，翕如也；……從之，純如也，皦如也，繹如也，以成。」〔註17〕，對孔子來說，似乎只有涵養「仁」的人，才有資格或有傾向於講求音樂的美學。〔註18〕《論語》中還暗示古人的詩、禮、樂三位一體之論，說明孔門弟子的共同學科之教養，詩可以培養聯想能力，同時立身爲人於禮義，而完成己性的溫和敦厚的行爲於樂，云：「子曰：『興於詩，立於禮，成於樂。』」〔註19〕

　　〈樂記〉的學說努力把音樂聯繫於自然世界，和聲反映自然的和諧，曰：「地氣上齊，天氣下降，陰陽相摩，天地相蕩，鼓之以雷霆，奮之以風雨，動之以四時，暖之以日月，而百化興焉。如此，則樂者天地之和也。」〔註20〕連人情，如果懂得協調、制約，也如同陰陽之相合，Whalen Lai 認爲劉向把人的性情聯繫於陰陽之說。〔註21〕〈樂記〉描寫聖人通過音樂指導、

〔註12〕　同上註。
〔註13〕　同上註。
〔註14〕　同上註。
〔註15〕　同上註。
〔註16〕　《論語 13·23》子路篇。
〔註17〕　《論語 3·23》八佾篇。孔子沒有直接說明如何治理國家。筆者的在此詮釋基於當代讀法——互文的讀法；從不連貫的語錄中盡量尋找一定的關係，重組而詮釋之。
〔註18〕　《論語 3·3》八佾篇曰：「人而不仁，如禮何？人而不仁，如樂何？」
〔註19〕　《論語 8·8》泰伯篇。
〔註20〕　〈樂記〉（禮記注疏），《十三經注疏》（阮元編輯，1814）。
〔註21〕　Whalen Lai, "The Pure and the Impure：The Mencian Problematik in Chinese

教育禮儀、教化「適宜」的東西給予人們，運用和樂、樂器、舞蹈的種種設備、道具、服裝來發揮美德之光耀，以之反映了自然現象的和諧，曰：「然後發以聲音，而文以琴瑟，動以干戚，飾以羽旄，從以簫管。奮至德之光，動四氣之和，以著萬物之理。是故清明象天，廣大象地，終始象四時，周還象風雨。」〔註22〕從而「五色成文而不亂，八風從律而不姦，百度得數而有常，小大相成，終始相生。倡和清濁，迭相爲經。故樂行而倫清，耳目聰明，血氣和平，移風易俗，天下皆寧。」〔註23〕〈樂記〉還說明五音的高低皆反映了社會分明的等級體系的和諧之運作，曰：「宮爲君，商爲臣，角爲民，徵爲事，羽爲物，五者不亂，則無怗懘之音矣。宮亂則荒，其君驕。商亂則陂，其官壞。角亂則憂，其民怨。徵亂則哀，其事勤。羽亂則危，其財匱。五者皆亂，迭相陵，謂之慢。如此，則國之滅亡無日矣。鄭衛之音，亂世之音也，比於慢矣。桑間濮上之音，亡國之音也。其政散，其民流，誣上行私而不可止也。」〔註24〕

　　《論語・八佾》篇名也明顯地表露出音樂與朝政的密切關係，古人認爲音樂可以反映社會的等級制度的和諧，因「佾」本義是古時樂舞的行列，周文王、周武王在禮儀上用「佾」表示諸侯的美德之薄厚，薄，行列則短或少，厚，行列則長或多，〈樂記〉曰：「故天子之爲樂也，以賞諸侯之有德者也。德盛而教尊，五穀時孰，然後賞之以樂。故其治民勞者，其舞行綴遠；其治民逸者，其舞行綴短。故觀其舞，知其德；聞其諡，知其行也。」〔註25〕DeWoskin 認爲漢代五音與十二律與月曆和古代的量度息息有關，其數字之功能被認爲代表自然的秩序，作爲音樂與自然、宇宙的和合的一個隱喻。〔註26〕音樂學家 Wu Zhao 也註明在新石器時代的出土文獻當中，其骨笛出現成一對一對，此對稱代表乾、坤，被認爲男、女的自然力量。〔註27〕在

Buddhism," in *Early Ch'an in China and Tibet*（Berkeley, California：Regents of the University of California, 1983）, pp.302～303.
〔註22〕〈樂記〉（禮記注疏），《十三經注疏》（阮元編輯，1814）。
〔註23〕同上註。
〔註24〕鄭玄註解怗懘，散敗也。荒，散也。陂，傾也。《易經》也說：「無平不陂」。
〔註25〕同上註。
〔註26〕Kenneth J. DeWoskin, "Appendix I," "Chapter 4 & 5," in *A Song for One or Two：Music and the Concept of Art in Early China*（Ann Arbor：University of Michigan Center for Chinese Studies, 1982）.
〔註27〕Wu Zhao, "The Origins of China's Musical Culture：Jiahu Turtleshell Shakers, Bone Flutes, and the Eight Trigrams," translated by Kenneth J. DeWoskin and

此的自然尚未具有魏晉王弼所探討的形而上學的意義，因本想法只是依賴二元對立的和諧爲其說，還沒有構造一個唯一存在（Being，王弼稱之爲「無」）作爲第一因（First Cause）推動其二元對立。

雖然《禮記·樂記》提出音樂和情感的密切關係，承認人情是自然反應，但沒有說人情本身是人性，曰：「六者非性也，感於物而后動。」〔註28〕王夢鷗（1907～2002）注譯的時候，爲經文添加一句——「有些不同」進去，以之形容前面的「天性」、後面一句——「由於不同的」說明「刺激」，說：「本不是人的天性有些不同，而是由於不同的刺激引起的。」〔註29〕

箋注實際上是因果關係的重構，同時也是個人的反思，如同編史那樣，原文明明毫無談及，但當我們編寫、註解的時候難免不添加一些虛詞、實詞進去。王夢鷗似乎知道經文這裡的理路有些不通順的地方，才把「有些不同」補充「天性」的意義，但我看了，覺得沒必要，因爲添加了，反而可以提出疑問：（一）爲何人的「天性」不同，才需要不同的「刺激」，這也是一個問題。這麼箋注，難道人性不可一樣嗎？人性不可普遍性嗎？我可以簡單地駁說人雖然個性迥異，但他們的六情還是一樣，這跟他們各不相同的個性有何關係？（二）爲何王夢鷗把人各不相同的個性當作人的「天性」的問題？這也是一個問題。因個性與天性本來是屬於不同的領域考察。現代心理學家沒有誰把人各不相同的個性當作人性的思考，人性的思考是屬於哲學領域中的形上思考。（三）王夢鷗把人各不相同的個性當作「天性」，在哲學上是否合理可以討論，假如不合理，在哪個方面上才合理？（四）王夢鷗爲了把「天性」當作人各不相同的個性的意思，箋注時也要除掉「后」字，刪掉時間前後的關係，因談及各不相同的個性了，就沒必要談時間前後的關係。不過對我來說，時間前後的關係非常重要，比他那個各不相同的意思還重要，因爲時間前後的關係引導我詮釋的方向，讓我發現我個人的詮釋——雖然《禮記·樂記》承認人情是自然反應，但不是人們該所追求的終止東西、目的。這樣的解釋不論在名教的哲學上、宗教上或心理學上皆十分合理。

Scott Cook, in *La pluridisciplinarité en archéologie musicale*（Paris：Centre française d'archéologie musicale Pro Lyra）Volume 2, pp.367～379. 原稿載於〈中國音樂文明之源〉，《藝術學》，第五卷（3月，1991）：185～195。

〔註28〕〈樂記〉（禮記注疏），《十三經注疏》（阮元編輯，1814）。

〔註29〕王夢鷗（註譯）、王雲五（主編），〈第十九樂記〉，《禮記今註今譯》（下冊）（臺北：臺灣商務印書館發行，1984），頁609。

在〈樂記〉中似乎對人性有中性的看法，沒有表示貶義或褒義，曰：「人生而靜，天之性也；感於物而動，性之欲也。」〔註30〕這樣的觀點異於荀子的性惡之說。〈樂記〉這麼寫可以認爲人性靜態，而後有情或情後於性。〈樂記〉還似乎把音樂的抒情姿態看作美好的現象，曰：「樂者，樂也」，〔註31〕音樂是一種享樂、喜樂的活動，只要與倫理、教化和諧，以樂聲娛樂自己、他人沒什麼不好。

可見，儒者沒有把音樂看成純粹美學；音樂沒有自身的內在價值，而是國家工具（state apparatus），密切相關到國家的興衰。音樂源於人心，同時也是倫理的反映，又是倫理的工具，這樣的命題基於一種假設：聲可是人情，但音是人們的後天感知或習得，在這個意義上，音樂成爲人情的容器，相當有儀式性、形式性的後天經驗。儒者因此從人最基本而完全沒有形式性之「聲」發展到「樂」的理論。此過程可以寫成：「聲」→「音」→「樂」。而嵇康用玄學來推翻此過程，提出新的邏輯思辨：「樂」→「音」→「聲」，〔註32〕把音樂歸還形上無所不在的本體。

我在此用目的論一詞意味著音樂本身沒有自己獨立的美學地位，除非它爲朝政作出意識形態上的服務，曰：「德音之謂樂。」，〔註33〕（我們可以疑問若不是德音，非樂嗎？）不過，〈樂記〉敘述了音樂如何息息相關到朝政、社會以及自然世界的和諧。此功能使〈樂記〉成爲那個時代的共同記憶（collective memory）之所在。記憶之所在（lieu de mémoir）使先秦、漢人如何把自己鑑定成爲可以分享的共同身分，告訴人家先秦、漢人應該怎麼過生活。

漢代音樂作爲統一國家的意識形態之國家工具（ideological state apparatus），經文曰：「是故先王愼所以感之者。故禮以道其志，樂以和其聲，政以一其行，刑以防其姦。禮樂刑政，其極一也，所以同民心而出治道也。」〔註34〕相同而言，路易‧皮埃爾‧阿爾都塞（Louis Pierre Althusser 1918～1990）說：「如同政府、管理機關、軍隊、警察、法庭、監獄，……，這些國

〔註30〕〈樂記〉（禮記注疏），《十三經注疏》（阮元編輯，1814）。
〔註31〕孔穎達說樂與喜之差別在於樂者長久之樂也，喜者短暫、間或之樂也。同上註。
〔註32〕這套圖表來自吳冠宏，《魏金玄義與聲無新探》（臺北：里仁書局，2006），頁192～193。
〔註33〕〈樂記〉（禮記注疏），《十三經注疏》（阮元編輯，1814）。
〔註34〕同上註。道字通於導。一字作爲使動用法，統一也。同字也通於統。極字，至也。句末的治字，孔穎達註解：「此其所謂至也」。

家工具只能以其暴力爲作用，……，但意識形態的國家工具以其意識形態爲作用，……，如：宗教的意識形態的國家工具（各種宗教機關）、教育的意識形態的國家工具（各個學校的制度）、家庭的意識形態的國家工具、……、文化的意識形態的國家工具（文學、藝術、運動等等），……，前者以壓迫爲主，以意識形態爲次，而後者以意識形態爲主，以壓迫爲次，雖然如此後者仍然得以強調，同時又隱約，彷彿有象徵性那樣一般，……，而且意識形態是無時代的，無歷史意味著它們皆是每個時代的當代、無所不在的歷史，因其結構與作用永不變，……，一種人類的純然夢幻。」〔註35〕

　　如果「禮樂刑政，其極一也」，而其功能就是爲了「同民心而出治道也」，音樂毫不異於意識形態的國家工具。此意識形態的國家工具構造了漢性、漢代的國家想像、漢代的歷史共同記憶──漢人的記憶之所在，成爲路易·皮埃爾·阿爾都塞所謂的圍繞中央政府的各種各樣的意識形態的國家工具。中央政府是唯一的，而其意識形態的國家工具是多元的，國家的工具（state apparatus）其暴力出現在公共場所，而意識形態的國家工具其分散力量出現在私人空間（音樂實踐也是如此）。兩者分別擁有雙重的功用──霸權與其意識形態的內在化之能力。

　　這裡的國家別誤以爲是實體國家，而是「意識形態上的國家」（ideological state），這才是阿爾都塞意義上的國家本義，因對他來說，實體國家是否存在並不重要，重要的是實體的意識形態之操作。就他而言，國家是意識形態的權勢之運作，多於實體國家，只有在這個意義上，音樂才作爲一種「意識形態上的國家」之工具。因音樂是意識形態，它沒有強迫或勉強人實踐其禮，可是它使個人以爲個人當作一個主語主動進行之，《禮記》成爲一本教科書使人願意屈服於它，它將人情聯繫於自然的和諧，而音樂也有這樣的功能──和諧化，此爲建立而鞏固漢朝帝國──漢人的想像。

第二節　「以悲爲美」的意識形態及阮籍、嵇康對 「音樂喜悲」的反省

　　潮流、風尚皆爲一種意識形態，因它反映當時的一種理念體系，這些理

〔註35〕Louis Althusser, "Ideology and Ideological State Apparatuses（Notes towards an Investigation," in Essays on Ideology（Thetford, Norfolk：Verso, 1984），pp.16 ～17, 19, 33, 34.

念體系指導當時人們的趣味、審美觀、愛好等等，而且這些意識形態上的趨向皆無歷史，它們可以在哪個時代永遠可以複製自己。在這個意義上，藝術傾向在某某時代可說是一種意識形態。

孔子時代只是把「和音」稱之爲美——一種禮的美。《禮記・樂記》只說音樂是一種享樂或娛樂而已，在此的享樂意味著沒有支持要以「悲」或「喜」爲審美，但到了漢、魏、晉時代，「悲」之感被視爲音樂的根本價值——「音樂喜悲」。〔註36〕東漢、三國的近三百年間是「以悲爲美的風尚」的最盛時期。〔註37〕漢末到魏，文人轉變而喜愛「娛樂在悲感之中」，高尚的音樂要使人陶醉在悲感。這種現象可以說是遠離了〈樂記〉，也與〈樂記〉的看法和目的迥然不同。〔註38〕

阮籍和嵇康都對「以悲爲美」的風尚表示反省。阮籍在他的〈樂論〉中指出當時文人把「悲」作爲一種「樂」（樂趣）是不應該的、是不妥當的，曰：「夫是謂以悲爲樂者也。誠以悲爲樂，則天下何樂之有。天下無樂，而欲陰陽調和，災害不生，亦已難矣。樂者，使人精神平和，衰氣不入，天地交泰，遠物來集，故謂之樂也。今則流涕感動，噓唏傷氣，寒暑不適，庶物不遂，雖出絲竹，宜謂之哀。奈何俛仰歎息以此稱樂乎。」〔註39〕不過阮籍的見解不算成爲完善的系統理論，說不上在哲學上推翻了以悲爲美的看法。等到嵇康〈聲無哀樂論〉和〈琴賦〉出現，才可以說是在認識論上推翻了前代經典

〔註36〕 盧文弨，〈龍城札記〉，《抱經堂叢書》（北京：智力書局，1923），2.2b〜3a。盧文弨的論點和先唐資料被錢鍾書引用於《管錐編》第4編輯，第5冊（北京：中華書局，1994），3.946〜51。盧文弨的論點還可以解釋中國戲劇爲何從「悲劇學」發展出來。謝柏梁運用錢鍾書此論點爲他論述中國戲劇的出發點。謝柏梁，〈第一編：戲曲悲劇學〉，《中國分類戲曲學史綱》（臺北：臺灣商務印書館，1994），頁15〜79。

〔註37〕 錢鍾書指出在漢代「悲」的含義很廣，與「好」（美好）、「和」（和諧）、「妙」（婉妙）通訓，成爲同義詞；漢代文人沒有把「悲哀」、「傷心」或「淒愴」之感表示貶值的態度。錢鍾書引用鬼谷子《鬼谷子・本經陰符七篇》中的「故音不和則不悲」，王充《論衡》中的「文音者皆欲可悲」和鄭玄注《禮記・樂記》「絲聲哀」中的「哀、怨也，謂聲音之體婉妙，故哀怨矣。」來證實他的論點。錢鍾書，《管錐編》，3.948。

〔註38〕 "Most important, the vogue of "sadness" in music was quite at odds with Classical notions of what music was and the purposes it served." Ronald Egan, "The Controversy over Music and "Sadness" and Changing Conceptions of the *Qin* in Middle Period China," in *Harvard Journal of Asiatic Studies*, Vol. 57, No. 1,（Jun., 1997），p 11.

〔註39〕 阮籍，〈樂論〉，《阮籍集校注》（北京：中華書局，1814），A.99。

樂論和當時藝術的風尚。這種反抗現象也值得加以討論。為何嵇康的好友，又是前輩學者阮籍對「以悲為美」的風尚表示不滿。

〈樂記〉承認：「樂者天地之和也」，又說音樂即為天和地之「象」與「形」的再現，曰：「在天成象，在地成形，如此，則禮者天地之別也。地氣上齊，天氣下降，陰陽相摩，天地相蕩，鼓之以雷霆，奮之以風雨，動之以四時，暖之以日月，而百化興焉。如此，則樂者天地之和也。」〔註40〕對此 Ronald Egan 詮釋說〈樂記〉雖然說音樂是天地、宇宙的和諧，「然而這種聲稱是比較故意安置宇宙論的比喻給予宮廷的禮樂之「和」，這是為了引發宇宙的秩序而合法化朝廷的權勢，多於真的想要探討怎樣運用宇宙的起源來解釋人類的音樂。」〔註41〕Ronald Egan 還認為阮籍的音樂觀點稍微異於〈樂記〉，他認為阮籍強調：「音樂是超越人為與人的社會之現象。音樂是照宇宙法則地滲透而瀰漫，它顯示萬象的基本的統一性質。」〔註42〕

我認為 Ronald Egan 這麼認為是因為他把阮籍的這一段話在阮籍〈通易論〉中的觀點之下拼合詮釋，阮籍曰：

> 夫樂者，天地之體，萬物之性也。合其體，得其性，則和。離其體，失其性，則乖。昔者聖人之作樂也，將以順天地之體，成萬物之性也。〔註43〕

阮籍這樣的見解也出現在他的〈通易論〉中——音樂在萬象之中的無所不在的性質來自《易經》的卦象的比喻，而其優先存在滲透到萬象裏。〔註44〕這樣的觀點在一定的程度上也言之有理，不過阮籍沒有理論化為何音樂要「淡乎無味」，阮籍這麼認為應該來自這一假設——淡味與涵養息息有關，以淡味涵養性情。阮籍把《論語》中的這一段語錄——「子在齊聞《韶》，三月不知

〔註40〕 〈樂記〉（禮記注疏），《十三經注疏》（阮元編輯，1814）。

〔註41〕 "But such assertions are intended more to posit a cosmic analogue for the harmonies of court ritual music, to evoke cosmic order as an analogy and justification for imperial authority, than they are intended genuinely to explore the idea of a cosmic origin for human music." Ronald Egan, "Nature and Higher Ideals in Texts on Calligraphy, Music, and Painting," in *Chinese Aesthetics：The Ordering of Literature, the Arts, and the Universe in the Six Dynasties*, edited by Zong-qi Cai（Honolulu：University of Hawai'i Press, 2004）, p.293.

〔註42〕 "The first is his insistence that music is a phenomenon that transcends human invention and human society. Music is cosmically pervasive and it reveals the fundamental unity of all things." Ibid., p.294.

〔註43〕 阮籍，〈樂論〉，《阮籍集校注》，頁 78。

〔註44〕 阮籍，〈通易論〉，《阮籍集校注》，頁 130。

肉味。曰：『不圖爲樂之至於斯也。』」〔註 45〕詮釋成「言至樂使人無欲，心平氣定」。〔註 46〕他提出至樂「淡乎無味」，曰：

> 乾坤易簡，故雅樂不煩。道德平淡，故無聲無味。不煩則陰陽自通，無味則百物自樂，日遷善成化而不自知，風俗移易而同於是樂。此自然之道，樂之所始也。〔註 47〕

音樂爲何該淡乎其無味，阮籍也沒有新的見解，也如同漢儒一樣解說古樂本來就清淡，以清淡恬和作爲陶冶性情、移風易俗的工具。然而「淡乎無味」從古代至魏晉也不是新穎的觀念，周秦兩漢時代的古樂本來就有「淡乎無味」的性質，而且我們可以把「和」一詞理解成爲「淡乎無味」、「簡樸」亦可，《禮記》中也把和諧的狀態形容成「淡乎無味」，如：「君子之交淡如水，小人之交甘若醴。君子淡以成，小人甘以壞」等，〔註 48〕似乎淡味是先秦兩漢時代的文藝情操，明顯異於魏晉的「艷情」之傾向。不過嵇康的〈聲無哀樂論〉其義除了可以理解成「淡乎無味」，另外一個可能的意義還遠超過於此，它可以理解成「無係於人情」或「全無情感」。這使嵇康的音樂觀點遠超過阮籍。所以本篇論文主要不在探討阮籍的音樂觀點，而是針對研究嵇康怎麼理論化這個論點。

但不論嵇康還是阮籍，皆反對當時「音樂喜悲」的風尚，嵇康也曾說：「然八音之器，歌舞之象，歷世才士，並爲之賦頌，其體制風流，莫不相襲，稱其才幹，則以危苦爲上，賦其聲音，則以悲哀爲主，美其感化，則以垂涕爲貴，麗則麗矣，然未盡其理也。推其所由，似元不解音聲，覽其旨趣，亦未達禮樂之情也。」〔註 49〕嵇康認爲當時的文人不理解禮樂之情是因爲他們認爲音樂的美學出於悲感，以爲感化出於悲情，以悲情的感化爲音樂的根本價值，以垂涕流淚爲音樂眞正的表現與評價標準。從引文可以發現時人似乎以悲感當作其才華之表現，才莫不相襲，嵇康認爲麗則麗矣，但此爲不透徹理解音樂的原理。

嵇康反而疑問音樂的根本價值不是感化，因爲感化不論感化喜情、哀情，皆爲音樂的必然功能，嵇康說琴有三個作用：（一）「感盪心志」，（二）「懲躁

〔註45〕 《論語 7‧14》述而篇。
〔註46〕 阮籍，〈樂論〉，《阮籍集校注》。
〔註47〕 同上註，頁 81。
〔註48〕 《禮記‧表記》。不過有的人說此話出於《莊子‧山木》。
〔註49〕 嵇康，〈琴賦〉，《嵇康集校注》（臺北：河洛圖書出版社，1978），頁 83～84。

雪煩」和（三）「發洩幽情」。〔註50〕除了感化的必然功能以外，音樂可不可以讓我們擺脫了感情，這是嵇康提出的哲學假設，而成為魏晉文人所沉思的「三理」：（一）聲無哀樂之論，（二）言、象、意之論，（三）養生之論。嵇康還認為所謂的「淡乎無味」或「擺脫哀樂」才是古人禮樂的真正價值。嵇康為了反省此問題，從而寫〈琴賦〉解釋「擺脫哀樂」的那種境界，在各種樂器當中，嵇康不認為琴的德性在於感化悲感，曰：「眾器之中，琴德最優。故綴敘所懷，以為之賦。」〔註51〕「最優」一詞似乎揭示嵇康怕悲感會髒到琴道，本不以為琴道有係於悲感，還暗示在所有的各種樂器當中嵇康認為琴擁有優越的地位。值得注目的是嵇康用賦的體裁反思而展現自己的論點。賦體越使嵇康的論述更明顯，如同陸機〈文賦〉所說：「賦體物而瀏亮」，〔註52〕同時也對偶押韻，議論顯明，又可以趁賦體的押韻性質反照大自然的和諧。

　　本篇論文就是在「以悲為美」的風尚當中專門探討嵇康採用什麼樣的命題說明音樂的本體無係於人情。接著把嵇康這兩個可能的命題互文於王弼的「貴無」，最後把嵇康的樂論相比於大乘佛教的音樂觀——音樂的空論或音聲的無體性。

〔註50〕同上註，頁 103～106。

〔註51〕同上註，頁 84。

〔註52〕李善，《文選：附考異》（第 17 卷）（臺北：五南圖書公司，1991），頁 418。

第三章　王弼的本體觀念：
「無論」之來臨

夫眾不能治眾，治眾者，至寡業；夫動不能制動，制天下之動者，貞夫一者也。〔註1〕

第一節　本體論的定義與範圍之問題

本體論一詞原本是外來的哲學術語，湯用彤（1893～1964）是第一個學者用之來翻譯英文的 ontology，接著斷言漢代思想與魏晉玄學之間的根本差異。他規範化漢代的整個思想體系為宇宙之論（cosmology 或 cosmogony），認為漢人以天道為物理自然之操作、以五行為宇宙運行之外用（外在之功用），而魏晉為本體論，認為萬物不僅是宇宙之表相，玄學家還進一步探討宇宙之本體，追尋所謂的「存存本本之真」（ontology 或 Theory of Being），說：「以萬有為末，以虛無為本。夫虛無者，非物也。非無形之元氣，在太始之時，而莫之與先也。本無末有，非謂此物與彼物，亦非前形與後形。命萬有之本體曰虛無，則無物而非虛無，亦即物未有時而非虛無也。」〔註2〕以「無」界定為萬物之體性。為何他認為漢為宇宙之論，魏晉為本體論？他寫下了一段設定了近年來眾多著述和文章之路向的論述，值得完整地徵引和註解如下：

〔註1〕王弼，《周易略例》〈明象〉篇，載樓宇烈，《王弼集校釋》（北京：中華書局，1980），頁 591。

〔註2〕湯用彤，〈魏晉玄學流別略論〉（1940），載《魏晉玄學論稿》（1957），《湯用彤學術論文集》（北京：中華書局，1983），頁 233。

　　溯自揚子雲（公元前 53 到公元 18 年）以後，漢代學士文人即間嘗企慕玄遠。凡抗志玄妙者，[註3]「常務道德之實，而不求當世之名。闊略校小之禮，蕩佚人間之事」。[註4]（馮衍《顯志賦》）「逍遙一世之上，睥睨天地之間。不受當世之責，永保性命之期」。[註5]（仲長統《昌言》）則其所以寄跡宅心者，已與正始永嘉之人士無或異。而重玄之門，老子所遊。談玄者必上尊老子。故桓譚（公元前 43 到公元 28 年）謂老氏其心玄遠與道合。[註6]馮衍「抗玄妙之常操」，而「大老聃之貴玄」。[註7]傅毅言「遊心於玄妙，清思於黃老」。[註8]（《七激》）仲長統「安神閨房，思老氏之玄虛」。[註9]。則貴玄言，宗老氏，魏晉之時雖稱極盛，而於東漢亦已見其端矣。

　　然談玄者，東漢之與魏晉，固有根本之不同。桓譚曰：「揚雄作玄書，以爲玄者天也，道也。言聖賢著法作事，皆引天道以爲本統。而因附屬萬類王政人事法度。」[註10]亦此所謂天道，雖頗排斥神仙圖讖之說，而仍不免本天人感應之義，由物象之盛衰，明人事之隆污。稽查自然之理，符之於政事法度。其所遊心，未超於象數。其所研求，常在乎吉凶。（揚雄〈太玄賦〉曰：「觀大《易》之損益兮，覽老氏之依伏。」[註11]張衡因「吉凶依伏，幽微難明，乃作〈思玄賦〉」[註12]）。魏晉之玄學則不然。已不

[註3] 馮衍，《顯志賦》，《後漢書》，第 18 下，頁 1001。

[註4] 同上註，頁 985。

[註5] 仲長統，〈昌言〉，《後漢書》，第 39，頁 1644。

[註6] 桓譚，見嚴可均，《全上古三代秦漢三國六朝文》，引自《文選注》（北京：中華書局，1977），頁 551 下。

[註7] 馮衍，〈顯志賦〉，《後漢書》，第 18 下，頁 1001。有趣的是此句前面一句是「嘉孔丘之知命兮」，這表明孔子與老子並置已經廣爲接受。

[註8] 傅毅，〈七激〉，見嚴可均，《全上古三代秦漢三國六朝文》，頁 706，引自《藝文類聚》。該文是一篇諷刺明帝不尊崇賢才的對話。這一對話出自第一個告病歸隱的談話者。

[註9] 仲長統，《昌言》，見《後漢書》，第 39，頁 1644。

[註10] 桓譚，《新論》，引自見嚴可均，《全上古三代秦漢三國六朝文》，頁 551 下。

[註11] 揚雄，〈太玄賦〉序，見嚴可均，《全上古三代秦漢三國六朝文》（北京：中華書局，1985），頁 408 上。

[註12] 張衡，〈思玄賦〉，載《後漢書》，第 49，頁 1914。

復拘拘於宇宙運行之外用，進而論天地萬物之本體。漢代寓天道於物理。魏晉黜天道而究本體，以寡御眾，而歸於玄極（王弼《易略例‧明象章》）；忘象得意，而遊於物外。（《易略例‧明象章》）於是脫離漢代宇宙之論（cosmology or cosmogony）而留連於存存本本之真（ontology or Theory of Being）。漢代之又一談玄者曰：「玄者，無形之類，自然之根。作於太始，莫之與先。」〔註13〕（張衡，〈玄圖〉）此則謂玄，不過依時間言，萬物始於精妙幽深之狀，太初態素之階。其所探求不過談宇宙之構造，推萬物之孕成。及至魏晉乃常能棄物理之尋求，進而為本體之體會。捨物象，超時空，而研究天地萬物之真際。以萬有為末，以虛無為本。夫虛無者，非物也。非無形之元氣，在太始之時，而莫之與先也。本無末有，非謂此物與彼物，亦非前形與後形。命萬有之本體曰虛無，則無物而非虛無，亦即物未有時而非虛物也。漢代偏重天地運行之物理，〔註14〕魏晉貴談有無之玄致。二者雖均嘗托始於老子，然前者常不免依物象之消息盛虛，言天道，合人事；後者建言大道之玄遠無朕，而不執著於實物，凡陰陽五行以及象數之談，遂均廢置不用。因乃進於純玄學之討論。漢代思想與魏晉清言之別，要在斯矣。〔註15〕

湯氏認為東漢學者，如：揚雄、張衡與魏晉王弼雖然皆借用黃老的玄字著述其文章，不過他們所用的玄字有大不相同的含義。漢人所探討的是「物理的時空之內」之真際或湯氏所謂的「宇宙運行之外用」、天地運行之物理或「物象」，且未擺脫元氣（宇宙氣化之論）之說法，他們所研求常在乎吉凶，因而揚雄〈太玄賦〉曰：「觀大《易》之損益兮，覽老氏之依伏。」，〔註16〕張衡因「吉凶依伏，幽微難明，乃作《思玄賦》」，〔註17〕張衡並非真的在思考哲學上的問題，其引文的前面的一句說：「衡常思圖身之事」，皆尚未擺脫

〔註13〕 張衡，〈玄圖〉，載見嚴可均，《全上古三代秦漢三國六朝文》，頁779。接下的文字是「包含道德，構掩乾坤，橐籥元氣，稟受無原。」
〔註14〕 揚雄、張衡之玄亦有不同，茲不詳析。
〔註15〕 湯用彤著，湯一介編，〈魏晉玄學流別略論〉，《魏晉玄學》（臺北：佛光書局，2001），頁59～60。
〔註16〕 揚雄，〈太玄賦〉序，見嚴可均，《全上古三代秦漢三國六朝文》，頁408上。
〔註17〕 張衡，〈思玄賦〉，載《後漢書》，第49，頁1914。

象數、吉凶、前兆等漢代宇宙運行之外用的說法，而魏晉則不然，他們捨物象，尋求超時空，尋找所謂的「物理的時空之外」之眞際。湯氏所用的眞際一詞對我來說接近於希臘哲學的第一因（First Cause）或原動力（Prime Mover）。就湯氏而言他所用的宇宙之論一詞其義似乎很窄，因要相關到時空內的「實物」、「物理」、「物象」的運行以及其前兆、象數，才可說是宇宙之論，此與希臘哲學意義上的宇宙之論有大不相同，因希臘的宇宙之論埋頭於研究「物象」（的運行）之理，多於物象本身。此外，對湯用彤而言，漢、魏思想轉型之標準也很窄，也就是說，漢人尋找的是五行的時空之內之眞際，而以宇宙之論命名之，魏晉探討的是五行的時空之外之眞際，而以本體之論命名之，但就希臘哲學而言，本體觀念（如：原子論、第一因、原動力等）本就包含在宇宙之論之內了。

羅光在《中國哲學思想史》中把淮南子書中各篇描繪宇宙起源的學說，〔註18〕淮南子（公元前179～122年）發展「道生萬物」的學說，〔註19〕而鄔昆如把《淮南子》的宇宙發生次序寫成：道 → 宇宙 → 氣 → 天地 → 陰陽 → 四時 → 萬物。〔註20〕人就在萬物中，其淵源與萬物一樣源於「道」，〔註21〕而發展成爲「天人感應」的結論。到了董仲舒（公元前179～104年）也追隨「天人感應」的精神，以天道驗人事，由人事推天道，成爲漢代宇宙之論的主流。〔註22〕我們可以從他書可知宇宙源於「元」，而這元生天地萬物及

〔註18〕 羅光，《中國哲學思想史》（臺北：臺灣學生書局，1978），頁552～555。

〔註19〕《淮南子・天文訓》篇云：「天墜未形，馮馮翼翼，洞洞灟灟，故曰太昭。道始於虛霩，虛霩生宇宙，宇宙生氣。氣有涯垠，清陽者薄靡而爲天，重濁者凝滯而爲地。清妙之合專易，重濁之凝竭難，故天先成而地後定。天地之襲精爲陰陽，陰陽之專精爲四時，四時之散精爲萬物。積陽之熱氣生火，火氣之精者爲日；積陰之寒氣爲水，水氣之精者爲月。日月之淫爲精者爲星辰。天受日月星辰，地受水潦塵埃。」《淮南子・天文訓》，卷21，要略。

〔註20〕 鄔昆如，國立政治大學中文系所主編，〈漢代宇宙論之興起與發展其在哲學上的意義〉，《漢代文學與思想學術研討會論文集》，頁93。

〔註21〕《淮南子・精神訓》篇云：「剛柔相成，萬物乃形，煩氣爲蟲，精氣爲人。是故精神，天之有也，而骨骸者，地之有也；精神入其門，而骨骸反其根。」淮南子〈精神訓〉，卷21，要略。

〔註22〕 董仲舒，《春秋繁露・重政篇》曰：「惟聖人能屬萬物於一而繫之元也，……，是以《春秋》變一謂之元，元猶原也，其義以隨天地終始也。故人惟有終始也而生，不必應四時之變，故元者爲萬物之本，而人之元在焉。安在乎？乃在乎天地之前。」王道篇曰：「《春秋》何貴乎元而言之？元者，始也，言本正也。」玉英篇曰：「謂一元者，大始也。知元年誌者，大人之所重，小人之

人類。至於「元」是何物？似乎是「氣」，因而發生漢代宇宙的氣化之論。
〔註23〕董仲舒把天地、人、五行、陰陽合成十端，〔註24〕最後一端他把天地之「元氣」連繫於人事說明人與天的關係，〔註25〕證明「天人一也」。
〔註26〕到了後漢班固以五行爲宇宙的體裁，〔註27〕以相生相克爲其運作，
〔註28〕而從相生相克落到人生層面——人際的各種關係或爲人、行事之道理，把人身的器官與五行配合，進而把人的性情——喜、怒、哀、樂亦由五行來解釋。〔註29〕

到了西元後揚雄（公元前53年到公元後18年）作〈太玄賦〉，他所謂的「太玄」除了界定「玄」爲宇宙太始，經陰陽二氣的變化，催生天地萬物以外，還把「玄」字落到月令的時間定位，使之有係於人倫——男女、夫婦、君臣、父子等人際關係，如：〈玄圖篇〉，而圓融了天人、神人相通之說法，最後把人生的吉凶禍福用宇宙的定位來解釋。到了王充（27～96）也相信之前五行的氣，〔註30〕天用五行之氣生萬物，也以相輔相成、相生相克的方法而成，〔註31〕還說人之善惡也出於宇宙的元氣，氣在人的命運上似乎有先天

所輕。」《春秋繁露・觀德篇》曰：「天地者，萬物之本，先祖之所出也。廣大無極，其德昭明，歷年眾多，永永無疆。」

〔註23〕同上註，《春秋繁露・五行相生篇》曰：「天地之氣，合而爲一，分爲陰陽，判爲四時，列爲五行。」

〔註24〕同上註，《春秋繁露・官制象天篇》曰：「天有十端，十端而止已。天爲一端，地爲一端，陰爲一端，陽爲一端，火爲一端，金爲一端，木爲一端，水爲一端，土爲一端，人爲一端，凡十端而畢，天之數也。」

〔註25〕同上註，《春秋繁露・爲人者天篇》曰：「人之形體，化天數而成；人之血氣，化天誌而仁；人之德行，化天理而義。」

〔註26〕同上註，《春秋繁露・陰陽義篇》。

〔註27〕班固，《白虎通德論・五行篇》，卷三曰：「五行者，何謂也，謂金木水火土。言行者，欲言爲天行氣之義也。」班固，《白虎通德論》，卷三。

〔註28〕班固，《白虎通德論・五行篇》，卷三曰：「五行所以更五何？以其轉相生，故有終始也。本生火，火生土，土生金，金生水，水生王，……，五行所以相害者，大地之性，眾勝寡，故水勝火也；精勝輕，故火勝金；剛勝柔，故金勝木，專勝散，故木勝土，實勝虛，故土勝水也。」同上註。

〔註29〕班固，《白虎通德論・性情篇》，卷八。

〔註30〕王充，《論衡・物勢篇》曰：「或曰：五行之氣，天生萬物。以萬物含五行之氣，五行之氣，更相賊害。曰：天自當以一行之氣生萬物，令之相親愛，不當令五行之氣反使相賊害也。」

〔註31〕同上註，《論衡・物勢篇》曰：「故天用五行之氣生萬物，人用萬物作萬事。不能相制，不能相使；不相賊害，不成爲用。金不賊木，木不成用；火不爍金，金不成器，故諸物相賊相利。含血之蟲相勝服、相齧噬、相啖食者，皆

的作用，氣不同，命也不同。〔註32〕陳榮捷舉一個簡單的例子說明董仲舒的宇宙觀似乎可笑，董氏在〈人副天數〉篇把人體的骨數搭配於年表裏的天數，此莫過於原始占卜之殘餘，但合乎時人的想法。〔註33〕漢代宇宙論之興起與發展到了當代就負起「科學檢證」的挑戰，在中國哲學發展史中，漢代的宇宙探討，常因科學的發展，而遭受攻擊和否定，〔註34〕然而宇宙之論在希臘哲學上本來也是一種「科學」的學說，可說是早期「科學」的萌芽，不會蹕到此類的問題。討論到此，筆者疑問中國古代真的有所謂的宇宙之論作為一種學科（discipline）與否？還是宇宙之說作為一種倫理之論？若屬於倫理之論，中國古代宇宙之說也不過是倫理學的掩飾，多於科學哲學上的思考。湯氏把 cosmology 一詞解釋漢人的說法，可是漢人的說法未必與 cosmology 一詞分享其義。

湯氏的詮釋出於兩個問題，第一問題出於文獻說法的不一致性，王充曾說：「天自當以一行之氣生萬物」，同時又說：「故天用五行之氣生萬物」，若把前句當作元氣，後句當作五行之氣，那麼到底是元氣生萬物還是五行之氣生萬物？兩者的意義差別極大。第二問題出於閱讀活動本是互文的構建，若以董仲舒的文本互文於王充的文本而閱讀，董氏說：「天地之氣，合而為一，分為陰陽，判為四時，列為五行。」，本段表示天地之氣創造五行或氣象。那麼我們可以提問天地之氣到底等不等於元氣以及五行之氣等不等於元氣？不過湯氏似乎以為元氣與天地之氣、五行之氣是同一物，皆為氣象，如果湯用形把他的詮釋焦點放在天地之氣、五行之氣或氣象而論述漢人的宇宙之論，五行、氣象本身就是自在物（self-presence），不必要追問它們的存在了。湯用形也在其講義中說漢代之方法為（一）Things of concrete or material nature（具體物或自然物），（二）The underlying origin is also materialistic（根本的起源也

五行氣使之然也。」
〔註32〕同上註，《論衡·率性篇》曰：「人之善惡，共一元氣。氣有少多，故性有賢愚。」《論衡·骨相篇》曰：「類同氣鈞，性體法相固自相似。異氣殊類，亦兩相遇。」
〔註33〕Wing-tsit Chan, "Yin Yang Confucianism：Tung Chung-shu," in *A Source Book in Chinese Philosophy*（Princeton, New Jersey：Princeton University Press, 1963）, p.282.
〔註34〕鄔昆如，國立政治大學中文系所主編，〈漢代宇宙論之興起與發展其在哲學上的意義〉，《漢代文學與思想學術研討會論文集》（臺北：文史哲出版社，1991），頁89。

是物質的）。〔註35〕我們對漢人思想體系的理解也許會改變，因《淮南子》說：「道始於虛霩，虛霩生宇宙，宇宙生氣。氣有涯垠，清陽者薄靡而爲天，重濁者凝滯而爲地。」此段表明虛無生宇宙，非氣生宇宙，而宇宙再生氣。可見，我們對世界的理解本是互文的構建。

湯用彤用 cosmology 或 cosmogony 來翻譯「宇宙之論」，而用 ontology 來翻譯「存存本本之眞」之說。他 1942 或 1943 年在昆明西南聯大講授玄學的課程，1947 到 1948 年也在伯克萊加州大學（University of California at Berkeley）講授同一課程。他的講稿當時沒有發表，後來由他的兒子湯一介從湯用彤本人的筆記和學生的筆記中重構、編寫。在他的〈崇有玄學與向郭說〉中湯用彤明確以「本體論」一詞直指英文 ontology。〔註36〕湯用彤還用其他詞彙，如：「構成資料」代表宇宙論，用「本體存在」代表「本體論」。

他的中英翻譯可說是他自修西洋哲學之產物，很多後來之學者從之，不過瓦格納（Wagner）指出：「馮友蘭駁說王弼等人實際上沒有在宇宙論和本體論之間作出如湯用彤所斷言的那樣明確的區分。」〔註37〕據我所讀的〈魏晉玄學貴無論關於有論的理論〉，馮友蘭似乎告訴我們沒有所謂的宇宙論，如果沒有本體論作爲其前提。〔註38〕宇宙論英文一詞本來就含有秩序之說了，也就是說，自然一詞本來就含有秩序之羅網了。〔註39〕在自然界中的原有之秩序使宇宙之論根本離不開形而上學之推論。就希臘哲學而言，當我們談到宇

〔註35〕 湯用彤著，湯一介編，〈漢代思想之主流與逆流〉，《魏晉玄學》，頁 352。他英文講義之草稿中也寫道："1. The Nature（or Character）of Han Learning... 1. The method is to pair two things or things of similar nature. 2. Things of the material, empirical, or concrete nature. 3. The underlying original substance = also materialistic 4. To every phenomenon, an explanation is given.（The Han do not know to bring several kinds together & to give one explanation. This is, they are not used to search for a higher abstract principle to explain different kinds of phenomena." 湯用彤著，湯一介編，〈中國古代思想史（漢──隋）（英文）〉（The History of Chinese Thought from Han to Sui Dynasty），《魏晉玄學》，頁 317。

〔註36〕 湯用彤，《理學‧佛學‧玄學》（北京：北京大學出版社，1991），頁 345。

〔註37〕 〔德〕瓦格納著、楊立華譯，〈第三章 王弼的本體論〉，《王弼《老子注》研究》（南京：江蘇人民出版社，2008），頁 797。原稿寫成英文，書名爲 Rudolf G. Wagner, *Language, Ontology, and Political Philosophy in China：Wang Bi's Scholarly Exploration of the Dark（Xuanxue）*（Albany：State University of New York Press, 2003），p.86.

〔註38〕 馮友蘭，〈魏晉玄學貴無論關於有論的理論〉，《北京大學學報》（哲學社會科學版）1986：1：11～18。

〔註39〕 英文 cosmos 一詞源於希臘語 κόσμος（*kosmos*），本義是秩序。

宙論時，常會進入本體之探討，所以無法分清宇宙論與本體論的分明界限。

討論到此爲止，就出現了許多問題，爲何西洋的宇宙論本來就含有本體、存在之說呢？假如湯用彤的斷言正確，爲何漢代的宇宙論不包含本體、存在、秩序、形上之說呢？如果我們以湯用彤的劃界爲中國哲學術語的典型界義，當我們把 cosmology 理解成宇宙論時，問題還是存在，因中文的宇宙論也無法涵蓋得了英文形而上學的界義。

據我所調查，幾乎沒有海峽兩岸的一個學者釐清這個問題或點出湯用把希臘哲學轉移到魏晉玄學身上所帶來的困境。湯用彤的運用（漢爲宇宙論）對瓦格納來說在原則上也無法相比於蘇格拉底（Socrates，公元前 469～399）之前的原子論是因爲希臘原子論者的目標是爲了尋找宇宙之普遍性之唯一基點。〔註 40〕所以希臘的宇宙論一詞在內容上本是探討本體論或一元論的相關問題。這意味著希臘的 cosmology 或 cosmogony 當然不等於魏晉之前的五行之說，如果我們籠統地將五行之說爲宇宙論。倘若一旦相信湯氏斷定五行之說不包含五行之運作的形上力量、本體權勢，這畢竟也不相等於英文的 cosmology 或 cosmogony，五行之說不能相比於原子論是由於原子論尋求一個普遍的單一之基點（mono-universal ground），而萬物與那個唯一的基點——原子，分享其性。五行怎麼可能相比於原子（atom）呢？

如同馮友蘭所暗示的思考點，如果宇宙論一詞本來就含有本體、存在之說了，那麼漢、魏之間就沒有所謂的思想體系上的必然差異，既然如此，我們可以有資格重新詮釋一些中國文獻，也就是說，我們可以把那些五行、陰陽運作之說解讀成爲本體論的連續統一體（continuum）。我在此有意用連續統一體一詞是爲了抹掉沒必要的間隙，這樣可以留給更大的空間詮釋文本。對我來說，五行之說本是本體論的萌芽，只是其本體之說的濃度很淡，淡到看不見本體的成分，之後演變、發展成爲成熟的本體論，從淡度演變到深度的連續統一體也是一個人類意識的演變現象，可以當作一種意識的現象（phenomenology of spirit），假如相信人類有意識的演變現象的話。

既然上述的問題仍然存在（？），我們不妨以希臘哲學的界義與範圍爲分析的框架，分析王弼的「無論」以及嵇康所談的音樂的和諧狀態。如同亞里多斯德（Aristotle，公元前 384～322）所探討的形而上學，本篇論文同樣把本

〔註 40〕Rudolf G. Wagner, *Language, Ontology, and Political Philosophy in China：Wang Bi's Scholarly Exploration of the Dark（Xuanxue）*, p.87.

體論當作形而上學之亞類，當談到本體論時，無法不談及形而上學。〔註41〕
除此之外，筆者還要點出另外一個問題，王弼的「無論」有時意味著一元論
（monism）或絕對論（absolutism），爲何如此？我在下面的論述揭開了王弼
所隱藏的內在邏輯。

第二節　「無論」作爲一元論或絕對論之化身

　　在此的一元論指的不是單一的元素的那種意思，而是把一個理當作一切
（萬物、倫理、政體）的所在地的理念體系。王弼所提的無形跟有形的轉化，
對我來說，指的是有形之萬象是從本體境界的「全我」（或大自我）延續到現
象世界範疇來。我用「延續」一詞意味著無形跟有形之間的「連續統一體」
（continuum）。「無」越絕對，越有「自我」，換句話說，「無」更絕對，更有
自我。有形的萬象不過是「全我」在現象世界中所展現出的效應、功能或作
用。王弼的「無論」是無縫合線的兩個世界之重疊，因此我說王弼的「無論」
是一種一元論（monism）或絕對論（absolutism）的再現，不過王弼把自己的
哲學隱蔽在「無論」的面具中，因爲掩飾，從而難以看見。〔註42〕王弼這樣
的推論越使名教、政治哲學、禮教在現象世界中變得更有權勢、更具有卓越
（par excellence）的地位。下面的圖表說明王弼的「無論」本來就含有絕對、
卓越的意思，不管他怎麼推論都使用「所以」或「所以然」一詞作爲基點，
因爲絕對，才「所以然」：

〔註41〕亞里斯多德（Aristotle）的《形而上學》一書裏分爲三個章節：本體論、自
　　　　然神學（討論上帝與諸神的論述）、普遍科學，最後章節是專門討論宇宙的
　　　　第一推動力（prime mover）或第一因（first cause）。可見，本體論屬於形而
　　　　上學的亞類。
　　　　在西方的哲學文化裏，本體論屬於形而上學學科的一部分，所以兩件可說是
　　　　同一回事，難以分開。拉丁文，onto 的意思是「存在」（being）或「爲」（to be），
　　　　加上 logia，「論」的意思，所以眞實在希臘哲學上也是一種實體的存在。
　　　　更有趣的就是在柏拉圖（Plato）的對話裏，ousia（本體）是「形式」或「理
　　　　念」（eidos/Idea）的另一個稱呼，所以此 eidos（理念）本身也含有物體的本
　　　　質、實體或本體的意思了。
〔註42〕Pierre Teilhard de Chardin（1881～1955）法國哲學家、神學家兼古生物學家、
　　　　地質學家說：「以爲虛無是全然沒有什麼的虛無，以虛無爲完全的虛無，是一
　　　　種誤解，也是一種迷意。」（Pure nothingness is an empty concept, a pseudo-idea.）
　　　　Pierre Teilhard de Chardin, *Writings in Time of War*, translated by René Hague
　　　　（New York & Row, 1968）, p.95.

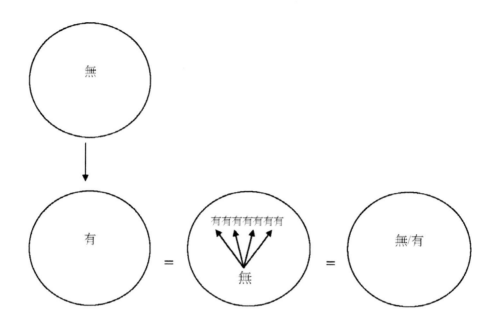

最後的圖表表示小「無」的隱藏形式，本來也出於以下的圖表：

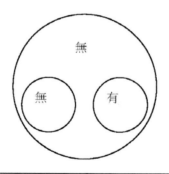

上面的圖片解釋如下：
↓　　符號代表給予、創造
＝　　符號代表等於、成爲、變成
／　　符號代表相等於、無縫合綫的重疊、透明、無邊疆的轉
　　　化、更迭或重復

　　「無」是所在地（locus）或基點，「有」是所在地之上的多元實體（super-loci）。筆者好像除了有形、萬物、萬象、物象、名教以外就沒有詞彙可以形容、涵蓋萬物的展現了。如果以佛解玄，「無」的再現似乎近乎大乘佛

教所探討的體性（svabhāva）或「法」，但不等於「法」。這裡的「法」含有梵文 dhārma 的意思，中文譯成法，翻譯後失去了梵文的另外一個意思，而且那個意思十分重要：宇宙中所有的物理和心理之現象，包含著物理實體、心理實體的所有真實。這個「法」滲透萬象，而萬象也跟法互相依賴。上面的圖表隱藏著五個命題，如下：〔註43〕

（1）「無」是所在地給予「有」。

（2）「無」是所在地創造「有」。

（3）「無」是所在地作為不可區分的唯一，「有」是多元。

（4）「無」是所在地作為「有」的本性（或根性）。王弼稱之為「母」。

（5）「有」雖然沒有自己的內在真實，但擁有一定的真實，此真實來自「無」，「無」給予之，也互相跟「無」分享其性。

當王弼把「無」在形上絕對化後就帶來既相反又相補的兩個命題：

一、萬物相等。

二、萬物不相等。

（1）到（4）鋪路給予（5）

（5）終究使單純的哲學思考變成政治哲學，含有權勢、力量，成為魏晉時代的政治意識形態：名教出於自然。

（5）有助於養育一種意識形態——社會的階級組織，同時也鞏固了儒教的和諧社會之理念，因為（1）永遠不會根絕、消除自己的多元性，反而永久維持之。

大「無」（大圓）是本體世界之「無」。

小「無」（小圓）是現象世界之「無」，此「無」與現象世界之「有」在現象上分享其性。因「無」以「有」為其用，才說兩者一起分享其性。當「有」消失後，它也沒有真正地消失，它只是在現象層面上消失，反而在本體世界上出現、存在，作為一種存在物。另而言之，萬物生、死在這個大存在物裏。

「無」含有濃厚的政治性是由於「無」採取宗教性作為其核心。宗教性指的不是宗教信仰，而是對優越的本體、存在之信念。孔子的倫理哲學慢慢

〔註43〕我以佛解玄的方法來自本篇文章，本篇文章毫無談及玄學，而我在此運用之。Matsumoto Shirō, "The Doctrine of *Tathāgata-garbha* Is Not Buddhist," in *Pruning the Bodhi Tree：The Storm Over Critical Buddhism*, edited by Jamie Hubbard & Paul Loren Swanson（Hawaii：University of Hawaii Press, 1997）, p.170. 本篇文章原文是日文，Jamie Hubbard 譯成英文。

變得更有宗教性也是因為王弼把「無」在形上絕對化。

　　本節之端的引文：「夫眾不能治眾，治眾者，至寡業；夫動不能制動，制天下之動者，貞夫一者也。」〔註44〕可以概括王弼的整個思想體系。掌控萬象之動力只有唯一，這個唯一既真實，又純然，這裡的「貞」除了代表唯一真實的意思之外，還引發純樸、純然、玄貞的含義。此足以證明我對「無論」的詮釋——「無論」一方面是「一元論」的化身，它既一元，又絕對，包容多元在內，而與多元分享其性。〔註45〕它體現「無論」的整個內在邏輯，又明白地表示萬象背後還有另外一個境界作為其基礎，那個境界作為「本體世界」，換言之，「無」之下還有另外的一個虛無作為其背景，所以「反」不過是現象，非完全之真實。因此玄虛（之學）指的不是全都虛無，這個虛無含有濃厚的存在性（existentiality），它既優先，又存在，接近於康德的「本體界」（noumenal world）或「物自體」（thing-in-itself）的深義。不論王弼還是康德，兩者尋找現象中超越時、空之真實。

　　下面的論述詳明（1）至（5）以及其互相關係，點出王弼採用什麼樣的方法達至「存存本本之真」。我在此把王弼的思維方式寫成「存在——非存在——存在」（Being-Non-being-Being）之結構，也就是說，王弼藉以存在走向更為偉大之存在（Dasein towards Dasein），其過程當中從存在談到非存在，而從非存在談到永恒之存在，「無」成為兩個存在半途相遇之處。〔註46〕這就是中國「無論」的特徵，海德格爾（Heidegger 1889～1976）的 Dasein（存在）之說反而沒有中間的非存在作為透明的連接之點。我在此用德語哲學術語 Dasein 形容王弼的本體，是因為上述二人認為我們現在的所有存在（包含社會的所有價值）本來就存在了，未必思考，才存在，非笛卡爾（Descartes，1596～1650）所提的存在出於思考之說。這就是最為深層的 Dasein 之義。

　　以佛解玄使王弼的「無論」歸根到底成為了一種「有論」，這個「有論」使湯用彤的歸類——漢為宇宙論，魏晉為本體論，無法成為可能，因為宇宙論在希臘哲學文化上其目的就是尋找萬象背後的「第一因」（First Cause）或「原動力」（Prime Mover），因此原子論（萬象不過是最為基本的原子的運作）

〔註44〕王弼，《周易略例》，載樓宇烈，《王弼集校釋》（北京：中華書局，1980），頁591。

〔註45〕據我所調查海峽兩岸的現代文獻，幾乎沒有一個學者說「無論」是「一元論」的掩飾或疑問「無論」是否「一元論」的另一個版本。

〔註46〕由於中文「存在」一詞無法大寫，從而用德語 Dasein 形容之。

屬於宇宙論的一種考察，漢代的五行之說無法相比於原子論，因原子之說本來就含有本體的說法了（本體作爲最爲基本的原子），按照希拉哲學，宇宙論就是本體論的萌芽或本體的探討就是宇宙論之萌芽，所以我建議與其說魏晉爲本體論，不如說魏晉作爲一種一元論或絕對論，因王弼把所有的現象上的存在物解釋當作無論的化身，王弼的方法就是把「無」在形上絕對化，這個「無」中生有，這個「無」還是存在的，作爲一種先天的存在物，越非常有體性，所以「無論」就是體性論。

第三節　「無論」的體用之說作爲目的論之化身

分析框架

　　「無」是所在地給予「有」。

　　「無」是所在地創造「有」。

　　「無」是所在地作爲不可區分的唯一，「有」是多元。

　　「無」是所在地作爲「有」的本性（或根性）。王弼稱之爲「母」。

　　「有」雖然沒有自己內在的原有眞實，但擁有一定的眞實，此眞實來自「無」，「無」給予之，也互相跟「無」分享其性。

　　與其說「無論」是本體論，不如說是目的論，因爲目的論一詞運用的範圍比本體論還要廣，運用到泛泛的「宇宙論」亦可、嚴格意義的「宇宙論」亦可。〔註47〕目的論一詞源於希臘哲學，字源也難以譯成中文。當譯成中文後引發了語義問題。筆者認爲本體一詞應該在一定的程度上相當於梵文佛經所談的「性」或「體性」（svabhāva）。

　　有趣的是目的論一詞，譯後只看到目的，而看不到所謂的「終止因緣」（final cause），在希臘文 telos 既是因緣，同時又是目的。〔註48〕王弼清楚地說明所有的「有」（存在）來自「無」（虛無），這麼簡單的命題也強調「無論」作爲目的論了，體用之說不過是目的論的另一個版本，「無」以「有」爲用，而「有」以「無」爲體，換句話說，「有」以「無」爲「終止因緣」（本），「無」以「有」爲目的（末），王弼注曰：

〔註47〕目前此術語可以運到物理學、生物學、自然科學、倫理學等學科。

〔註48〕Telos 的本義是「根源」（root）。Final Cause 有時寫成 First Cause（第一因緣）或 Prime Mover（原動力）——不動之原動力的意思。

　　　　　凡有皆始於無，故未形無名之時，則為萬物之始。及其有形
　　　有名之時，則長之、育之、亭之、毒之，為其母也。言道以無形無
　　　名始成萬物，（萬物）以始以成而不知其所以（然），玄之又玄也。
　　〔註49〕

王弼在《老子道德經註》第五十一章裏自注：「亭謂品其形，毒謂成其質。」
〔註50〕此註解十分重要，因表明「有」自身沒有質，「無」使之「成其質」。
王弼還說如果「有」有其用，「有」必要通過「無」而起著作用，曰：「凡有
之為利，必以無為用。」〔註51〕這個目的論是單方向的，單方向指的是「無」
作為「有」的所在地，「有」用之來合法化自己，但「無」未必合法化自己，
才絕對。王弼認為「有」來自「無」，以「無」為其用，但它不是「無」，也
不能相等於「無」，仁義也如此，曰：「仁義，母之所生，非可以為母。形器，
匠之所成，非可以為匠也。」〔註52〕這就是體用、本末之說的最為深義。

　　「無」作為萬象的「第一因緣」（First Cause），它以「有」為終止目的，
這個「第一因緣」是「無」本身的內在目的（internal end），非外在，因而
說「無」既是始，又是終，才曰：「（萬物）以始以成」，王弼在第二十一篇
再次自注，曰：「以無形始物，不繫成物，萬物以始以成，而不知其所以然。」
〔註53〕既然「第一因緣」成為終止目的，萬物則自律、自化、自生，彷彿
「無為無造，萬物自相治理，故不仁也。」〔註54〕第三十八章可說是《老
子道德經註》的核心，能概括王弼整個思想體系，本章除了闡述本體之絕對
以外，還把本體之外用的表現當作「無為」的實行，然後把「無為」貫穿到
名教的領域，成為「名教出於自然」的完善體系，如圖：

　　本體 ———————— 無為 ———————— 名教

　　王弼在此體現現代哲學所謂的「互動主體」（intersubjectivity），這裡指的

〔註49〕 王弼，《老子道德經註》第一章，載樓宇烈《王弼集校釋》，頁1。
〔註50〕 王弼，《老子道德經註》第五十一章，載樓宇烈《王弼集校釋》，頁137。
〔註51〕 王弼，《老子道德經註》第一章，載樓宇烈《王弼集校釋》，頁2。
〔註52〕 王弼，《老子道德經註》第三十八章，載樓宇烈《王弼集校釋》，頁95。
〔註53〕 王弼，《老子道德經註》第二十一章，載樓宇烈《王弼集校釋》，頁52。
〔註54〕 王弼，《老子道德經註》第五章，載樓宇烈《王弼集校釋》，頁13。之後郭象
　　　　把萬物自生發展成宿命論，而王弼的「貴無」非宿命論。郭象如何使莊子的
　　　　哲學終於變成宿命論，參見 Wing-tsit Chan, "19. Neo-Taoism," in *A Source Book
　　　　in Chinese Philosophy*（Princeton, New Jersey：Princeton University Press, 1963），
　　　　p.317～318, 332～333.

不是一個主體怎麼互動於另外一個主體，而是一個主體怎麼互動於本體，讓本體自然而然地投射在名教身上。「無為」的實踐使本體與名教之間不再有必要的裂痕，使整個過程同步化、無法拆開，曰：「何以得德？由乎道也。何以盡德？以無為用。以無為用，則莫不載也。故物，無為，則無物不經；有為，則不足以免其生。是天地雖廣，以無為心；聖人雖大，以虛無為主。」還說何人能夠「滅其私而無其身，……，不得其德，無執無用，故能有德而無不為。不求而得，不為而成，故雖然有德而無德名也，……，用不以形，御不以名，故仁義可顯，禮敬可彰也。」〔註 55〕德以「無」為其用，意味著一方面透過「無」肯定德的存在，一方面透過「無」消解德的存在，因此「無為」，才「無不為」。王弼的倫理哲學比較複雜是由於其終點是大自我，而過程反而消解自我。王弼的「無為」只有在這個意義上才相異於莊子的「無為」，他的「無為」含有強烈的形上力量，他的「無為」時時必得採取虛無之本體作為基點，否則名教無法彰顯其權勢。他的「無為」明明就是（基於）形而上學的「無為」。瓦解王弼所隱藏的內在邏輯後更彰顯了「無為」的形上力量。

　　王弼以名教為一種自然狀態，名教是自然狀態的反映，以「無論」合法化之，一個人若實踐其名教、正名，那就代表順其自然了，因而王弼說真正的聖人不是老子，而是孔子。相比於嵇康〈釋私論〉中的「越名教而任自然」的「無為」，嵇康所指的「自然」應該是各人身心所反應的自然行為（自然反應）或各人的性情，因合乎身心的自然，才「無為」，也可以籠統地說成浪漫的「無為」——在自然現象中擺脫名教的「無為」（所以「無為」有時稱之為「無心」——擺脫名教的心態，莊子有時也用「無心」說明「無為」）。〔註 56〕

〔註 55〕王弼，《老子道德經註》第三十八章，載樓宇烈《王弼集校釋》，頁 93。

〔註 56〕筆者只是把「任自然」當作一種順其性情的意思（順乎性情當然不等於順乎其性），順乎各人性情的自然含有「風流」的體態，合乎「越名教而任自然」的含義，多少也含有「逍遙」的味道，不過郭象把「逍遙」一詞理解為「順乎其性」或「適性」。因「適性」，就合乎道，在白馬寺偶然參與論壇的一位佛僧支遁簡單地提問若「逍遙」的意思莫過於各人的「適性」，過去的淫王、暴君各也順乎其性，這不就「逍遙」了？曰：「遁常在白馬寺，與劉系之等談《莊子・逍遙篇》，云各適性以為逍遙。遁曰：『不然。夫桀跖以殘害為性。若適性為得者，彼亦逍遙矣。』」慧皎，《高僧傳》（卷四）。「逍遙」的另外一種說法為擺脫善與惡的人為倫理觀念，這樣的說法西方漢學倡之。最有爭議性的就是郭象的說法，郭象這樣註解促使「逍遙」成為一種宿命論，各人有各人的命，也無法改變其命，此命則為完成原有的其性，若辦到，萬物和諧衍生。我們可以從支遁的質疑進一步追問若萬物遵循其命了，確定是否還有

對嵇康來說，應該有於名教之外的人生狀態，此人生狀態是超越名教、沒有名教所困擾。嵇康相信人可以擁有「心無措乎是非」之狀態，曰：「越名任心，故是非無措也。是故言君子，則以無措為主。」〔註57〕而這種人生狀態是否可當作另一種倫理也可以去討論，也就是說，嵇康努力擺脫儒家的倫理也還是一種倫理，嵇康還說：「心無措乎是非，而行不違乎道者也。」〔註58〕以身心所反應之自然為倫理的行為，代表嵇康本來就不相信名教是自然的東西了，所謂的自然應該出於人身心的自然反應。王、嵇兩者對自然一詞的看法差別很大。因名教不是自然之物，而是人為，人要把自己從中解脫出來。

　　嵇康把超乎名教的自然狀態當作「公」，其義為二：（一）「心無措乎是非」──心裏預先不存有是非之狀態或名教的辨別是非，如何不存有？曰：「君子之行賢也，不察于有度而後行也；任心無窮，不議于善而後正也；顯情無錯，不論于是而後為也」，〔註59〕這種人的體態不會隱匿真情，隱匿該所反應的行為就是過失、違背，曰：「言小人，則以匿情為非，以違道為闕。」〔註60〕還說：「匿情矜吝，小人之至惡」〔註61〕「矜吝」是指沒有名教的是是非非的預設判斷。其另外一個延伸的意義含有宗教情懷（二）「體亮心達者，情不繫乎所欲」，〔註62〕曰：「夫氣靜神虛者，心不存乎矜尚」〔註63〕這裡的「矜尚」不僅是誇張自己，深層的語境是指把名教修飾自己，他繼續說道：「矜尚不存乎心，故能越名教而任自然；情不繫乎所欲，故能審貴賤而通物情。物情順通，故大道無違。」〔註64〕「私」的界義就是「公」的相反──預先存有名教的辨別是非之心態、隱匿真情是為了辯護自己、把名教當作自己的裝飾品。如果我們相信嵇康這種超乎是非之心態存在，這種心態明明也是一種倫理體系。

　　嵇康也沒有盲目地攻擊王弼的「名教出於自然」，他細膩地分析名教在

世亂？肯定不會有邪惡了？惡人也有其性，遵循其惡性，也是一種必然的倫理嗎？世亂確實是否來自未遵循其性的問題？

〔註57〕 嵇康，〈釋私論〉，《嵇康集校注》，頁 234。
〔註58〕 同上註。
〔註59〕 同上註，頁 235。吳鈔本及本傳作「任」。
〔註60〕 同上註，頁 234。
〔註61〕 同上註。
〔註62〕 同上註。
〔註63〕 同上註。
〔註64〕 同上註。

其功能上無法沒有兩個過失：（一）「有善者無匿情之不是」〔註65〕——名教讓有善者無隱匿眞情之罪名，從而上文說「匿情矜吝，小人之至惡」，這麼分析代表逆反自己的身心的自然本質就是一種罪惡了。（二）「有非者不加不公之大非」〔註66〕——名教也使有非者永遠沒有「不公」（或私）之罪名，也就是說，使欲望衝擊身心之自然反應的人永久沒有「不公」（或私）的罪過，可以繼續他們的虛僞道德，而且越實行越合法，從而說：「乃所以救其非也」。〔註67〕這麼分析代表嵇康早就承認了一個命題：人生狀況本來就擺脫名教，人的本質無關於名教，名教不是自然的先天之物。討論到此，嵇康發現了名教的內在邏輯的衝突面向，也就是說，人類一方面想理化名教，不過理想化的過程中反而越違背自己的本質，越違反自性，甚至於改竄自己的自性、自欺欺人地宣傳本來就沒有的虛擬道德。嵇康把改竄、合法、逆反自己的本質的行爲視爲「私」或「不公」。

　　名教的外觀看來似乎是公，對嵇康而言，那就是「私」，而嵇康所謂的「私」，對他來說，那就是「公」。王、嵇的衝突不過是對一個語碼的認識論的差別而已。嵇康反對倫理也還是一種倫理，不是超越倫理，人云「越名教而任自然」是擺脫倫理或無倫理，這樣的說法值得商榷。說來也諷刺，他爲了任自然，結果也沒有從自然中得到什麼好處，終究爲了自然而身亡。嵇康一生中所嚮往、折騰就如同尼采（Friedrich Nietzsche 1844～1900）所說的「人世是不該爲然的世界，而該爲然的世界是永遠不存在的。」〔註68〕（自譯）古人的困境與現代人的困境有何兩樣？

　　以「無論」相比於希臘哲學，不論柏拉圖（Plato，公元前427～347）或亞里多斯德（Aristotle，公元前384～322）皆認爲所有的物理現象有其目的，而後來的Lucretius（約公元前99～55）也說：「所發生而存在的（萬象）出於其用之因緣。」〔註69〕說來也妙，王弼認爲達至「無」的方法莫過於精神上的修煉、涵養，否則視而不見之，曰：「故常無欲空虛，可以觀其始物之妙。」

〔註65〕同上註，頁236。

〔註66〕同上註。

〔註67〕同上註。

〔註68〕"the world as it is that it ought not to be, and of the world as it ought to be that it does not exist." Friedrich Nietzsche, *The Will to Power*, section 585, translated by Walter Kaufmann.

〔註69〕"What happens to exist is the cause of its use." Lucretius, *De Rurum Natura*（On the Nature of Things）, IV, 833; cf. 822～56.

〔註70〕除了空虛其懷（無心）或「滅其私而無其身」（無為）以外，〔註71〕王弼在第四十七章也肯定可以通過純粹的「思慮」來認知「無」，曰：「得物之致，故雖不行，而慮可知也。」〔註72〕嵇康也同樣認為只有通過「無私」，才能任自然，曰：「虛心無措，君子之篤行也。」〔註73〕如果說王弼聲稱兩層之真實，而盡力融化之，柏拉圖也如此，柏拉圖認為達至理念世界（World of Ideas）的方法莫過於所謂的「得以淨化之理智」（purified intellect），但何謂「得以淨化之理智」向來仍是爭論。〔註74〕

王弼還形容「無」作為不可區分的唯一、超越時空的一個真實，作為「有」的多元之基點，「有」的多樣性來自唯一之「無」，注曰：「萬物萬形，其歸一也。何由致一？由於無也。由無乃一，一可謂無？已謂之一，豈得無言乎？……故萬物之生，吾知其主，雖有萬形，沖氣一焉。……以一為主，一何可舍？愈多愈遠，損則近之。」〔註75〕

王弼也像漢代的宇宙論家使用原有的象徵說明宇宙之形態，如：陰／陽、本／末、動／靜、默／語、剛／柔、希聲／有聲等二元對立之符號，而王弼與眾不同之點在於王弼所形容的不是自然的外象，而是控制自然之秩序。他憑藉這個秩序瓦解二元之對立，使之投降於虛無之本體。〔註76〕王弼所舉的例子很多，我在此分析兩篇，此兩篇多少相關到樂論——聽覺的詩學。

> 覆者，反本之謂也。天地以本為心者也。凡動息則靜，靜非對動也，默非對語者也。〔註77〕

王弼明顯地說「靜」實際上不是「動」的對立，「默」也不是「語」的對立，

〔註70〕王弼，《老子道德經註》第一章，載樓宇烈《王弼集校釋》，頁 1。《道藏集注》及《道藏集義》於「空虛」下均多「其懷」二字，寫成「故常無欲，空虛其懷」，使之更為通暢。波多野郎（Hatano Tarō）認為此為衍文。

〔註71〕王弼，《老子道德經註》第三十八章，載樓宇烈《王弼集校釋》，頁 93。

〔註72〕王弼，《老子道德經註》第四十七章，載樓宇烈《王弼集校釋》，頁 126。

〔註73〕嵇康，〈釋私論〉，《嵇康集校注》，頁 234。

〔註74〕Thomas McEvilley 甚至把柏拉圖解釋當成一個中觀學派者（a Mādhyamika）。Thomas McEvilley, "Early Greek and Mādhyamika," in *Philosophy East and West* 31, no.2（April 1981）：149～152.

〔註75〕王弼，《老子道德經註》第四十二章，載樓宇烈《王弼集校釋》，頁 117。

〔註76〕如果我們把王弼的思維方式轉移到嵇康的樂論上，就可以簡單地駁回嵇康的樂論不是自然主義，而是「無論」的隱形，也就是說，嵇康把音樂的和諧狀態、秩序在形上絕對化，這樣音樂則脫離人情了。

〔註77〕王弼，《周易註》《覆》卦，載樓宇烈《王弼集校釋》，頁 336～337。

其反與覆不過是現象，超越現象之上還有更爲眞實的一個本體，天地以之爲其心。

> 聽之不聞名曰希。不可得聞之音也。有聲則有分，有分則不宮而商矣。分則不能統衆，故有聲者非大音也。〔註78〕

老子本寫「大音希聲」，王弼重註之，闡明爲何「希聲」？（王弼重新註解也許不是老子的本義亦可。）從引文談起，王弼以本體論註解老子這段話，另而言之，王弼玄化老子。王弼盡力闡明老子的暗喻——「大音希聲」是何物。王弼沒有直接回答，他只是玩耍「有聲」跟「希聲」的意義上之差別，同時也連接「有聲」跟「希聲」意義上之間的邊緣，讓形上的力量滲透進去。「統」作爲使動用法，瓦解了世上所有的聲音（宮、商、角、徵、羽）成爲無聲之「大音」，使「大音」的「大」字凸現絕對的意義。他在第十四章也注說：「無狀無象，無聲無響，故無所不通，無所不往。」〔註79〕「通」、「往」皆明示形上之彌漫權勢。

第四節　言、象、意之說作爲存在的形而上學
（Metaphysics of Presence）

> 夫象者，出意者也。言者，明象者也。盡意莫若象，盡象莫若言。言生於象，故可尋言以觀象；象生於意，故可尋象以觀意。意以象盡，象以言著。故言者所以明象，得象而忘言；象者，所以存意，得意而忘象。猶蹄者所以在兔，得兔而忘蹄；筌者所以在魚，得魚而忘筌也。然則，言者，象之蹄也；象者，意之筌也。是故，存言者，非得象也；存象者，非得意者也。象生於意而存象焉，則所存者乃非其象也；言生於象而存言者焉，則所存者乃非其言也。然則，忘象者，乃得意者也；忘言者，乃得象者也。得意在忘象，得象在忘言。故立象以盡意，而象可忘也；重畫以盡情，而畫可忘也。〔註80〕

王弼的言、象、意之說的複雜性出於以下的幾項問題：

〔註78〕王弼，《老子道德經註》第四十一章，載樓宇烈《王弼集校釋》，頁113。
〔註79〕王弼，《老子道德經註》第十四章，載樓宇烈《王弼集校釋》，頁31。
〔註80〕王弼，《周易略例》〈明象〉篇，載樓宇烈《王弼集校釋》，頁609。

（一）王弼一方面肯定「意以象盡，象以言著」，〔註81〕肯定「象」與「言」的必要功能。

（二）王弼另一方面也肯定「得意在忘象，得象在忘言」，〔註82〕肯定「忘」的作用。王弼也沒有說明何謂「忘」。對我來說，「忘」不過是思維上的代替、移置，不是眞的忘卻。

（三）王弼〈明象〉篇中，說來也怪，始終沒有直接討論「言」與「意」的關係，而是討論「意」與「象」之間的關係（意—象），討論「象」與「言」之間的關係（象—言）。分析到此，可見，王弼以「象」爲中心，然後把「意」與「言」連繫起來，將之傾向於中心，如圖：

$$\text{意} \longrightarrow \text{象} \longleftarrow \text{言}$$
$$A^1 \qquad\qquad A^2 \qquad\qquad A^3$$

所有的關係可以總結，如下：

言的開端：「言生於象」（A^3 —— A^2）
象的開端：「象生於意」（A^2 —— A^1）

象——言的功能：「象以言著」或「盡象莫若言」
意——象的功能：「意以象盡」或「盡意莫若象」

象——言的空間錯置：「得象而忘言」或「得象在忘言」
意——象的空間錯置：「得意而忘象」或「得意在忘象」

雖然王弼運用《莊子》裏的暗喻，但完全擺脫《莊子》的原意，因《莊子》裏的魚、筌、兔、蹄之暗喻是指「言」與「意」的關係——得意而忘言之義，與「象」毫無關係。因原文始終沒有直接討論「言」與「意」的關係，一些學者反而把言與意的關係牽連到王弼的言、象、意之說，到底通不通是另一回事，不屬於本文所探討的領域。本文只是探討言、象、意之說，體用論也，此思維方式，嵇康也同樣運用：「聲音以和平爲體，而感物無常」〔註83〕體用之說也；而且這樣的運用未必受到王弼的直接影響。透過互文的說法解之，嵇康把自己隱藏在王弼用語的影子之下詮釋、閱讀

〔註81〕同上註。
〔註82〕同上註。
〔註83〕嵇康，〈聲無哀樂論〉，《嵇康集校注》，頁217。

莊子，嵇康的用語呼喚了王弼的「聲音」，也就是說，一個人把自己隱藏在另外一個人所運用的詞語之下閱讀另外一個人，這是常見的現象。嵇康所用的語碼、語境本來就與王弼進行對話。這是互文的現象，而不是實證主義的影響研究。

上述的幾項問題，在一定的程度上得以解答，如果我們把言、象、意之說作爲體用關係，湯用彤說：「玄理之所謂生，乃體用關係。」〔註84〕「無」的外用就是「有」的體現，當「有」消失後，它也沒有眞正地消失，它只是在現象層面上消失，反而在本體世界上存在，因「無」本作爲所有在地之絕對。

我在此的體用指的是三者之間的互相關係，而且這個關係是本體上的關係，爲何如此？答案十分簡單，因三者的關係根本不是互相依賴的關係，而是位置上的代替、更迭。因互相依賴，才說無性，但位置上的代替本來就有自己的本體了，只是思維上的位置錯置而已。位置上的代替是依靠相同性質來決定其關係，而不是依賴相異性質來決定個別的存在，從而說三者生滅在本體裏。生滅在本體裏意味著它們個別互相分享、交流自己的相同性質，王弼對言、象、意本來就以爲三者的關係相等、相類，而不是差別。因爲相等，它們本來就是一體，而不是憑藉他者的差別性質來確定自己的存在，只有在這個意義上，才能說它們沒有自己的內在實體，才可說無性地互相依賴，但言、象、意之說絕對非如此。

有的人認爲言、象、意之說必要先從意談起，解釋說意最爲重要，象是其次，言最後是不重要，皆爲層次的重要性。不過王弼說得十分清楚，我們可以從象談起亦可，說「言生於象」，「象以言著」，「盡象莫若言」，此象也未必牽扯到意，我們可以把象──言的關係分析當作一個獨立存在的空間、單位即可，皆爲相等的重要性。

由於言、象、意之說不是依靠差別性質來規定自己的個體存在，明明就是本體上的思維方式（ontic mode of thinking），也是一種存在的形而上學（Metaphysics of Presence），但這種思維方式難以辨認，也會容易讓人誤以爲互相依賴，這是由於它們在封閉的空間裏分享、交流其相類性質，它們性質上的交流實際上是僞裝、虛擬的，由於它們本來就是一體──相類的一體。三者只是在思維上的位置之更迭、錯置而已。三者作爲個別的實體空間、獨

〔註84〕參見湯用彤，〈王弼大衍義略釋〉。

立存在，同時也佔有可以交流、相通的性質，也就是說，「言」在上述的封閉空間裏與「象」來來往往其相通性質；「象」本身不體現其作用，除非與「意」和「言」來來往往其相通性質；「意」本身也不會展現其用，除非與「象」來來往往其相類性質，這一連串的關係生滅在固定的封閉空間裏。在這個封閉空間裏造成了什麼？它造成了所謂的「形而上學的本體變形」（metaphysics of ontic mutability）。三者的關係是 A¹、A²、A³，三個一起分享、交流一個體性，即爲 A 的性質之遺跡，從哪個 A 談起，都相通，這並不像大乘佛教的空論：A 本身就是非 A（not A）。

這樣的本體思維方式全世界自古以來皆有，西洋神學及印度教用得較多，成爲其特徵，可以舉簡單的例子，基督的三位一體實際上也基於這樣的思維方式，基督既是人，又是神，又是魂，人、神、魂皆可相通，從哪個角度談起，都可以、都存在、都能代替，這種思維上的空間錯置依靠相類性質掃蕩差別以便扎實其本體，而不是依靠相異瓦解其性。〔註85〕不僅是西洋神學，連笛卡爾（Descartes 1596～1650）所承認的思維自性的存在（ego cogito）、康德（Kant 1724～1804）所提的先天知識、海德格爾（Heidegger 1889～1976）所談及的世上投射的本在性質統統都是本體上的思維方式。

言、象、意的內在互動除了作爲本體上、實體上的變形以外，也可以稱之爲形而上學的記憶與忘卻（metaphysics of memory and forgetfulness）。〔註86〕王弼認爲記憶本來個別於忘卻，而忘卻本來也個別於記憶，個別擁有個別的

〔註85〕 就基督教而言，對基督之身分來說，單談所謂的正統基督派別（Orthodox Christianity），其看法也未必絕對，The First Council of Nicaea 認爲基督只有唯一的身分，爲上帝（God），The First Council of Ephesus 認爲基督爲存在物（hypostasis），而其人性附屬於神性（divinity）之內，但 The Council of Chalcedon 反而認爲基督既是人，同時又是上帝，也就是說，基督同時間、同空間佔著兩個身分。The Council of Chalcedon 的說法使基督身分的單性之論（monophysitism）變成兩性之論（dyophysitism）。附屬正統基督教堂的 Oriental Orthodox Churches 反而否定 The Council of Chalcedon 的說法。
更有趣的是 Nestorian Church of the East 顯然相反以上三個說法而認爲基督的人性與神性是時空分立的實體，當基督在人間爲人時，他完全爲人（absolute manhood），而他當神時，他完全作爲上帝（absolute divinity）。Nestorian Church of the East 之說法在中世紀未受到歡迎，被當時教皇控告爲邪教，成爲波斯的基督少數民族，甘肅省有文獻、壁畫記載 Nestorian Church of the East 曾經傳教至中國絲綢之路的地帶。
〔註86〕 在此的記憶與集體記憶（collective memory）無關。只是一個邏輯的位置上的錯置、更迭、轉換而已，沒有歷史性的任何意義。

本體空間，這意味著記憶原本有實體，忘卻原本也有實體，接著把忘卻的空間代替記憶的空間，如同把乙的存在空間代替甲的存在空間，以存在代之以存在，反正到底還是存在。人們的理解能力就出於記憶與忘卻的實體空間之交錯，另而言之，人們的理解不過是記憶與忘卻的實體空間之轉換而已。實體空間之更迭從而成為王弼註解卦象的方法，因解易者要「忘象」，才能「得意」，曰：「忘象以求其意，義斯見矣。」〔註87〕

當我們「得意」後，表相也變得不很重要，可以棄之，王弼還挑戰漢代《易》學，如果〈乾爻〉的理念可以充分地體現意義了，何必要用馬來彰章顯？如果〈坤爻〉的理念可以充分地體現意義了，為何要用牛來表示？曰：「義苟在健，何必馬乎？觸類在順，何必牛乎？爻苟合順，何必坤乃為牛？義苟應健，何必乾乃為馬？」〔註88〕此稍微近於（但不等於）大乘的「捨筏登岸」，「捨筏登岸」是指語言及邏輯在一定的程度上仍然作為有用的工具，當我們悟空後，工具也變得不那麼重要，一旦沒有之也不行，達到前放棄之也不行。這就是言、象、意之說的美。

王弼這樣的哲學為何使我們更理解嵇康的樂論？這是因為《老子》的「大音希聲」的觀念也依賴於「無論」的體用之說作為其基礎。這個暗喻還息息相關到《莊子》的另外一個暗喻——天籟。嵇康的樂論是否為自然主義取決於我們怎麼詮釋嵇康所用的暗喻——天籟，以及怎麼詮釋他所暗示的有／無氣化論。我們如何在「無論」的鏡頭之下分析嵇康的樂論也是一個很有趣的問題，對我來說，有／無氣化論不是自然主義，而是一種一元論，而且此概念始於王弼，因他把所有萬物的運作解釋在「無」的存在之下。到了宋代，張載才提出「參兩通一」（理出於氣而跟著氣運作），到了明代，羅欽順（1465～1547）也提出對氣的一元論——「理氣為一物」，

不管三者有什麼細微差別的哲學意義，但向來皆未擺脫過形而上學的思考、本體之談（王弼只是說無為本體、為形上，所有的氣化發生在「無」的存在之中，張載、羅欽順也不過以氣為本體、為形上，無、氣之說皆為不同名字而已，統統皆屬於形而上學、本體之說），所以我們可以運用這些形上的思考去解讀嵇康對音樂的氣化論——音樂源於陰陽之氣化的形上的彌漫（我的論文引用王弼的經文居多，少談張載、羅欽順的經文，由於兩者不是跟嵇

〔註87〕王弼，《周易略例》〈明象〉篇，載樓宇烈《王弼集校釋》，頁609。
〔註88〕同上註。

康同時代的文人。我的詮釋從頭到尾皆未擺脫過王弼創始人曾提的形而上學的力量、「無」的存在之下的氣化之操作）。

　　下篇章我指出嵇康的樂論不是自然主義，而是形而上學的思考，是「無論」的化身，音樂以「無」爲本體，而「感物無常」爲其用。我運用「無論」的目的論作爲討論的出發點，在論述過程中點出嵇康所談及的「和」非物理自然，而是物理自然中之秩序，探討假如我們把嵇康的樂論理解爲自然主義，在邏輯上也不通，因爲我們也回答不出來如果樂聲生於自然，爲何樂聲必然無係於人情，假如說自然本來就無係於人情，我們也可以簡單地追問爲何自然必要擺脫人情？我的論述有意反思嵇康樂論的自然主義以外，提出嵇康樂論的「和」無法相融於《莊子》的哲學，使莊、王、嵇會通的任何批評無法成爲可能。就倫理而言，嵇康宣布「越名教而任自然」，但就樂論而言，嵇康隱藏自己在王弼用語的影子之下閱讀《莊子》，這可以說明一個哲學家一生中未必有連貫性的思想體系。

第四章　王弼與嵇康：用字與觀念之交叉以及嵇康後的音樂觀點

第一節　嵇康的樂論：音樂的本體論與聆聽音樂的效果的相對論

　　本節指出嵇康的樂論不是自然主義，而是一種形而上學的思考。嵇康以「虛無」為樂聲的本體，而「感物無常」為其用。嵇康引用形上概念，即為魏晉玄虛之學（玄學），作為哲學上的基礎推論音樂的和諧狀態。他隱藏自己在王弼用語的影子之下運用「無論」來合法化音樂的本體狀態，透過形而上學來絕對化音樂之身分，從而引發出了音樂的本體論（ontology of music）以及聆聽音樂的效果的相對論（relativism of affect by music listening）——純粹的音樂無係於人情，尤以純粹的音樂所引發出來的林林種種之感受都是後天感知、後天習得。

一、引　論

　　在嵇康的主要音樂論述〈聲無哀樂論〉裏，他以魏晉玄學家的身分來挑戰當時的一個汎濫的潮流——以悲為美的風尚。為了提出他新的音樂觀，嵇康此篇論述不僅檢討當時的藝術潮流，還反駁前代的儒家經典的傳統樂論——〈樂記〉。本篇論文開頭先討論有關嵇康運用什麼樣的論據為他的新策略反對以悲為美的當時風尚，同時也挑戰儒家思想中的傳統音樂觀念。嵇

康運用兩個哲學方法：（一）音樂的本體論（ontology of music）以及（二）聆聽音樂的效果的相對論（relativism of post-affect by music listening）來反抗前代的音樂理論。在〈聲無哀樂論〉中提供許多例證給我們去重新詮釋原文中的細微差別的含義。此外嵇康還採用懷疑論（skepticism）的一種方法——「對話」（dialogue）的方式，爲了與〈樂記〉做出一連串的思辨談話。〔註1〕此種對話使〈聲無哀樂論〉偏離《論語》的不連貫的對話形式，從而接近於蘇格拉底（Socrates，公元前469～400年）的思辨對話，因此種對話讓先立的「問題」在被疑問的過程中得以否定。相反的，《論語》中的幾乎每個問題傾向於找到肯定，並沒有針對一個哲學問題作出形上的邏輯思辨。

交叉或交涉是指把一個文本視爲互文的意思。嵇康把自己隱藏在王弼用語的影子之下運用莊子的暗喻——「天籟」是指一個文本擁有語義的流動性質，此滑動性是本體上的符號問題，讀者欲控制，也控制不了，此離心動力使一個符號在本體上含有多聲性或呼喚多層次的他聲性質。嵇康所用的符號呼喚了王弼的聲音。這就是隱藏的意義，皆屬於語義學或符號學的研究，非影響研究或非尋求文獻的確定性的實證主義的考據研究。

二、嵇康音樂的本體論（ontology of music）與聆聽音樂的效果的相對論（relativism of affect by music listening）

當談到本體論時，我們正在進入形而上學的思考，思考某某存在（being）佔有什麼樣的性質或屬性。〔註2〕當然在此的性質屬於「超夫形氣之學」，也

〔註1〕似乎古怪，如果我們運用西方哲學的術語「懷疑論」和「相對論」於中國哲學家，因這兩個術語有根於或總是與古代希臘哲學家密切有關，如：Pyrrho of Ellis（公元前三到四百年）和 Sextus Empiricus（二世紀）。然而我發現很多學者好幾年前也曾經使用過這兩個術語來分析中國哲學，其中的好例證是 Lisa Raphals, "Skeptical Strategies in the Zhuangzi and the Theaetetus," in *Philosophy East and West* Vol. 44, No. 3. July, 1994, pp.501～526. Jay L. Garfield, "Epoché and Śūnyatā：Skepticism East and West," in *Philosophy East and West*. Vol. 40, No. 3. July, 1990, pp.285～307. 以及 Paul Kjellberg and Philip J. Ivanhoe（ed.）, "Was Zhuangzi a Relativist?," in *Essays on Skepticism, Relativism, and Ethics in the Zhuangzi*（Albany：State University of New York Press, 1996）, pp.196～214.
〔註2〕在西方的哲學文化上，本體論屬於形而上學學科的一部分，所以兩件可說是同一回事，難以分開。拉丁文，onto 的意思是「存在」（being）或「爲」（to be），加上 logia，「論」的意思，所以真實在希臘哲學上也是一種實體的存在。更有趣的是在柏拉圖的對話裏，ousia（本體）是「形式」或「理念」（eidos/Idea）

就是說，我們可以用邏輯思辨來推論，而感受到某某存在的永恒不變的性質，用經驗論的說法來解釋就是「當時不在現場，而存在」，英文叫做"alibi"。形（而）上學的詞源出於《周易》，嚴復（1854～1921）用之來翻譯英文哲學術語"metaphysics"而他的翻譯似乎合法化兩者意義相等的觀點。〔註3〕他還認為他的翻譯似乎可以填滿新儒家思想（另稱為「道學」）與西方哲學之間的缺口。〔註4〕但英文哲學術語"metaphysics"會完全相等於《周易》裏的意思或中國後代學者使用的意義否可以去討論。〔註5〕據我理解，中國的形而上學有三個特性：

（一）形而上學是出乎形氣學或超乎形氣學，與格物諸形氣學相對。

（二）（形上）含有自我修養，而在涵養過程中讓主體獲得人生意義。

（三）（形上）可以讓主體自我完善在生活實踐之中。〔註6〕

嵇康對音樂的形上概念可以完成上述的三個特徵。嵇康沒有使用「形（而）上」此詞來形容音樂的本體，但他運用王弼對「理」這個概念來合法化音樂中的「和」的狀態，使嵇康的思辨近乎王弼的無論。王弼展開「理」這個概念來自「無」，稱之為「無論」，即為「無」作為「本體」。「無」作為「本體」，這裡的「無」是含有「存在性」（existential）的，超然的，是無所不在的「存在」，非完全都虛無，因此王弼稱「無」的無所不在之存在性為「體」或「本體」。王弼還使用許多詞語為同義詞形容「無」作為本體，

的另稱，所以此 eidos（理念）本身就含有物體的本質、實體或本體，成為存在物的意思了。

亞里斯多德（Aristotle）的《形而上學》一書裏分為三個章節：本體論、自然神學（討論上帝與諸神的論述）、普遍科學，最後章節是專門討論宇宙的第一推動力或第一因（first cause）。可見，本體論屬於形而上學的亞類。本篇論文有意用本體論作為論文的小題目，但其內容無疑相關到形而上學。

〔註3〕在嚴復的哲學譯作裏沒有出現形而上學或形上學這兩個術語，但他總被視為使用這個術語的第一個中國學者。Fang Zhaohui, "Metaphysics or Xing（er）shangxue 形（而）上學？：A Western Philosophical Term in Modern China," in *Dao：A Journal of Comparative Philosophy* Vol. V, No. 1, December 2005, pp.90～91.

〔註4〕Ibid., p.92.

〔註5〕對這個問題請看同篇的小題目："Metaphysics Equivalent to Xing（er）shangxue?" Ibid., 92～93.

〔註6〕Ibid., 98～101.

如：「母」、「通理」、「本理」、「必然之理」、「所以然之理」、「至理」、「性」，統統都是無形的、無名的，萬象要通過「無」才起著其「用」（功用），如果沒有「無」，就沒有所謂的「體」，名教也如此。

王弼用老子所談的「和」來形容他所探討的「本體」，也用比喻的說法來形容萬象來自「無」，也與「無」沖氣為一體，《道德經》本曰：「道生一，一生二，二生三，三生萬物。萬物負陰抱陽，沖氣以為和」，〔註7〕王弼把本段從無論的觀念重注曰：「萬物萬形，其歸一也。何由致一？由於無也。由無乃一，一可謂無？已謂之一，豈得無言乎？有言有一，非二如何？有一有二，遂生乎三。從無之有，數盡乎斯，過此以往，非道之流。故萬物之生，吾知其主，雖有萬形，沖氣一焉。」〔註8〕這裡的「氣」不是元氣，而是虛無範圍中的氣象，氣象運作在虛無裏。〔註9〕他還說不管何時我們歸屬「無」（或「本」），邪惡就不會發生，仁、義、禮、敬就會變得卓越與顯著。〔註10〕在這個意義上，以「無」為「自然」的本體，名教才有意義，換句話說，「無」越絕對化，名教越有權勢。當然他所謂的「自然」一定含有「和」這個概念在內，沒有所謂的「不和」的自然，所以所謂的天地之「氣」，其屬性是「和」，此「和」也含有形上概念，非王弼之前的陰陽論。王弼是第一個哲學家把陰陽相和的狀態提升到形而上學的程度，使之脫離人類的主體感情，他「在『理』這個概念上詮釋萬象的變化，有效地推翻漢代傳統學者，那些前代學者都把『易』（變化）解釋為前兆、古怪現象、天人感應以及對人事有所影響的五行——水、火、木、金、土之操作。」〔註11〕王弼的無論脫離了漢代的陰陽學，〔註12〕王弼立論之後才可以肯定人的喜、怒、哀、樂之主體感官與「無」毫

〔註7〕王弼，《老子四種》（臺北：大安出版社，1999），頁37。

〔註8〕王弼，《老子道德經注》，載樓宇烈《王弼集校釋》（北京：中華書局，1980），頁117。

〔註9〕湯用彤也說王弼的虛無不是元氣。湯用彤，〈魏晉玄學流別略論〉，《湯用彤學術論文集》（北京：中華，1983），頁233。

〔註10〕「守母以存其子，崇本以舉其末，則形名俱有而邪不生。」對此段之詮釋，我從 Wang Pi, "Chapter 38," in *Commentary on the Lao Tzu by Wang Pi*, translated by Ariane Rump in collaboration with Wing-tsit Chan（Monograph No. 6 of the Society for Asian and Comparative Philosophy）（Hawaii：The University Press of Hawaii, 1979）, p.115.

〔註11〕Wang Pi, "Introduction by Wing-tsit Chan," in *Commentary on the Lao Tzu by Wang Pi*, translated by Ariane Rump in collaboration with Wing-tsit Chan, p.xii-xiii.

〔註12〕其實陰陽觀是何物？王弼之前一直以來未成系統，漢代儒者只是將之理解為

無關係。如同王弼，何晏也認爲連陰陽之「物極必反」也要依賴於「無」的操作。〔註13〕

　　王弼還把無論形容爲「无妄」。王弼用反問句反問如果本來就沒有「妄」，怎麼可能有「妄」呢？曰：「私欲不行、何可以妄」或天之道鮮明，何人會違反，何人會妄想，曰：「天之道明何可犯乎、何可妄乎？」。〔註14〕「无妄」在此有兩個含義：（一）它本身無關於人的主觀性和主體性，人的嚮往——喜、怒、哀、樂都不會影響到它。（二）它自身超越、擺脫人的自由意識或自由意志，因而它的形態屬於「純然」的狀態，湯用彤說：「無是中立的、是未事實根據的、是無法衡量的」。〔註15〕「形象衍生、千變萬變，但本體是無分化的，是完整齊全的」。〔註16〕

　　「無」即道也，王弼稱之爲「至寡之宗」——涵蓋萬象的原理，又是「至健之秩序」，連「易」（變化）也發生、運作在這個本理之內。變化之道也由本理所掌控。本理是絕對，而萬物有其「分位」，王弼所指的「分」就是萬物的義務、任務，甚至於作用，成爲它們的內在性質，「位」指的就是「地位」，成爲個體分別獨立之空間。在變化裏，有「時」跟「位」，「時」指的是情況或時勢，「位」指的就是「性分」，「性分」指的是萬物個體的地位，王弼還說

　　　五行的相生相克的運作。陰陽觀的歷史仍然模糊，我們幾乎不知道陰陽觀的代表作品是什麼？鄒衍（公元前 305～240）總是被視爲陰陽觀的創始人，但他的作品遺失，我們只能在司馬遷（公元前 145～86）的《史記》裏知道他的平生和大概思想。然而鄒衍之前許多哲學作品也談及陰陽觀了，如：《左傳》、《莊子》和《荀子》，五行說法，如：《史記》、《墨子》、《荀子》、《左傳》和《國語》。說來也好奇，爲何陰陽觀和五行說法沒有出現在《論語》、《孟子》、《中庸》或《大學》裏？荀子（公元前 298～238）說孔子的孫子子思（公元前 492～431）發展五行理論，而孟子接受之。陳榮捷註明：「鄒衍的論述偏向想像，多於論理的推論，他的總論可說是理論化的結果，不過很粗糙。」Wing-tsit Chan, "Chapter 11 The Yin Yang School," in *A Source Book in Chinese Philosophy*, translated and complied by Wing-tsit Chan（Princeton, New Jersey：Princeton University Press, 1963）, pp.244～245, 248.

〔註13〕王衍，《晉書》《北京：中華書局，1974》，頁 1236。
〔註14〕第二十五卦：无妄。王弼，《周易略例》（北京：中華書局，1980）。
〔註15〕T'ang Yung-t'ung, "Wang Pi's New Interpretation of the *I Ching* and *Lun-yü*," in *Harvard Journal of Asiatic Studies*（translated, and noted by Walter Liebenthal）Vol. 10, No. 2（Sep., 1947）, p.142.（原稿：T'ang Yung-t'ung 湯用彤, "Wang Pi chih *Chou-I Lun-yü* hsin-i," 王弼之周易論語新意 *T'u-shu chi-k'an* 圖書季刊, New Series, Vol. 4, Nos. 1 and 2（combined）（Pei-p'ing, 1943）, pp.28～40.）
〔註16〕Ibid., pp.143～144。

「性分」，「德」也，所以「德」有另外一個意思——「趨向」或「潛在力」。如果你掌握到宇宙之「時」和「位」，你就會透徹理解萬物之「情」，這裡的「情」非思想感情，而是萬物的內在趨向，萬物有來源，而完全佔據在本理裏的其「位」。我稱王弼這樣的形上思考爲「空間性的形而上學」（metaphysics of spatiality），把形上的絕對眞理空間化（spatialize），使之在概念裏佔有空間性，如圖：

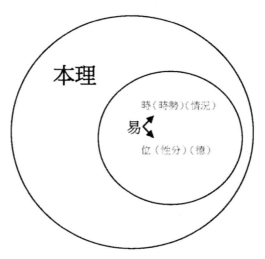

王弼的解釋讓漢代的陰陽學脫離所謂的「前兆」的汎濫解釋，使之有形而上學的性質，透過在本理內的「時」跟「位」去推論前兆，使前兆背後擁有形而上學的力量。王弼的言、象、意的思辨似乎不能運用到兩種東西的簡單轉換或更迭，似乎不能隨便運用到所有的詩歌的意象，因在外表之變化、轉化當中，一定要含有所謂的「形上本體」（metaphysical substance）或超越之存在（metaphysical existence）作爲其背後，如果沒有的話，似乎用不到，因爲用了，那個東西反而沒有「無象」的形上意思。〔註17〕王弼強信他的「形上本體」，強信到挑戰說如果（乾的、坤的）內在可以充分地體現其內容，那麼也未必用馬來代表，也未必解之爲牛。〔註18〕這是所謂的「明爻通變」

〔註17〕有時稱「大象」。這裡的「大象」不是動物，而是最爲偉大之「象」，偉大到「無象」——無法估測、衡量、超乎想像的意思。

〔註18〕王弼，〈明象〉，《周易略例》。Wang Bi, "General Remarks on the Changes of the Zhou（Zhouyi lueli）by Wang Bi：Clarifying the Images（Ming xiang）," in *The Classic of Changes：New Translation of the I Ching as Interpreted by Wang Bi*, translated by Richard John Lynn（New York：Columbia University Press, 1994），

——解釋卦象爲了理解變化以及「適變通爻」——解釋變化爲了理解卦象。

王弼論「大音希聲」時也提出其獨特的音樂觀點，[註19]也是一樣依照自己的體用之說論述五音（宮、商、角、徵、羽）的作用，五音依靠虛無作爲其本體體現自己，大音是虛無或道，五音爲其用或物，王弼《老子指略》曰：

> 夫物之所以生，功之所以成，必生乎無形，由乎無名。無形無名者，萬物之宗也。不溫不涼，不宮不商。聽之不可得而聞，視之不可得而彰，體之不可得而知，味之不可得而嘗，故其爲物也則混成，爲象也則無形，爲音也則希聲，爲味也則無呈。故能爲品物之宗主，苞通天地，靡使不經也。若溫也則不能涼矣，宮也則不能商矣。形必有所分，聲必有所屬。故象而形者，非大象也；音而聲者，非大音也。然則，四象不形，則大象無以暢；五音不聲，則大音無以至。四象形而物無所主焉，則大象暢矣；五音聲而心無所適焉，則大音至矣。故執大象則天下往，用大音則風俗移也。無形暢，天下雖往，往而不能釋也；希聲至，風俗雖移，移而不能辨也。[註20]

王弼說虛無是「萬物之宗也」，在虛無的操作裏「故其爲物也則混成」，所以「爲象也則無形，爲音也則希聲，爲味也則無呈。」「無」或大音無形無名，不可限定，「無」之用或五音有形有名，可以區分，才說「形必有所分，聲必有所屬。故象而形者，非大象也；音而聲者，非大音也。」「有」來自「無」，「無」也以「有」彰顯，王弼的體用之說證明「有」通過「無」彰顯自己，「無」也以「有」爲其用，其雙方關係不是互相依賴（假如是互相依賴，「無」的存在一定要由「有」的存在來決定，相同而言，「有」的存在也一定要由「無」的存在來決定，如此才能說互相依賴，因互相依賴，雙方才無體性），但就王弼的無論而言，就算沒有「有」，「無」也存在，可是尚未顯現，「無」作爲所在地創造「有」，「有」雖然沒有自己的內在眞實，但也擁有一定的眞實，此眞實來自「無」，「無」給予之，也互相跟「無」分享其性，「有」／「無」互通的體性成爲王弼論樂的方法，因而說「然則，四象不形，則大象無以暢；

---

pp.31～32.

[註19] 戴璉璋，〈四、玄學中的音樂思想〉，《玄智、玄理與文化發展》（臺北：中研院文哲所，2002），頁 167～168。

[註20] 王弼，《老子指略》，載樓宇烈《王弼集校釋》（北京：中華書局，1980），頁195。

五音不聲，則大音無以至」，從引文可以看出大音的效用是落實在五音那裏的。「五音聲而心無所適焉，則大音至矣」，五音使內心閒適自在，「心無所適」亦近乎「無為」或「無心」的狀態，王弼曾說：「故常無欲空虛，可以觀其始物之妙。」〔註 21〕心無為，大音則達至，若掌握到大音的妙用，風俗也自然會移易。

　　如果我們透過王弼這樣的哲學思辨去看待嵇康的樂論，我們會發現他的思辨接近於嵇康論樂的思辨，由於嵇康也認為音樂中的「和」不代表什麼，除了代表它自己的形上之超越，它不代表什麼人情，所有的人的「主觀性」（subjectivity）都不影響到音樂中的「和」的純然內在。另而言之，嵇康在形上絕對化音樂的身分。音樂的身份指的就是和諧的超然存在之狀態，不是主體覺得和諧不和諧的問題，因為音樂的本體本來就是和諧了，不必討論為何和諧，嵇康也沒有興趣談論這個問題，他特別在意的就是這個和諧狀態屬於不屬於、代表不代表人的「感官世界」。我在此要強調一番，我所謂的人情——喜、怒、哀、樂，它們不僅是變化無窮的情緒，準確而言，它們當作我們所謂的人的「主觀性」或「感官世界」，算是一種後天經驗、後天感知，情緒只不過是「主觀性」的亞類而已。下面我把〈聲無哀樂論〉進行文本分析與詮釋。

　　相比而言，嵇康在〈聲無哀樂論〉開頭就使用戲劇化「敘述聲」的方式成為兩個人物正在對話，在敘述過程中隱藏他自己成為「隱含作者」（implied author），當然我在此使用「隱含作者」，沒有使用作家本身（real author），為何如此？因為在敘述過程中作家本身必須要構造另外一個自我、更為卓越的自我作為「第二自我」（second self）來敘述。此「隱含作者」還構造兩個敘述者為兩個人物敘述一系列的哲學思辨：「秦客」與「東野主人」。「秦客」主動提出儒家傳統樂論為命題——音樂本身有哀樂之情，「東野主人」反對之。不管「秦客」多次提出其論點，「東野主人」也不斷地使用反復否定方式來否認，變成一系列謹慎的邏輯體系。通過這個技巧，「秦客」和「東方主人」之間的對話會引發一種距離感，這個距離感把嵇康作家自我異化於人物，同時在閱讀過程中讓讀者（不管真正的讀者或者隱含讀者）成為外在的旁觀者在傾聽

〔註21〕王弼，《老子道德經注》第一章，載樓宇烈《王弼集校釋》，頁 1。《道藏集注》及《道藏集義》於「空虛」下均多「其懷」二字，寫成「故常無欲，空虛其懷」，使之更為通暢。波多野郎（Hatano Tarō）認為此為衍文。

兩個人物的爭論。此寫法顯然越使「隱含作者」的論點更有說服力，而且更有客觀性。

嵇康開頭就用「五行」和「臭味」來形容音樂的來源，筆者詮釋之爲「氣」或「有／無氣化論」或「無論的氣象」，說明了音樂有什麼樣的身分。〔註22〕音樂是天與地的結合和無孔不入的「氣」的展現，此「氣」也純然而永恒不變，曰：「夫天地合德，萬物貴生。寒暑代往，五行以成，故章爲五色，發爲五音。音聲之作，其猶臭味在於天地之間。其善與不善，雖遭遇濁亂，其體自若，而也不變。豈以愛憎易操，哀樂改度哉？」〔註23〕對筆者而言，「自若」指的就是「實體」獨立而存在，不需要依賴外在的原因而永恒，還有「靜」的聯想。這是嵇康提前鋪給音樂的形上概念。

嵇康使用「理」這個概念作爲他推論音樂的本體的基礎，也互文於王弼之用「理」作爲本體的推論（除了「理」之外，王弼還用「母」、「根」、「本」解釋他的無論），即爲「無」作爲「本體」，嵇康也曰：「聲音以和平爲體，而感物無常。」〔註24〕嵇康在此的「體」對筆者來說就是本體。如此解釋，「聲」才超越人的哀樂之情，有著形而上學的地位，脫離了人的後天經驗之感受。筆者的詮釋還合乎於一種假設：音樂的地位到了晉代才擁有「更上一層的理念」，如 Ronald Egan（1948～）提出到了漢末、魏晉時代音樂理論才有形上哲學的趨向和進展，他稱此傾向爲「更高一層的理念」（Higher Ideals）。〔註25〕

然而筆者沒有說先秦時代的〈樂記〉沒有提出音樂的宇宙論，〈樂記〉曰：「樂者天地之和也」〔註26〕，「天地相蕩，鼓之以雷霆，奮之以風雨，動之以四時，暖之以日月，而百化興焉。如此，則樂者天地之和也。」〔註27〕〈樂記〉中常用陰陽相合來形容由以禮、樂所支撐的人間秩序以及音樂的源

〔註22〕 王弼談到氣，但王弼的氣不是元氣，而是虛無或無論中的氣象。湯用彤也說王弼的虛無不是元氣。湯用彤，〈魏晉玄學流別略論〉，《湯用彤學術論文集》（北京：中華，1983），頁233。

〔註23〕 嵇康，〈聲無哀樂論〉，《嵇康集校注》（臺北：河洛圖書出版社印行，1978），頁197。

〔註24〕 同上註，頁217。

〔註25〕 Ronald Egan, "Nature and Higher Ideals in Texts on Calligraphy, Music, and Painting," in *Chinese Aesthetics：The Ordering of Literature, the Arts, and the Universe in the Six Dynasties*, edited by Zong-qi Cai（Honolulu：University of Hawai'i Press, 2004）, p.277.

〔註26〕 〈樂記〉（禮記注疏），《十三經注疏》（阮元編輯，1814），第38卷。

〔註27〕 同上註。

頭，「地氣上齊，天氣下降，陰陽相摩，……如此，則樂者天地之和也。」
〔註28〕「是故，大人舉禮樂，則天地將爲昭焉。天地訢合，陰陽相得，……
則樂之道歸焉耳。」〔註29〕不過這樣引用的宇宙論其目的就是爲了「合法
化朝廷的權勢，多於真的想要探討怎樣運用宇宙的起源來解釋人類的音樂。」
〔註30〕〈樂記〉中的「和」還離不開漢代陰陽相合的傳統概念，非王弼所
提出既超越又無所不在之「和」，並沒有「本體」這個觀念在內。〔註31〕

　　嵇康沒有反對音樂和情感的互動關係，嵇康還說琴有三個作用：（一）
「感盪心志」（二）「懲躁雪煩」和（三）「發洩幽情」。〔註32〕不同類別的
樂器也可以多樣性地感化聽者。〔註33〕嵇康還說不同的樂器可以引發不同

〔註28〕 同上註。

〔註29〕 同上註。

〔註30〕 Ronald Egan, "Nature and Higher Ideals in Texts on Calligraphy, Music, and Painting," in *Chinese Aesthetics：The Ordering of Literature, the Arts, and the Universe in the Six Dynasties*, edited by Zong-qi Cai, p.293.

〔註31〕 對於何人編寫〈樂記〉的問題，有兩個不同的解釋；都無法定論。第一解釋說戰國初葉第二代孔子徒弟公孫尼子編寫〈樂記〉；第二解釋說是漢代劉向編寫。筆者比較相信後者的說法是因爲依筆者閱讀〈樂記〉文本，發現作者使用漢代陰陽宇宙論來合法化樂與禮的必要關係，樂也「和」；禮也「順」，像陰陽相合那樣，禮的功能是陶冶在外，而音樂的功能是陶冶在內，「內和而外順」，「故樂也者，動於內者也；禮也者，動於外者也。樂極和，禮極順。內和而外順，則民瞻其顏色而弗與爭也，望其容貌而民不生易慢焉。故德煇動於內，而民莫不承聽，理發諸外，而民莫不承順。故曰：致禮樂之道，舉而錯之，天下無難矣。」「禮」在功能上個體化和衍生社會階級的秩序，而音樂在禮儀上統一個體階級的多元性。大同世界也像陰陽之相合。〈樂記〉（禮記注疏），《十三經注疏》（阮元編輯，1814），頁37。

〔註32〕 嵇康，〈琴賦〉，《嵇康集校注》，頁103～106。

〔註33〕 〈聲無哀樂論〉中舉很多例子表明聲音的客觀屬性，如：單調、繁複、調高、調低等音聲，自身沒有哀樂之情，曰：「以單、複、高、埤、善、惡爲體，而人情以躁、靜、轉、散爲應。」（反應──筆者的解釋），故曰：「曲用每殊，而情隨處變」。「琵琶」、「箏」、「笛」使人躁動激揚、意氣激昂，是因爲發音的部位之間距短促而聲音高，變化多而節奏快，但琴、瑟發音部位之間距邈遠而音調低，變化少，不能夠感受到清和之音的美妙境界的人就「靜而心閒也」，故曰：「躁靜，聲音之功也；哀樂者，情之主也。」對嵇康而言，節奏的曲度不同，也就像不同樂器的聲音而已，曰：「夫曲度不同，亦猶殊器之音耳。」他還堅持音樂的客觀屬性與人的主觀要素、私人詮釋或感受沒有必要的關聯，曰：「然人情不同，各師所解，則發其所懷。」嵇康，〈聲無哀樂論〉，《嵇康集校注》，頁215～217。
至於傾聽音樂效用之相對，我有意省略，因音樂系的許多論文早就對此問題分析、交代得夠多了，未必重復。

的感受，比如：琵琶容易引發快感，琴容易引發舒緩的感覺，這是因為每種樂器各有各的傾向性，琵琶有傾向彈快節奏是因為線的部位放得比較近，琴有傾向彈慢節奏是因為線的部位放得比較遠，這不是說琵琶不能彈慢節奏或琴不能彈快節奏。因各種樂器有自己的傾向性，琵琶才容易引發激動的感覺，琴容易引發舒適的感受，這也不是說琵琶不能引發舒適的感覺，琴不能引發激動的感受，這談不上琵琶只有刺激、快樂的感覺，談不上琴只有緩慢、舒適的感受，此外這些趨向性也不過是拍節、音調的高低的組合而已，跟我們後天千變萬化的喜、怒、哀、樂沒有關係，音樂可以引發這些感受，可是樂聲本身沒有或擺脫這些感受，音樂的效果是無常的，一篇歡曲少年男女聽了歡欣鼓舞，有的老人聽了，老淚縱橫。

　　他非常反對的是音樂本身有情感這個命題。他提出音樂可以引發情感，但音樂本身無係於感情。就他而言，音樂的根本價值就是和諧，以和諧狀態為本體、屬性，這個和諧可以當作名詞，又可以當作形容詞，沒有所謂的不和的音樂，說音樂「以平和為體，而感物無常」。〔註 34〕在音樂中只有「和」（和諧或平和），「和」成為嵇康用來評價音樂的唯一標準，而人的心志是受到和聲的感染而引發出來的，那些意念在聽音樂之前也就已經形成了，無關於音樂本體存不存有所謂的音樂的「色澤」，曰：「心志以所俟為主，應感而發」，音樂是「無象之和聲」，〔註 35〕「無象」就是無關於哀樂、無係於人情，音樂「以平和為體，而感物無常」。〔註 36〕

　　嵇康還運用莊子的「天籟」（天上最高境界的聲音）作為一種形上的暗喻來闡述音樂的地位不異於自然的永恆，它的身分相等於自然的創作，東野主人答辯秦客說音樂的淵源則是「天籟」，人的情感在不同的情況下有多少變化都毫無影響到音樂的純然本體，曰：「其音無變於昔，而歡感並用，斯非吹萬不同耶？」〔註 37〕「非」這個係動詞否定人的「歡感」不是音樂本體的屬性，「並用」據我理解是「並作」的意思——時哀時樂的發作。可見，嵇康只是借用莊子的暗喻，可是所用的暗喻其內容隱藏著王弼的「貴無」，因而我說嵇康在王弼的影子之下隱含著自己借用《莊子》中的暗喻論述音樂。

　　這意味著音樂初始也不是人的發明，非人為的創造物，它的存在不依賴

〔註 34〕 同上註，頁 217。
〔註 35〕 同上註，頁 199。
〔註 36〕 同上註，頁 217。
〔註 37〕 同上註。

於或不取決於人，人存不存在毫無影響到音樂的本體狀態，它是先天的，是自我完善的狀態。嵇康沒有把整個曲調看成完整的音樂來看待，如同傳統儒家用藝術來形式化、儀式化「聲」，使之變成雅正的音樂。他把所有的音樂解散成為大自然的「和」，此「和」不過是無所不在的天理的表現而已，是先天經驗的，永恆而存在，超然（transcendent）而優先於人情。

可以說嵇康使用演繹（deduce）的邏輯方式，把音樂分解，使之歸還於自然的本體。他的方法完全不同於〈樂記〉，因〈樂記〉努力把大自然之「聲」慢慢放大，歸納（induce）之成為人可以格式化的「音」，最後美化之成為「樂」，可以圖示為「聲」→「音」→「樂」，嵇康逆反這個典型，成為「樂」→「音」→「聲」的邏輯思辨。〔註38〕

除了天籟的形上暗喻，嵇康還用很多例證，本篇論文舉較有代表性的幾個例子。其中嵇康用「酒」、「眼淚」和宴會的場景來說明音樂的「無常」。酒在中國文化裏代表文人的應酬、送別、哀傷之情，不過嵇康用之來說明音樂的本體性質，這表示嵇康懂得提煉出來物體的客觀對應（objective correlation），成為客觀對應物，善於把一個物體的性質對應到另一個物體的性質。音樂也如同酒，酒可以驅使人憤怒、悲傷或歡喜，但酒無哀樂。〔註39〕相同的，淚水本身也純然自若，哀或樂無法斷定淚水的身份。〔註40〕除此之外，「敘述聲」中還形容一個場景，「敘述聲」中的場景構造一種空間感，東野主人說在宴會上賓客盈堂在飲酒時彈琴助興，有的人開懷大笑，有的人卻淒慘地哭泣。〔註41〕這表明音樂「無常」。

嵇康是第一個音樂理論家，把純粹音樂從周秦兩漢時代的音樂實踐中分割出來，嵇康之前「論樂的內容實際也就是論詩的內容。」張少康（1935～）稱其關係為「詩、樂、舞三位一體論」，而「樂佔有更為重要的地位，是三者的核心。所以古代所講的『樂』常常不是單指音樂，而是包括了詩、樂、舞三者在內的。」〔註42〕嵇康指出純粹音樂與音樂帶歌詞有很大的不同的分明界限。他堅持純粹音樂毫無「語義」在內，反抗音樂與語義（music and meaning）

〔註38〕 圖示來自吳冠宏，《魏晉玄義與聲論新探》（臺北：里仁書局，2006），頁192～193。

〔註39〕 嵇康，〈聲無哀樂論〉，《嵇康集校注》，頁256。

〔註40〕 同上註，頁207。

〔註41〕 同上註，頁217。

〔註42〕 張少康，〈第一章：先秦的文學觀念和文學理論批評的萌芽〉，《中國文學理論批評史》（上冊）（臺北：水牛出版社，2005），頁37。

的許多主張，所以鐘子期與伯牙的「知音」傳說在形而上學的理論上都無法成爲可能。〔註43〕

　　嵇康的著作其中沒有一個章節專門探討所謂的「指法」，沒有說明哪種指法代表什麼樣的特定感情，彷彿樂聲除了其和諧狀態以外，什麼語義、有關情感的語碼統統都沒有作用，嵇康一直維持原有的說法——音樂的效果是「無常」。既然無常，他幾乎無興趣於指法與特定情感之間的互動關係，此問題不是嵇康所在意的問題。另而言之，嵇康不重視指法與特定情感的效果的互動關係，從而未必分析什麼樣的指法特指什麼樣的情感。

　　嵇康沒有否認音韻之妙要練習。然而他也不承認什麼樣的指法特定地表達什麼樣的感覺。在音樂中只有一定的音符之旋律，但一篇音樂沒有所謂的永恒不變的旋律性質（melodious quality）在內，如同孔子聞《韶》的現象也如此。〔註44〕嵇康駁回如果《韶》、《武》眞的有特定的情感效果或語義的確定性，我們爲何還是可以把《韶》、《武》的永久不變的音符彈成各種各樣的其他音響呢？曰：

　　　　若此果然也，則文王之操有常度，韶、武有定數，不可雜以他

　　變、操以餘聲也。〔註45〕

　　一篇音樂當然有固定的一系列的音符，嵇康用「定數」形容之，但可以彈成各種各樣的旋律或節奏，已經改變了的旋律或節奏也毫不影響到原本的音符。像我們現代人也常常聽到貝多芬的音樂，那些音樂當然有固定性的音符，但我們把它們彈成最慢或最快或中等慢或中等快或最慢或最快等節奏都可以，而且還可以在某某地方或音符段落（note paragraph）把旋律拉長或縮短也可以。更不用談到音樂帶歌詞的「變音」的那種常見現象。一首歌可以把旋律或節奏改唱到各種各樣的形式，而且已經改唱了的旋律，未必有固定的情感效果。

　　歷史上的孔子未必完全理解或知道有關音樂的所有知識。〔註46〕〈聲無哀樂論〉似乎告訴我們「聲有哀樂」這個無知（或迷思？）來自兩個原因：

〔註43〕「則向所謂聲音之無常，鐘子之觸類，于是乎躓矣。」嵇康，〈聲無哀樂論〉，《嵇康集校注》，頁203。這裡的「躓」就是站不住的意思。

〔註44〕記載說孔子在齊國聞《韶》後，從中識別出虞舜的德行。

〔註45〕嵇康，〈聲無哀樂論〉，《嵇康集校注》，頁203。

〔註46〕Fritz Kuttner, *The Archaeology of Music in China*（New York：Paragon House, 1990），p.236.

（一）當時的文人把純粹音樂與詩、樂、舞三位一體論混爲一體。

（二）當時的文人把純粹音樂與音樂帶歌詞融爲一體，以爲是同回事。

嵇康還表明從〈風〉、〈雅〉引發出來的哀傷感覺似乎來自詩歌的語義，非音樂本身。嵇康還把這個問題擴大成爲文化學的問題。他提出哀樂有其各地區的文化傳統，連哀樂也有其傳統，這裡的傳統指的是一個人的哀樂是各地區的文化產物（cultural product），是一種文化上的習得，沒有跨國的普遍性，一個似乎哀傷的音樂在不同的文化區域裏聽者也許聽了覺得歡樂，一個似乎歡樂的音樂在另外一個文化區域裏聽者也許聽了覺得悲傷，曰：「夫殊方異俗，歌哭不同；使錯而用之，或聞哭而歡，或聽歌而慼」。〔註47〕

同樣的，人類的哀樂之情，不管在哪個文化區域裏，都是相同的，哀樂的性質（quality of affection）自古以來毫無變化，反而可以發出千變萬化的聲音，嵇康用反問方式拉近隱含讀者（implied reader）和眞正讀者（real reader），拉他們進去面對而參與論場，曰：「然其哀樂之懷均也。今用均同之情，而發萬殊之聲，斯非音聲之無常哉？」〔註48〕

嵇康強調音樂不過是宇宙的秩序中之「和」的客觀反映，但其功用可以「感物無常」，人只是通過或借用「管弦」（樂器）來體現天籟的本體（和聲），讓它們變成「和音」而已。〔註49〕故「和」或「不和」才是音樂的絕對唯一的判斷標準。

對於嵇康，音樂是結果，不是原因，當社會安寧的時候音樂可以反映人民的安樂心態，同樣的，當世亂的時候音樂也可以傳達「亡國之音哀以思」。這不是意味著音樂自身有「哀樂」，同時音樂也擺脫教化的功能；它沒有教壞、主宰或正統了誰。嵇康的論點挑戰了儒家樂論的功利主義——「移風易俗」，他認爲古代的聖賢只是有意使用這個策略來引導而改善民間的舉止而已，他們對音樂早就假設了一個命題：音樂是和政的原因，非結果。〔註50〕嵇康認爲音樂是獨立境界，向來也不被倫理教化的依附所約束，依據文本而細讀會發現一種感覺（sentiment），這種感覺似乎告訴我們音樂的教化功能只是在通俗程度上起著作用而已，可以說是大眾程度。他認爲教化或改善人民的行爲

〔註47〕嵇康，〈聲無哀樂論〉，《嵇康集校注》，頁198。

〔註48〕同上註。

〔註49〕「克諧之音，成于金石；至和之聲，得于管弦也」。同上註，頁208。

〔註50〕同上註，頁221。

的東西不是音樂。〔註51〕因爲音樂沒有所謂的「鄭」或「不鄭」，音樂在情感上是中立的，「鄭」或「不鄭」在於個人如何修煉、涵養自己的心靈罷了，曰：「然所名之聲，無中于淫邪也。淫之與正同乎心，雅鄭之體，亦足以觀矣。」〔註52〕嵇康還承認自己喜歡欣賞當時儒者所謂的「鄭聲」。

嵇康最後一層次抽象化音樂的本體成爲「心」的操作，曰：「然樂之爲體，以心爲主，故無聲之樂，民之父母也」。〔註53〕音樂的性質在於心，不在於音樂本身。嵇康在〈答難養生論〉中還強調他的唯心論，曰：「有主於中，以內樂外；雖無鐘鼓，樂已具矣」。〔註54〕據我詮釋，「樂」字作爲使動用法，意思是以內在「樂化」外在；如果一個人懂得涵養其心，涵養心靈在內而歡樂在外，雖然沒有音樂，歡樂也可以具備。

嵇康絕對化音樂的和諧狀態成爲客觀論（objectivism）或體性論以及提出從客觀屬性所發出來的感官效果的相對論，說之客觀論，指的是音樂的純然本體的狀態，說之相對，指的是聆聽音樂的效果的相對論。此相對論屬於單獨心理的運作，毫無係於音樂的純然本體。

議論到此，顯然可見，嵇康和王弼兩者都是承認在柏拉圖（Plato）的意義上所謂的「理念世界」（World of Idea）或「超越世界」（World of Form）——在一個「有名」之物之上含有「理念世界」。此世界一點都不受到外界的任何干擾，它純然、永恒，作爲萬象之「母」，像《道德經》所說的「玄之又玄」。〔註55〕

雖然嵇康盡量逃離王弼「名教出於自然」的形上推論，他在〈釋私論〉

〔註51〕 「然風俗移易，本不在此也。」同上註，頁 223。

〔註52〕 〈聲無哀樂論〉曰：鄭聲「是音聲之至妙」。同上註，頁 224～225。

〔註53〕 同上註，頁 223。

〔註54〕 嵇康，〈答難養生論〉，《嵇康集校注》，頁 191。

〔註55〕 老子，《道德經》（漢英對照）（英國）威利譯（北京：外語教學與研究出版社，1997），頁 2。所以「張載宋儒才糾正王弼的單方向的宇宙論，強調自己的立場相對於道家信念——有來自無以及佛教所強調的趨向——眞實的幻想性質。」Kaibara Ekken, "Introduction：Zhangzai's Development of the Concept of Material Force," in *The Philosophy of Qi：The Record of Great Doubt*, translated by Mary Evelyn Tucker（New York：Columbia University Press, 2007），p.16. 此外，當我們談到本體論時，幾乎無法成爲可能，如果我們未談到柏拉圖的形上概念。連馮友蘭也運用柏拉圖的理念世界來解釋朱熹的理學成爲「柏拉圖式理念的理學」。馮友蘭著、趙復三譯，〈第二十五章　更新的儒學：主張柏拉圖式理念的理學〉《中國哲學簡史》（A Short History of Chinese Philosophy）（中英對照）（天津：天津社會科學院出版社，2007 年，5 月），頁 482～503。

中樹立自己的玄學派別爲「越名教而任自然」，但他對音樂的推論方法從來未擺脫得了王弼的影子。這種現象表明一個哲學家可以有「雙重意識」（double consciousness）。如果我們不相信嵇康寫作的時候化身爲「隱含作者」——更高一層的自我境界，接著從文本的「敘述聲」中去分析，當然會看不到他的「雙重意識」。作家本人（real author）當然會拒絕，不會承認有這個念頭，但如果從文本的「敘述聲」去分析，嵇康也難以逃脫語言符號的地平線。這可以回答爲何文本比嵇康的古怪生平還重要。

三、結　語

相同於王弼絕對化無，嵇康也在形上絕對化音樂的和諧狀態。論述可以總結，如下：

（一）音樂的和諧狀態既是優先，又是先天。

（二）音樂的和諧狀態是自我合法、自我存在、自我完善。

（三）音樂的和諧狀態在情感上是中立、中性（neutral）的。

（四）音樂的和諧狀態不取決於我們後天的感官世界。

（五）我們後天的感官認知毫不影響到音樂的和諧狀態。

音樂有「自若」的本體，它永恒、超然、擺脫人的喜怒哀樂、非人造，又優先於人情。然而嵇康也沒有否定音樂與情感的互動關係，而這個互動關係是「無常」，「無常」才是音樂的必然之效用。對於嵇康，音樂可以（一）「感盪心志」，（二）「懲躁雪煩」和（三）「發洩幽情」。他反對的只是音樂本身有情感這個命題而已。

嵇康隱藏自己在王弼的影子之下閱讀、詮釋而運用莊子的暗喻——天籟，他的文本呼喚了王弼的「聲音」，他的樂論既反思，又逆流當時「以悲爲美」的風尚。他的樂論反映著魏晉文人的一種嚮往，即爲把藝術還給無所不在的客體形上，讓音樂歸屬於它離開過之「母」。

第二節　嵇康對以悲爲美的風尚之反思與後代文人對音樂的思考

第三節是爲了探討魏晉時代的文藝風尚而點出嵇康如何從中自我確立以及分析從嵇康到後代文人對音樂的觀點之變遷。筆者發現從嵇康之後，後代

文人在某種意義上對音樂有著獨特的見解，其見解既分歧，又異於嵇康的音樂觀點，即是白居易、韓愈和歐陽修。對韓愈而言，音樂與書法在本體上有係於人的哀樂之情，所以佛僧不妥善參與表現藝術的抒情美典。由韓愈引發出來的討論涉及另一個問題——佛教、藝術與情感之間的相關問題。然而歐陽修可以化解聲有哀樂論和聲無哀樂論之間的爭論。對歐陽修來說，音樂有係於人之哀樂，同時人的哀樂之情也純然、含有懷古的嚮往，又婉和；琴可以美麗地滿足兩個似乎絕對不相關而矛盾的理想。

一、嵇康的自我確立

在漢、魏、晉時代，「悲」之感被視爲音樂的根本價值——「音樂喜悲」。〔註56〕東漢、三國的近三百年間是「以悲爲美的風尙」的最盛時期。〔註57〕這個潮流在王褒（生卒年月失載：大約公元前一百年）對音樂賞鑑的名言中展現出來，曰：「知音者樂而悲之，不知音者怪而偉之。」〔註58〕因此我們可以理解爲何嵇康在〈琴賦〉裏批評當時以「悲」爲美的風尙。〔註59〕

嵇康承認音樂的功能之一是「發洩幽情」，但其終止的目的不是「發洩」，不管悲哀或喜悅的感情。當嵇康談到琴時，他說明至人如何享樂在彈琴之中，也還是同樣以〈聲無哀樂論〉爲基礎概念，如同前文所說，他不滿意於當時的悲哀樂曲，對於他，音樂的眞正美學不在於感染力，尤其是感染悲感的能力，感染力不過是音樂的必然功能而已，何人以悲哀的感染力爲音樂的價值，

〔註56〕盧文弨，〈龍城札記〉，《抱經堂叢書》（北京：智力書局，1923），2.2b～3a。盧文弨的論點和先唐資料被錢鍾書引用於《管錐編》第4編輯，第5冊（北京：中華書局，1994），3.946～51。盧文弨的論點還可以解釋中國戲劇爲何從「悲劇學」發展出來。謝柏梁運用錢鍾書此論點爲他論述中國戲劇的出發點。謝柏梁，〈第一編：戲曲悲劇學〉，《中國分類戲曲學史綱》（臺北：臺灣商務印書館，1994），頁15～79。

〔註57〕錢鍾書指出在漢代「悲」的含義很廣，與「好」（美好）、「和」（和諧）、「妙」（婉妙）通訓，成爲同義詞；漢代文人沒有把「悲哀」、「傷心」或「淒愴」之感表示貶值的態度。錢鍾書引用鬼谷子《鬼谷子・本經陰府七篇》中的「故音不和則不悲」，王充《論衡》中的「文音者皆欲可悲」和鄭玄注《禮記・樂記》「絲聲哀」中的「哀、怨也，謂聲音之體婉妙，故哀怨矣。」來證實他的論點。錢鍾書，《管錐編》，3.948。

〔註58〕王褒，〈洞簫賦〉，《文選》（臺北：正中書局，1971），第17卷，頁14。有些音樂理論家對「樂而悲之」這個概念表示不滿，認爲喜悅或喜愛陶醉在悲感中的狀態是非邏輯的，這兩種矛盾的感覺不管在理論上或實踐上是根本不可能的。

〔註59〕嵇康，〈琴賦〉，《嵇康集校注》，頁82～83。

可以說是不理解音樂的本性。〔註60〕我們可以說嵇康的音樂理論非音樂表現主義（musical expressionism）。〔註61〕

相對於嵇康，王褒在他的〈洞簫賦〉中反而重視音樂的表現能力和感染力，他比喻說感人之悲聲，連竹子也感受到「其不安」。〔註62〕王褒用很多形容詞描繪動物和外界自然（比如：蟬、猿、森林）如何被失明的音樂家之樂聲受到感染而悲哀。〔註63〕

一百年後，馬融（79～166）的〈長笛賦〉也重復王褒的音樂表現主義。他使用動物和外界自然被感染為主題。讀者會發現王褒和馬融非常善於浪漫寫法，其寫法讓讀者去接觸到悲傷的美，可以說他們擅長所謂的悲哀之審美（aesthetics of sadness）。動物、周圍的自然被悲哀之樂聲彌漫而融為一體，讓讀者感受到所謂的「莊嚴」（Sublime）。筆者在康德（Emmanuel Kant 1724～1805）的意義上使用「莊嚴」來說明這種美，康德的定義十分簡單，但富於哲思；「莊嚴」與「美」（Beauty）的不同在於「美」在情感上是安靜（restful）的，但「莊嚴」非如此。馬融開頭就先形容用來製成笛的竹子，接著說悲哀之感可以給他一種喜悅。〔註64〕顯然的，他開頭就把悲哀的性質托給笛子了。潘岳（247～300）的〈笙賦〉也沒有擺脫王褒的音樂觀點，似乎承認具有感染能力的音樂來自悲感。他描寫宴會上的一個場景。其他客人都開心喜樂，除了一個男主角（或男敘述者），因沒有出人頭地，才感傷流淚，為了撫慰自己的靈魂而拿起笙來吹。〔註65〕

但嵇康在他的〈琴賦〉中形容琴的來源和其價值，一點都無係於悲感或

〔註60〕同上註，頁84。

〔註61〕在此的「音樂表現主義」，指的是以內在感受或主觀成分（subjective elements）作為其主要的內容，情感的加劇化是一個重要的表達方式。「表現主義」在西方藝術史上是浪漫主義的分支，在「表現主義」中也有很多分支的派別，形成各種各樣的風格。

〔註62〕「原夫簫幹之所生兮，于江南之丘墟。洞條暢而罕節兮，標敷紛以扶疏。徒觀其旁山側兮，則嶇嶔巋崎，倚巇迤𡽱，誠可悲乎其不安也！」王褒，〈洞簫賦〉，《文選》，第17卷，頁233～243。

〔註63〕「翔風蕭蕭而逕其末兮，迴江流川而淈其山。揚素波而揮連珠兮，聲礚礚而澍淵。朝露清泠而隕其側兮，玉液浸潤而承其根。孤雌寡鶴，娛優乎其下兮，春禽群嬉，翱翔乎其顛。秋蜩不食，抱樸而長吟兮，玄猿悲嘯，搜索乎其間。處幽隱而奧屏兮，密漠泊以猭。惟詳察其素體兮，宜清靜而弗諠。幸得謚為洞簫兮，蒙聖主之渥恩。可謂惠而不費兮，因天性之自然。」同上註。

〔註64〕馬融，〈長笛賦〉，《文選》，第18卷，頁1。

〔註65〕潘岳，〈笙賦〉，《文選》，第18卷，頁23。

傷逝之情。〔註66〕描繪的場景（setting）也完全脫離上述淒愴、垂涕流淚的場景。

　　嵇康開頭形容製造成為琴的木材——桐樹。不同於王褒、馬融，嵇康形容桐樹的場景一點都沒有感傷哭叫的動物以及呼喚喊叫的風景。桐樹的周圍環境十分寧靜、純潔、遼闊，含有遙遠清淡的氣氛，無衝動刺激的感覺。嵇康比喻說桐樹吸收「天地之醇和」和「日月之休光，鬱紛紜以獨茂兮，飛英蕤于昊蒼。夕納景于虞淵兮，旦晞幹于九陽。經千載以待價兮，寂神跱而永康」。〔註67〕從他的用字去看，嵇康不僅描述桐樹的場景，還加玄風或形上境界給桐樹，使之有玄意。玄意就是把更高一層的理念或形上成分（即是另外一個超然世界，而那個世界有力量影響到人世間）作為桐樹的背景。桐樹還喚起無用之木的意象，偉大而無用，忍耐著等待值得者。〔註68〕接著嵇康就形容桐樹純然、隱居，又清閒。他還說何人在桐樹的懷抱裏，會發現「固以自然神麗，而足思願愛樂矣。」〔註69〕由於自然的神麗，就足以樂（使人樂於）在思願之中。

　　接著，他談到遁世之士，以他們那些高士為典故說明琴就由那些隱士製作，琴就出於那些隱士。他們出世之士完全離開人世間，隱居在幽靜的山林裏。他們隱居並不是因被貶官或逃難，而是他們願意隱居在那裏。重點是嵇康開頭就把琴聯繫到脫離情感的場景了，他形容那些隱士是領悟人世間之煩惱的至人，才從容不迫地出世，「悟時俗之多累，仰箕山之餘輝；羨斯嶽之弘敞，心愷慷以忘歸；情舒放而遠覽，……至人攄思，制為雅琴。」〔註70〕

　　然後，他形容彈琴的場景。他形容的場景含有「優雅」和「幽靜」的性

〔註66〕嵇康，〈琴賦〉，《嵇康集校注》，頁 88～90。

〔註67〕同上註，頁 88～89。

〔註68〕Stephen Owen, "Deadwood：The Barren Tree from Yu Hsin to Han Yu," in *Chinese Literature：Essays, Articles, Reviews*（*CLEAR*），1.1（1979），157～179. 桐樹本來就與音樂息息有關，特別是琴。在《莊子》裏也用桐樹作為換喻詞（metonym）代表琴。*A Concordance to the Zhuangzi*（Harvard Yanjing Concordance Series），37/14/23.漢、魏、晉時代很多詩作也形容高峻聳立的桐樹，以之製成琴，如：「寒山之桐，出自太冥，含黃鐘以吐幹，據岑而孤生，……，零雪寫其根，靡霜封其條，木既繁而後綠，草未素而先彫。」張協，《文選》。蔡邕（132～192）也描寫草民燒桐木，他聽到桐木裂開之聲就感嘆，撿之而刻成琴。雖然桐木已經被燒了，反而能彈成美音。《後漢書》，90A.0834.3.

〔註69〕嵇康，〈琴賦〉，《嵇康集校注》，頁 88。

〔註70〕同上註，頁 88～89。

質。「優雅」和「幽靜」的場景似乎作爲彈琴的首要條件。對於他，此條件會引發沉思和神秘的經驗給予彈琴者。說來也怪，嵇康描寫的那個情景都沒有聽者，相對於王褒和馬融以大自然的哀叫爲背景的聽眾（background audience）。他描繪的是在寒冷冬天的一個廣夏閑房裏彈琴的情景。整個段落完全沒有說明情感的形容詞或衝動的發洩，缺乏形容情感的意象或抒情。嵇康稱淡乎其無味、恬和淵淡的這個境界爲「自得」，「自得」在此的意思指的是齊同於萬物而超越，曰：「齊萬物兮超自得，委性命兮任去留。」〔註71〕彈琴的樂趣在於主體之心和形上的「和」融爲一體，不是樂在發洩自己的感情之中，換句話說，心和本體融爲一體，樂於本體。蕭馳也用「超越」此英文哲學術語來解釋嵇康寫詩的境界。〔註72〕

嵇康還用「玄貞」一詞來說明彈琴的最高境界，「若和平者聽之，則怡養悅愉，淑穆玄貞；恬虛樂古，棄事遺身。」〔註73〕「玄貞」就是純樸，其含義使人聯想到本體的純然或「至和之聲」。〔註74〕嵇康還強調琴可以引發千差萬別的感受給彈奏者和聽眾，琴可以（一）「感盪心志」（二）「懲躁雪煩」（三）「發洩幽情」，不過琴竟然賜給我們的不是千變萬化的感受，而是「中和天地之氣」，而且這個本體永恒不變，曰：「其餘觸類而長，所至非一；同歸殊途，或文或質。總中和以統物，咸日用而不失。」〔註75〕「自然之和」就是中庸之道，嵇康在此用《中庸》的「中和」此詞作爲借代（synecdoche）說明琴之道。〔註76〕

爲何音樂的最高境界才超脫情感的干擾，這也息息相關到嵇康的人生

〔註71〕同上註，頁 96。

〔註72〕蕭馳提出嵇康的詩作中十分之一體現恬和淵淡的内在的超越境界。蕭馳，〈嵇康與莊子超越境界在抒情傳統中之開啓〉，《漢學研究》第 25 卷第 1 期（2007年 6 月）：95。蕭馳還在〈中國傳統詩學中的超越與本在：《二十四詩品》一個重要意涵的探討〉一篇中解釋「超越」這個專有名詞與其定義，而聯結到魏晉南北朝文學，說明它與中國中古文學如何有關。所以對中國文學論超越境界並不是沒有可能性的。蕭馳，〈中國傳統詩學中的超越與本在：《二十四詩品》一個重要意涵的探討〉，《中國抒情傳統》（臺北：允晨文化，民國 88），頁 37～79。原載《中國文哲研究集刊》第 12 期（1998 年 3 月）。

〔註73〕嵇康，〈琴賦〉，《嵇康集校注》，頁 107。

〔註74〕嵇康，〈聲無哀樂論〉，《嵇康集校注》，頁 208。

〔註75〕嵇康，〈琴賦〉，《嵇康集校注》，頁 108。

〔註76〕同上註。「《中庸》記載：『喜怒哀樂之未發謂之中，發而皆中節謂之和……致中和，天地位焉，萬物育焉。』」崔富章，《嵇中散集新譯》（臺北：三民書局，民國 87 年），頁 125。

觀。對嵇康來說，生存的目的就是「節欲」，生存之道不過是「少私寡欲」的修行。〔註77〕「節欲」不是強迫或勉強控制自己的情緒，而是自我解除、超越由以自我意識所引發出來的種種煩惱、困惑和思辨，「思慮銷其精神，哀樂殃其平粹」，〔註78〕不嚮往任何感情，消除對生命的思慮，「忘歡而後樂足，遺生而後身存」。〔註79〕說來也怪，嵇康的樂論與節欲息息有關，琴字古時也常通用於「禁」字。〔註80〕這似乎表明文字、文化區域、一個人的人生觀在無意識中可以互通。謝大寧甚至提出嵇康的哲學有宗教意識。〔註81〕那宗教是何物呢？怎樣才算是宗教或不算是？其實宗教是何物難以找到大家認同的圓滿定義。〔註82〕如果我們把宗教的其中之一的定義解釋為「節欲」，嵇康的

〔註77〕「清虛靜泰，少私寡慾。知名位之傷德，故忽而不營，非欲而強禁也；識厚味之害性，故棄而弗顧，非貪而後抑也；外物以累心，不存神氣，以醇白獨著，曠然無憂患，寂然無思慮，又守之以一，養之以和，和理日濟，同乎大順。」嵇康，〈養生論〉，《嵇康集校注》，156。

〔註78〕同上註，頁151。

〔註79〕同上註，頁157。

〔註80〕連儒者應劭也言：「君子所常御者，琴最親密，不離於身……雖在窮閻陋巷，深山幽谷，猶不失琴……故琴之為言禁也。」《風俗通義》，卷6；《漢魏叢書》，頁654下到655上。

〔註81〕但謝大寧沒有把這一點展開而深入討論，不過此看法不是沒有道理。謝大寧，〈第三章：嵇康、竹林七賢與名士風度〉，《歷史的嵇康與玄學的嵇康——從玄學史看嵇康思想的兩個側面》（臺北：文史哲出版社，1997），頁149。
向秀提出人之從欲是自然，是人性，所以順從情欲聲色等於各任其性。向秀使這個問題變成生物決定論（biological determinism）了，從欲是否合乎倫理不是應該討論或提問的問題，因它本來不屬於倫理問題。向秀的哲學命題在於何物是天性，何物就在本體上理所當然。嵇康駁回向秀的哲學才華在於嵇康使清心寡慾變成天性的理所當然攻擊向秀，解釋恬和淵淡原本就是天理的必然性或該然性，嵇康駁回向秀說沒有歡樂（或無哀樂）難道不是更為偉大的歡樂嗎？曰：「然則無樂豈非至樂邪？故順天和以自然」，所以「少私寡欲」等於順乎自然。嵇康，〈答難養生論〉，《嵇康集校注》，頁191。引文裏本來沒有無字，但周校本可以證明有之，所以我寫無字進去引文。

〔註82〕在西洋哲學的傳統裏，英文religion，其原義是恢復人與上帝之間的關係，所以religion一詞含義當然不相等於中文的宗教。有些學者也認為儒家思想（包括魏晉玄學）也是一種宗教多於哲學。他認為把儒家思想看作人道主義，這麼詮釋反而忽略了儒教的神秘性質與精髓，「（儒教）有關形上的原理，儒家思想可視為一種宗教，因其對天之理解與『人對天的關係』，而其功能作為一種宗教性的核心，使一切從這個核心流露出來，成為宗教上的意義的一部分。」Rodney Taylor, *The Religious Dimensions of Confucianism*（Albany：State University of New York Press, 1986），p.2. 杜維明和他的學派都把儒家思想視為「橫跨宗教與哲學邊界上的儒教」。杜維明（Tu Wei-ming）著、陳靜譯、楊

哲學也是一種宗教。如果把對形上的信念作爲宗教的一種要素，嵇康的觀念含有少許宗教意識。

嵇康的樂論看來抽象，但嵇康也使音樂不至於完全隔離於人間，因我們可以通過音樂的實踐得以人生意義（如果我們把淡乎無味的節欲當作人生意義），成爲個人的生活方式，嵇康以淡乎無味當作一種和諧狀態，以之連繫於宇宙的形上之超然，這便是張君勱與馮友蘭所提出的形而上學之深義；如同康德，張君勱也認爲形而上學的方法完全異於科學的方法，形而上學之研究導向直覺、感受、自我涵養，這些東西無法從科學角度中得來，反而在形而上學的研究當中得到收穫。〔註 83〕馮友蘭也認爲形而上學的研究之重要性不是提供我們什麼的實證知識，而是提高我們的「精神境界」。〔註 84〕嵇康的音樂美學、觀點可以總結如下：

（一）音樂的客觀論：音樂的和諧狀態就是「無論」的反映。音樂的和諧狀態代表宇宙之秩序。

（二）音樂的相對論：在此的相對論，指的是聆聽音樂的效果的相對論，也就是說，音樂的效果之無常。聆聽音樂的效果是單方向的相對論（one-way relativism of musical effects）：單方向指的是人情無法影響到和聲，但和聲反而

儒賓導讀，〈導讀：橫跨宗教與哲學邊界上的儒教〉《我們的宗教：儒教》（臺北：麥田，2002），頁 7～24。

〔註83〕 張君勱還認爲形而上學不僅得以中用來判斷科學研究以及其他學科，形而上學還引導人生的方向。張君勱，〈我的哲學思想〉，《中國現代學術經典・君勱卷》（黃克劍、王濤編輯）（石家莊：河北教育出版社，1996），頁 722～726。

〔註84〕 馮友蘭，〈新原人〉，《民國叢書》（5：14）（上海：上海書店，1996），頁 1，8，30～31。

影響到主體的感官世界，如圖：

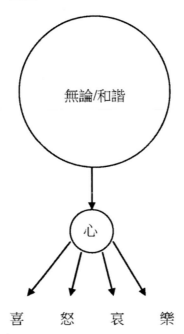

（三）音樂的和諧狀態可以帶來人心和諧的效果：和聲除了是「無論的反映」，它還導致人心和諧，和諧的效果在另一方面也是「無論」的再現與成果。只有在這個意義上，和諧與「玄貞」才相同，又與「淡乎無味」成為同義詞——人心的和諧的效果就是形上的本體的純然之反映。嵇康的邏輯是和諧，才沒有情感，擺脫了感情，才純潔，不是越和諧，越有情感的衝動、起伏，另而言之，心靈越和諧，越靠近天理。這種擺脫人情的狀態——恬和淵淡，是音樂的最高境界，又是音樂最為理想的境界。這樣的思想體系一個人如果沒有形上的思考，會感受不出來「淡乎無味」的境界。文本中的許多形上成分讓嵇康的樂論比較偏向神秘主義。

（四）音樂的最高境界對嵇康來說是聽琴的神祕感，這個神祕感有兩種可能的說法：（一）淡味、恬和淵淡（二）擺脫所有的喜、怒、哀、樂的那種境界，嵇康把擺脫哀樂的那個境界稱作「玄貞」（純潔的意思），第二個意義使他的樂論遠超過阮籍。

二、反思嵇康的樂論以及白居易、韓愈與歐陽修的音樂觀點

　　嵇康的淡乎無味的境界還流露在他的詩歌中，雖然稀少，不過也可以從

詩中看到嵇康恬和淵淡的超越內在之境界。其實嵇康的多數詩文「頗似魏文，
過爲峻切，訐直露才」，〔註85〕「多情感憤」，〔註86〕「峻烈」、「激烈悲憤」，
〔註87〕不過一個詩人有時也許亦有超越內在之境界與嚮往。〈贈兄秀才入軍〉
曰：

> 息徒蘭圃，秣馬華山。流磻平皋，垂綸長川。
>
> 目送歸鴻，手揮五弦。俯仰自得，遊心太玄。
>
> 嘉彼釣叟，得魚忘筌。郢人逝矣，誰與盡言？〔註88〕

這首詩是爲送嵇喜從軍而作組詩中的一首，詩組中有「思我良朋」的基調。
第一句「息徒蘭圃」的「徒」多被理解爲嵇喜軍中的徒眾，詩人描寫路上休
息的一個情景。詩中的「息」、「秣」使這個場景凝固，不過凝靜中的「流」、
「垂」使場景稍微有一點動態，整個場景皆爲離開目之角度，越使場景平靜
安詳，觀者在遠處靜觀之。重點在於「目送」的角度之轉移，角度正在默默
地、逐漸地轉移，這種轉移造成一點疏離的感受，似乎詩人背後還有另外一
個超越的眼光（transcendent eyes of the beholder）觀察情景。「歸鴻」使我們感
到從遙遠到無止境。「目送歸鴻」構造兩層的轉移：（一）物理上的空間之轉
移（二）心理上的空間之轉移。「俯仰自得，遊心太玄」使詩人一邊彈琴，一
邊靜觀的場景有清談的玄風，琴也像嵇康樂論中所談能使彈者「自得」，這樣
的境界就如同「得魚忘筌」，接著詩人的角度就從超越的境界回來人世間，提
問知己的人已經逝去了，誰會與他分享、暢談。恬和淵淡類似的意境也見於
以下的諸篇：

> 淡淡流水，淪胥而逝。泛泛柏舟，載浮載滯。
>
> 微嘯清風，鼓楫容裔。放棹投竿，優遊卒歲。〔註89〕
>
> 藻泛蘭池，和聲激朗。操縵清商，遊心大象。
>
> 傾昧修身，惠音遺響。鍾期不存，我志誰賞。
>
> 斂弦散思，遊釣九淵。重流千仞，或餌者懸。

〔註85〕 鍾嶸，《詩品》，曹旭集注，《詩品集注》（上海：上海古籍出版社，1994），頁
210。

〔註86〕 陳祚明，《采菽堂古詩選》卷 8，《續修四庫全書》（上海：上海古籍出版社，
2002），第 1591 冊，頁 2。

〔註87〕 劉熙載，《藝概》（上海：上海古籍出版社，1978），頁 53～54。

〔註88〕 嵇康，〈四言十八首贈兄秀才入軍〉，《嵇康集校注》，頁 15～16。

〔註89〕 嵇康，〈四言詩十一首〉，《嵇康集校注》，頁 73。

　　　　　　猗與莊老，棲遲永年。寔惟龍化，蕩志浩然。〔註90〕

　　詩寫到水畔一處幽靜的所在，詩中無狂喜，曠然無憂，無所用心，在淡淡的清水、泛泛的小舟、清清的微風、微微的長嘯、優游從容的投竿等有一疏朗的空間，音聲的韻味使空間中稍微有波動。嵇康雖說：「則向所謂聲音之無常，鐘子之觸類，于是乎躓矣。」〔註91〕這裡的「躓」是站不住的意思，音聲有「無常」的效果，不過人寂寞時也需要人了解自己的心意，才說：「傾昧修身，惠音遺響。鍾期不存，我志誰賞」，人有時哲學家的身份也不相容於詩人的身份，這是嵇康的困境。這段詩反映嵇康淡乎無味的玄風，歌頌莊周老聃、遊息無為、修身長壽皆反映嵇康養生觀。

　　嵇康所提出的理論成為魏晉文人爭論而思考的「三理」：（一）聲無哀樂之論，（二）言、象、意之論，（三）養生之論。嵇康以後很多文人也談到音樂，比如：到漑〈秋夜詠琴詩〉、〔註92〕蕭愨〈聽琴詩〉、〔註93〕劉允濟〈詠琴〉、〔註94〕劉希夷〈夏彈琴〉、〔註95〕常建〈張山人彈琴〉、〔註96〕李白〈聽蜀僧濬彈琴〉、〔註97〕劉禹錫〈聽琴（一作聽僧彈琴）〉、〔註98〕孟郊〈夜集汝州郡齊聽陸僧辯彈琴〉、〈聽琴〉、〔註99〕白居易〈廢琴〉、〈琵琶行〉、〈江上笛〉、〈帶琵琶弟子〉、〈夜箏〉、〈聽夜箏有感〉、〈夜聞歌者〉、〈聽歌六絕句〉、〈好聽琴〉、〈江上對酒〉〔註100〕等詩作。筆者發現白居易、韓愈和歐陽修對音樂的觀點十分有趣。

　　對於白居易，琴可以讓我們聯想到古代或古典，與太古之感有聯結，而

〔註90〕同上註，頁74～75。

〔註91〕嵇康，〈聲無哀樂論〉，《嵇康集校注》，頁203。

〔註92〕到漑，〈梁詩〉，《先秦漢魏晉南北朝詩》，17，1856。

〔註93〕蕭愨，〈北齊詩〉，《先秦漢魏晉南北朝詩》，2，2279。

〔註94〕劉允濟，〈詠琴〉，《全唐詩》（第12冊）（北京：中華書局），63，745。

〔註95〕劉希夷，〈夏彈琴〉，《全唐詩》，769，8726。

〔註96〕常建，〈張山人彈琴〉，《全唐詩》，144，1454。

〔註97〕李白，〈聽蜀僧濬彈琴〉，《全唐詩》，183，1868。

〔註98〕劉禹錫，〈聽琴（一作聽僧彈琴）〉，《全唐詩》，365，4110。

〔註99〕孟郊，〈夜集汝州郡齊聽陸僧辯彈琴〉，《全唐詩》，376，4215。〈聽琴〉，《全唐詩》，380，4261。

〔註100〕白居易〈廢琴〉，《全唐詩》，頁424，4656。〈琵琶行〉、〈江上笛〉、〈帶琵琶弟子〉，《全唐詩》，442，4948與455，5154。〈夜箏〉，《全唐詩》，442，4937。〈聽夜箏有感〉，《全唐詩》，442，4947。〈夜聞歌者〉，《全唐詩》，433，4791。〈聽歌六絕句〉，《全唐詩》，458，5212。〈好聽琴〉，《全唐詩》，446，5010。〈江上對酒〉，《全唐詩》，447，5035。

嵇康不是這麼認為。當嵇康談到琴時，他沒有把琴聯繫到太古，沒有懷念太古之感或懷舊之情，但這種情操在白居易的詩作裏十分明顯。〔註101〕

絲桐合為琴　　中有太古聲
古聲澹無味　　不稱今人情
玉徽光彩滅　　朱弦塵土生
廢棄來已久　　遺音尚泠泠
不辭為君彈　　縱彈人不聽
何物使之然　　羌笛與秦箏

除了懷舊之情（nostalgia），這首詩還反映唐代的音樂現象，可以回答為何當時琴未受到很大的歡迎，這是因為外來的樂器使然。此現象符合於 Eric Hobsbawm 所提出的文化現象，懷舊之情非自然或先天的情操，它是一種文化的產物，也就是說，我們正在建立一連串的連續性，與過去連接的一種連鎖，而這個連鎖是虛構（fictitious）的。〔註102〕為何虛構呢？因某某文化會自然而然跟著時代消逝或變質，我們不斷地重構過去就是為了自我建立（self-construction）、確立定義給予自己與國家之間的關係，相關到所謂的自我形象（self-image），為了取得身分以及組構想像國家（imagined nation）的概念。

筆者認識懷舊之情與白居易的人格、個性、詩人身分、詩人的自我投射，〔註103〕尤其是與唐代復古運動息息相關，因唐代古文運動的要緊任務就是復活上古三代的文化情操，「『復古』既是一種口號，又是（讓人）深深地感受到的一種情操；它意味著文學改革與倫理的再生，通過上古的含糊不清之理念來確認而反對腐爛的當時。然而什麼才可以組合成『上古的理想』（ideals of antiquity）以及一個人如何達到『上古』之風格等問題，多數都是個人詮釋的事情。如上文，在散文文體的範圍裏，儒家經典和史書也被認為足以當作一種模範，能夠復活唐代散文文風。至於詩歌的範圍，⋯⋯，上古適當的模範一直以來都是《詩經》，⋯⋯。公然沒有任何作品違反於『復古』的願望，為

〔註101〕Ronald Egan, "The Controversy Over Music and "Sadness" and Changing Conceptions of The Qin in Middle Period China," in *Harvard Journal of Asiatic Studies*, Vol. 57, No. 1,（Jun., 1997）, p.55.

〔註102〕Eric Hobsbawm, "Introduction：Inventing traditions," in *The Invention of Tradition*, edited by Hobsbawm & T. Ranger（Cambridge：Cambridge University Press, 1983）, pp.1～2.

〔註103〕同註 101，頁 59。

了載運正面的倫理道德。」〔註104〕

白居易常常提到古代，以古代爲琴的情操，曰：「人情重今多賤古，古琴有弦人不撫」〔註105〕，「自古有琴酒，得此味者稀，祇因康與阮，及我三心知」。〔註106〕當然對白居易來說，琴也如同嵇康所提出的，可以「懲躁雪煩」而「發洩幽情」，白居易說：「一聲來耳裏，萬事離心中」。〔註107〕

然而當白居易談到別類的樂器（非琴）時，他反而強調傳達悲感的能力，〔註108〕像琵琶、笛、箏等樂器，比如：〈琵琶〉：「賴是心無惆悵事，不然爭奈子弦聲」、〈代琵琶弟子〉：「珠顆淚霑金捍撥，紅妝弟子不勝情」。〔註109〕對於笛子，〈江上笛〉曰：「此時聞者堪頭白，況是多愁少睡入」。〔註110〕至於箏，〈夜箏〉曰：「弦凝指咽聲停處，別有深情一萬重」。〔註111〕白居易在詩裏似乎認爲悲感也來自感化的歌詠，〈夜聞歌者〉曰：「鄰船有歌者，發詞堪愁絕」，還有〈聽歌六絕句〉曰：「誠知樂世聲聲樂，老病人聽未免愁」。〔註112〕最後的一首是白居易的人生觀察，也是好例子證明音樂的效果是「無常」。

更爲有趣的就是韓愈的〈聽穎師彈琴〉。

> 昵昵兒女語，恩怨相爾汝。劃然變軒昂，勇士赴敵場。浮雲柳絮無根蒂，天地闊遠隨飛揚。喧啾百鳥群，忽見孤鳳皇。躋攀分寸不可上，失勢一落千丈強。嗟余有兩耳，未省聽絲篁。自聞穎師彈，起坐在一旁。推手遽止之，溼衣淚滂滂。穎乎爾誠能，無以冰炭置我腸。〔註113〕

〔註104〕甚至連李白、汪遵唐代詩人也似乎反對多元文化王國的觀念。Stephen Owen, "Fu-ku and T'ang Poetry," in *The Poetry of Meng Chiao and Han Yü* (New Haven and London：Yale University Press, 1975), pp.8～9.

〔註105〕白居易，〈五弦彈：惡鄭之奪雅也〉。通過國立臺灣師範大學圖書館的資料庫引用【寒泉】古典文獻全文檢索資料庫的全唐詩。

〔註106〕白居易，〈對琴酒〉。

〔註107〕白居易，〈琵琶行〉、〈好聽琴〉。

〔註108〕Ronald Egan, "The Controversy Over Music and "Sadness" and Changing Conceptions of The Qin in Middle Period China," in *Harvard Journal of Asiatic Studies*, Vol. 57, No. 1, (Jun., 1997), p.55.

〔註109〕白居易，〈琵琶行〉、〈代琵琶弟子〉。

〔註110〕白居易，〈琵琶行〉、〈江上笛〉。

〔註111〕白居易，〈琵琶行〉、〈夜箏〉。

〔註112〕白居易，〈琵琶行〉、〈夜聞歌者〉、〈聽歌六絕句：樂世〉。

〔註113〕韓愈，〈聽穎師彈琴〉。通過國立臺灣師範大學圖書館的資料庫引用【寒泉】古典文獻全文檢索資料庫的全唐詩。

　　韓愈開始描寫人與歷史的情景，接著描繪大自然和超自然的動物的現象。最後詩中的詩人請求穎僧不要再彈下去了，「推手遽止之，溼衣淚滂滂，穎乎爾誠能，無以冰炭置我腸」。「冰炭」有多種含義；韓非子、陶淵明、註解《莊子》的郭璞都用「冰炭」這個詞，各有他們獨特的見解。〔註114〕韓非子用之爲一種隱喻，指的是某某人或意識形態在同一個容器裏不可相容，因而互相毀滅。〔註115〕〈七諫〉的作者（公元前兩百年）也用之來形容病體的寒氣以及內心正義的憤怒。〔註116〕陶淵明用之來指示官人內心的掙扎——做官與隱居之間的折騰。〔註117〕

　　「冰炭」特別被用於道家與佛教的寫作裏，形容凡人的煩惱或眾生的煩心。

　　郭璞用「冰炭」兩次註解《莊子》，白居易也用之在他的一首詩〈讀老子〉裏。〔註118〕

　　筆者的焦點放在佛學的意思裏，指的是人世間的煩惱。宋代的佛經也有這樣的說法：「離愛除煩惱　無冰炭交心」。〔註119〕另外一個例子是韓愈稍微指責（或貶抑）僧人和他的表現藝術——書法。當韓愈論書法時，他強調書法的性情成分。眞正的書法來自透徹觀察人世之心，而此心充滿著喜怒哀樂的姿態，書法才能展現出其偉大，但高閒身爲佛僧，韓愈提出他應該修養身心，讓心靈平淡而遠離人世間的性情成分，脫離人世間的喜怒哀樂。〔註120〕韓愈還提問高閒怎麼可能創造出偉大的書法？〔註121〕對韓愈來說，似乎佛僧

〔註114〕Ronald Egan, "The Controversy Over Music and "Sadness" and Changing Conceptions of The Qin in Middle Period China," in *Harvard Journal of Asiatic Studies*, Vol. 57, No. 1,（Jun., 1997），pp.48～49.

〔註115〕《韓非子集釋》，8.27.498，19.50.1085。

〔註116〕洪興祖（編輯），〈七諫〉，《楚辭章句補注》（臺北：世界書局，1956），13.151。

〔註117〕陶潛，〈雜詩〉（第四首），《陶淵明集校箋》，3.203。

〔註118〕郭璞，《莊子集釋》（臺北：河洛圖書出版社，1974），2B.4.154, 4B.11.372。白居易，〈讀道德經〉。

〔註119〕西天譯經三藏朝散大夫試鴻臚卿宣梵大師賜紫沙門臣日稱等奉詔譯，《諸法集要經》，《大正新脩大藏經》，CBETA，第十七冊，No. 728，頁149。

〔註120〕Ronald Egan, "The Controversy Over Music and "Sadness" and Changing Conceptions of The Qin in Middle Period China," in *Harvard Journal of Asiatic Studies*, Vol. 57, No. 1,（Jun., 1997），p.50.

〔註121〕韓愈，〈送高閒上人序〉。因爲筆者閱讀韓愈詩文英文翻譯版本，對這個引文，引用英文文獻。Charles Hartman, *Han Yü and the T'ang Search for Unity*（Princeton：Princeton University Press, 1986），pp.222～223.

應該與藝術領域絕斷，因藝術在他的定義裏沾染著人的七情六慾，佛僧無法或不能，甚至於不該傳達人間的喜怒哀樂。韓愈承認穎師是音樂高手，不過韓愈似乎看到佛僧和其情感發洩的不宜，才斷然阻止穎師，別「以冰炭置我腸」。

　　韓愈所提出的問題值得思考，又帶來更大的一個問題——佛教、藝術與情感之間的問題。〔註122〕對於他，佛僧不妥於表現藝術，似乎離奇，如果一個佛僧善於傳達人世間的悲歡離合。韓愈的想法顯然透過儒家思想去看待佛教。擅長傳達喜怒哀樂的佛僧們會如何回答或駁回韓愈也是一個值得思考的問題。〔註123〕

　　然而如果我們閱讀歐陽修的〈送楊寘序〉，會發現此篇散文最有趣。歐陽修送琴給將要出遠門去做官的一個好友是因為相信琴聲會治療少年朋友的體弱多病。

　　　予嘗有幽憂之疾，退而閒居，不能治也。既而學琴於友人孫道滋，受宮聲數引，久而樂之，不知疾之在其體也。

　　　夫琴之為技，小矣；及其至也，大者為宮，細者為羽，操絃驟作，忽然變之；急者悽然以促，緩者舒然以和。如崩崖裂石，高山出泉，而風雨夜至也；如怨夫、寡婦之歎息，雌雄雍雍之相鳴也。其憂深思遠，則舜與文王、孔子之遺音也；悲愁感憤，則伯奇孤子、屈原忠臣之所歎也。喜怒哀樂，動人心深，而純然淡泊，與夫堯舜三代之言語，孔子之文章，《易》之憂患，《詩》之怨刺無以異。其能聽之以耳，應之以手，取其和者，道其堙鬱，寫其憂思，則感人之際，亦有至者焉。

　　　予友楊君，好學有文，累以進士舉，不得志。及從廕，調為尉於劍浦，區區在東南數千里外，是其心固有不平者。且少又多疾，

〔註122〕同註57。唐代的書法理論家都認同書法有係於人情，張懷瓘《文字論》中說：「文則數言乃成其意，書則一字已見其心。」孫過庭也說：「真以點畫為形質，使轉為情性；草以點畫為情性，使轉為形質。」引用於高友工，〈中國文化史中的抒情傳統〉，《中國美典與文學研究論集》（臺北：臺大出版中心，2004），頁148，150。高友工在抒情美典上分析律詩與書法的表達形式，把律詩當作「意」的形構，書法當作「氣」的質現，兩者皆涉及中國抒情美典的心境問題。頁150～152。
〔註123〕詳看本文後篇章的「空」的美學部分。

而南方少醫藥，風俗飲食異宜。以多疾之體，有不平之心，居異宜
之俗，其能鬱鬱以久乎？然欲平其心以養其病，於琴亦將有得焉。
故予作〈琴說〉以贈其行，且邀道滋酌酒進琴以為別。〔註124〕

歐陽修運用復古運動的文風直接抒發自己對琴的感想，顯現出送別好友
的雅正情操。歐陽修在這篇文章裏表達了對琴的新概念，讓筆者認為嵇康（音
樂的本體論）、白居易（懷舊之情）、韓愈（表現藝術與佛教之爭）等觀念一
切都融為一體，沒有任何衝突和矛盾；琴來自純然的境界，擁有古風，又讓
人懷念過去，也如同嵇康所說的，琴可以「懲躁雪煩」而「發洩幽情」。

接著，歐陽修告訴我們琴的來源。琴來自人間的性情，但歐陽修認為所
謂的人間的性情「純古淡泊」，也與太古有所牽連，任何人聽之、彈之會「懲
躁雪煩」而「發洩幽情」。

三、結　語

〈聲無哀樂論〉指出音樂的淵源有「自若」的本體，它永恒、超然、擺
脫人的喜怒哀樂、非人造，又優先於人情。不過嵇康也沒有否定音樂與情感
的互動關係，他承認音樂可以：（一）「感盪心志」（二）「懲躁雪煩」和（三）
「發洩幽情」。他反對的是音樂本身有情感這個命題而已。

在「以悲為美」的文藝潮流當中，嵇康的樂論反映著魏晉文人的一種願
望，即為把藝術還給無所不在的客體形上，讓音樂歸屬於它離開過之「母」，
使之佔有形上的普遍性之基礎（universal ground in metaphysics）。一旦彈者之
心齊同於「玄貞」的本理（本體之理）而超越，心和形上融為一體，彈、聽
廣陵散時多一個聽者就是雜音，只能自彈自賞淡乎其無味的內在超越境界，
而「自得」。由於「自得」是其心的超然之狀態，所以當然也合乎自然的和諧
狀態。嵇康隱藏自己在王弼的影子之下閱讀與運用《莊子》，他的樂論既反思，
又逆流當時「以悲為美」的風尚，而走向音樂的本體論（和聲的客觀存在）
以及聆聽音樂的效果的相對論。

嵇康後許多文人談到音樂，白居易談及甚多。對白居易來說，琴的觀念
與太古有所牽連，他以古代為琴的情操。琴也如同嵇康所提出的，可以「懲

〔註124〕歐陽修，〈送楊寘序〉，《歐陽文忠公集》。筆者閱讀白話註譯，所以在此引用
陳必祥的著作。陳必祥，〈送楊寘序〉，《歐陽修散文選》（香港：三聯書店，
1990），頁 217～220。

躁雪煩」而「發洩幽情」，然而當白居易談到別類的樂器（非琴）時，他反而強調傳達悲感的能力。他的懷舊之情相關到唐代古文運動，即為回歸而尋求「上古的理想」。他的懷舊之情是一種唐人文化上的現像，它反映著唐人挽回過去的一種美麗的嚮往。這種嚮往相關到白居易的詩人身分之確認以及詩人的自我投射、自我形象。

　　對於韓愈，他點出一個思考點讓我們覺悟到音樂、書法以及所有的表現藝術來自透徹觀察人世之心，而此心充滿著喜怒哀樂的姿態，藝術才展現其偉大，從而佛僧們似乎不安於表現藝術的抒情美典。

　　人間的情感是普遍性的，但歐陽修把人間的情感視為純然、具有古風、淡泊的東西是一個很有創新的想法。當然歐陽修這樣的見解也完全異於嵇康的音樂理論，一個重視音樂無係於情感的本體狀態，一個重視人間的性情之純然。至於歐陽修，喜怒哀樂是人類的一種純然意識（pure consciousness），而嵇康非如此。嵇康提出音樂的本體論載運我們進去自然之和的形上境界裏，而歐陽修可以美麗地化解聲有哀樂論和聲無哀樂論之爭，使樂聲真正地歸還於人世間。

第五章　佛教的樂論：音樂的幻影屬性與「空」

音聲性動靜　　聞中爲有無
無聲號無聞　　非實聞無性
聲無既無滅　　聲有亦非生〔註1〕

第一節　佛教與其音樂觀

　　羅賓德拉納特・泰戈爾（Rabindranath Tagore 1861～1941）說過世上幾乎沒有哪個宗教，其音樂之作用顯著過於佛教。〔註2〕此話引人深思，值得探討

〔註1〕　《楞嚴經》，第六卷。筆者自注：音聲之性質有靜、動，耳所聞爲有、無，無聲稱爲無聞性，幻中聞到無之性質。（筆者如此箋注，因認爲句法應該合乎上下文，前文句法是 abcab，「無聲號無聞」，即爲否定詞＋賓語＋動詞＋否定詞＋賓語，後句也該呼應前文的 abcab 之結構，「非實聞無性」，「非實」就是幻影，「聞」是動詞，「無性」是聞的賓語。不過 Charles Luk 譯成 "Not hearing devoid of nature"，其義是無聞性質之虛無，未聞到性質之虛無。Han Shan（1546～1623）（editor）, *The Surangama Sutra*（Lengyan jing）, translated by Upasaka Lu K'uan Yu（Charles Luk）（electronic book version, free distibution）（Buddha Dharma Education Association Incorporation, no publication year）, p.208. 紫盧居士反而認爲此句本義是指無聞性而已。紫盧居士，《大佛頂首楞嚴經》（未出版之著作），頁 355。筆者認爲此句甚至可以理解爲分離句法：無聞性、無性質的意思。聲之無聞性既不是滅，聲之有聞性又不是生。（此句紫盧居士認爲正義是若聲無聞性就是無是滅，聲有聞性就不會發生了。）

〔註2〕　Rabindranath Tagore, cited by Wellesz, "Ancient and Oriental Music（Volume I），" in *The New Oxford History of Music*, edited by Wellesz（London：Oxford

為何音樂於佛教起著很大的作用，也可以進一步討論哪一方面的作用？一般來說，歌舞生於人情，充滿著人間的喜怒哀樂，小乘佛教戒律中明文禁止僧侶從事詩歌創作等藝術活動，作詩和歌舞一樣，被列入僧人的戒律，由於吟詠歌舞容易促使沙門宣洩七情六慾，有失沙門的體態威儀，若沉溺於此，則會荒廢修持，無法專職。〔註3〕然而為何大乘與金剛乘可以接受以及容納音樂，而反映在宗教文化身上。先不談理論，大乘與金剛乘亦可能認為其實佛祖也一樣否認苦行之極端，相同於否定溺於情感之一端，若能將音樂轉化為悟空之藝術工具，何必排之？而且大乘認為情感未必不好，因有色，才見空，因有空，才見色，功德日（Punyaditya）說我們迷路是因為找到出路，而為了找到出路，我們才迷路。〔註4〕兩者不過是自我意識透射之幻影而已。中庸之道不是中間並行的通俗說法，那不是大乘所談的，而是擺脫二元對立的心理上之虛擬構建。〔註5〕但就小乘而言，似乎有兩層無法相關、滲透的真理，一

University Press, 1957），p.42.

〔註3〕 《四分律》談及「過差歌詠聲說法」的五個過失，沙門應盡量免於所謂的「表演藝術」（performing art），佛經曰：「諸比丘，若過差歌詠聲說法，有五過失，何等五。若比丘過差歌詠聲說法，便自生貪著愛樂音聲，是謂第一過失。復次若比丘過差歌詠聲說法，其有聞者生貪著愛樂其聲，是謂比丘第二過失。復次若比丘過差歌詠聲說法，其有聞者令其習學，是謂比丘第三過失。復次比丘過差歌詠聲說法，諸長者，聞皆共譏嫌言，我等所習歌詠聲，比丘亦如是說法，便生慢心不恭敬，是謂比丘第四過失。復次若比丘過差歌詠聲說法，若在寂靜之處思惟，緣憶音聲以亂禪定，是謂比丘第五過失。」姚秦罽賓三藏佛陀耶舍共竺佛念等譯，《四分律》（卷第三十五），《大正新脩大藏經》，CBETA，第二十二冊，No. 1428。

〔註4〕 因此迷路本無體性，出路也不過是幻影，曰：「猶如迷人依方故迷。迷無自相不離於方。」猶如一個迷人執著於一個方向而走，才迷路。所以迷路本身沒有自己的形象可得（沒有自己的內在真實），不偏離於自以為然的方向。所以我們迷路就是為了找到出路，而為了找到出路，我們才迷路，迷路、出路不過是假相（沒有自己的形象）。

「迷無自相」是由於迷者「不離於方向」，「不離於方向」是指執著於一方向尋找出路，才迷路。英文註解詳看 Açvaghosha, *The Awakening of Faith in the Mahâyâna*, translated for the first time from the Chinese versions by Teitaro Suzuki（second printings, 100 copies）（Republic of China：Chinese Material Center, 1983），p.70.

〔註5〕 佛祖如此總結中庸之道，他說宇宙觀念基於兩個極端：存在與非存在。萬物存在也是極端，萬物不存在也是極端，兩者不並行，才是中庸之道。他還說佛性不是存在，也不是不存在，它存在，同時也不存在，這才是中庸之道。"The Kaccāyana," in *Samyutta-nikāya*, Vol. 2, 12, 13, § 15. English Translation, *The Book of the Kindred Saying*, trans. Rhys Davids（Oxford：Pali Text Society, 2000），Vol. 2,

個是「世俗諦」（Sammuti-sacca），一個是「究竟諦」（Paramattha-sacca），凡人若想有凡人的快樂生活，就走「世俗諦」之路，佛祖規定了此路可以有適宜的喜怒哀樂，此路可以讓你有該有的人情，而沙門必得走「究竟諦」之路，擺脫人情。這樣的分別實際上基於一個簡單的理念：只有法（Dharma）眞實，尚未發展到諸法皆空的境界。〔註6〕「世俗諦」也空，「究竟諦」也空，兩者無眞實、無體性，皆爲「唯心」的「相應染」——「唯心」的二元對立之幻影。

　　大乘與金剛乘可以接受沙門的音樂實踐也許基於這麼簡單的命題：藝術、音樂本有某某含義，重點是應該、適宜、值得表達的是什麼樣的含義？連伊斯蘭教的蘇非學派（Sufism）也沒有完全反對詩、舞，Baldick 說所有的痛苦可以憑藉詩歌與音樂得以治療，尤其是愛之痛苦。〔註7〕紀伯倫蘇非詩人在他《先知》的〈享樂〉篇中也沒有反對音樂的功能，他說：「你的身體是你靈魂之琴瑟，它會發出甜美的樂曲還是嘈雜的聲音，那全在你。」〔註8〕

　　在《阿彌陀經》（Amitabha Sutra）中也記載淨土那裏天樂晝夜交響，如同漫荼羅（mandala 密宗預先準備修行的一個小土台，現在可以當作圖騰）一般從上天四季蕭蕭落下曼陀羅華，曰：「彼佛國土常作天樂，黃金爲地，晝夜六時天雨曼陀羅華，……，是諸眾鳥，晝夜六時出和雅音，其音演暢五

---

12. 此 § 拉丁符號代表尤其是、特別是。"The Kaccāyana," in *Samyutta-nikāya*, Vol. 2, 12～13. 這樣的說法也常常反反覆覆地表達在 "Jānussoni," in *Samyutta-nikāya*, XII, § 47（7）.這些相類的觀念後來在《大智度論》及《大乘起信論》中充分地表達出來。

〔註6〕 就大乘而言，這樣的法被命名爲「愚法乘」，它不過是對於佛教的理解的入門知識而已，尚未發展成熟，因此大乘聲稱自以爲「熟教」。更有趣的是大乘佛經所記載的「次分惡作四十六」之第二十七、二十八條分別曰：「不捨聲聞小乘法」、「但非廢自法藏修」，其義是任何菩薩拋棄小乘或研究小乘而害於大乘等於犯守護菩薩戒之理，其理分二：守護根本墮罪與守護惡作。Geshe Kelsang Gyatso, "Appendix II – Vows and Commitments," in *The Bodhisattva Vow：The Essential Practices of Mahayana Buddhism*（Ulverston, England and Glen Spey, New York：Tharpa Publications：2003）, p.117.

〔註7〕 Baldick Julian, *Mystical Islam：An Introduction to Sufism*（New York：New York University Press, 1989）, p.99.

〔註8〕 〈買賣〉篇中還曰：「如果歌者、舞者和吹笛者來到市場，請同樣買下他們的禮物。因爲他們也採集了果實和乳香，而他們所帶來的，儘管由夢幻織造，也是你們靈魂的衣食。」（自譯）Kahlil Gibran, "On Pleasure" and "On Buying and Selling," in *The Prophet*.

根五力七菩提分八聖道分如是等法，其土眾生聞是音已，皆悉念佛念法念僧。」〔註9〕整個段落神聖地描寫天樂、雅音何能「演暢五根五力」以及發「七菩提分」（saptabodhyanga）、「八聖道分」（aryamarga），「暢」其義是暢通、淨化，可見，天樂的本質不是為了娛樂感官，而是暢通、淨化我們的「五根」（pancendriyani）——妄念的所在地：眼根、耳根、鼻根、舌根、身根，讓我們暢達「五力」（pancabalani），如：信力、精進力、勤念、正定力、慧力，皆為法之音，何人聞之「皆悉念佛念法念僧」，意境如下：

> 彼土何故名為極樂，其國眾生無有眾苦，但受諸樂故名極樂，又舍利弗，極樂國土，七重欄楯七重羅網七重行樹，皆是四寶周匝圍繞，是故彼國名曰極樂，又舍利弗，極樂國土有七寶池，八功德水充滿其中，池底純以金沙布地，四邊階道，金銀琉璃頗梨合成，上有樓閣，亦以金銀琉璃頗梨車磲赤珠馬瑙而嚴飾之，池中蓮花大如車輪，青色青光，黃色黃光，赤色赤光，白色白光，微妙香潔，舍利弗，極樂國土，成就如是功德莊嚴。

> 又舍利弗，彼佛國土常作天樂，黃金為地，晝夜六時天雨曼陀羅華，其國眾生常以清旦各以衣袖盛眾妙華，供養他方十萬億佛，即以食時還到本國，飯食經行，舍利弗，極樂國土，成就如是功德莊嚴。

> 復次舍利弗，彼國常有種種奇妙雜色之鳥，白鵠孔雀鸚鵡舍利迦陵頻伽共命之鳥，是諸眾鳥，晝夜六時出和雅音，其音演暢五根五力七菩提分八聖道分如是等法，其土眾生聞是音已，皆悉念佛念法念僧。〔註10〕

細讀可知，天樂其音的內在（如：玲瓏的三寶、鳥獸的叫聲）含有法（dharma），使聽者有恆心、永不退步，等到他們完全覺醒佛性，又純化聽聞之感官（耳根），無患於悲苦。該文讀來內涵無窮，難以用文字解之，日本佛畫如此描繪：〔註11〕

〔註9〕 姚秦龜茲三藏鳩摩羅什譯，《佛說阿彌陀經》，《大正新脩大正藏經》，CBETA，第十二冊，No. 366，頁1。

〔註10〕 同上註。

〔註11〕 Retrieved from http://www.terakoya.com/amidakyo/r_amida_03b2_e.htm（2012/5/3），webpage by Terakoya-Net/Renjo-ji（蓮淨寺，淨土真宗本願寺派）。

畫中形容許多樂器，如：琴瑟、琵琶、笛、鼓，漂揚在天上，同時落下各種色彩的曼陀羅華，下方有小橋連接小亭，彷彿美妙的一個表演舞臺。

《大智度論》也談及淨土佛國，說明那裏：「其樹常出無量法音，所謂一切法畢竟空無生無滅等，其土人民生便聞此法音故。」〔註12〕佛國中的樹木傳來無量法音，此法音反映所謂的「無生」、「無滅」的空論——使人超越、擺脫二元對立的妄念，這也如同《佛說阿彌陀經》形容鳥獸、池水皆為如來、般若的狀態之化身，經文所談的「成就如是功德莊嚴」，「莊嚴」一詞就是法界——般若、如來的滲透境界，皆有力量可以傳達法之音，此音擁有滲透的性質，可以純化眾生的靈魂，如清水可以淨化萬物。

Li Wei 點出值得注意之處，天樂只不過在淨土那裏出現，成為佛教的一個被以概念化之天堂，它是自然的聲音多於人為的聲音，而其深奧的力量可以滲透萬物的感官，點燃眾生的悟性。〔註13〕因經文所指的內涵也許引發「圓仁（En-nin 794～864）日本天台宗的第三主教引用有關淨土的音樂傳道。」

〔註12〕聖者龍樹造，後秦龜茲國三藏鳩摩羅什譯，〈大智度論釋大方便品第六十九卷八十二〉，《大智度論》，《大正新脩大正藏經》，CBETA，第二十五冊，No.1509（cf. No. 223），頁 561。

〔註13〕Li Wei, "The Duality of the Sacred and the Secular in Chinese Buddhist Music：An Introduction," in *Yearbook for Traditional Music*（by International Council for Traditional Music），Vol. 24（1992），p.82. 作者中文名字為立衛，因原文是英文論文，故筆者把本名寫成漢語拼音。

〔註 14〕空也（Kūya 903～972）淨土僧人創造打擊碗槃與舞蹈的方式，以之融合於阿彌陀的歌功頌德的儀式，這樣的念佛方式叫作「空也念佛」，其表演的舞姿叫作「金叩」（hachi-tataki）。〔註 15〕

按照 Li Wei 的歸類，佛樂除了天樂以外，還包括梵唄，梵唄中還包含沙門的早晚課誦以及所有與樂聲有關的宗教禮儀。〔註 16〕Chen Pi-yen 提出除了梵唄，還包括偈。〔註 17〕佛樂非限制於純粹音樂或器樂曲。此全相反於嵇康的「無」的美學，嵇康談及音樂的時候他指的是純粹的旋律，跟歌詞、語義毫無關係，音樂的和諧狀態是天理形而上學的反映。梵唄除了起著傳法的作用以外，在一定的程度上也作爲三昧的一種方式，唐代著名高僧義淨（613～713）在《海南奇歸傳》一書中談及梵唄的六個好處，梵唄（一）使人更深入了解佛之德，（二）精通佛經，同時可以詩化佛經的傳達，（三）淨化言說之器官，（四）改善胸廓之穴，（五）引發靜態、加倍信心，以及（六）令人長壽。〔註 18〕第六用處相同於嵇康的養生之說，音樂有養生的作用，琴可以安撫身體、精神，曰：「然後蒸以靈芝，潤以醴泉，晞以朝陽，綏以五弦。」〔註 19〕

在中國南北朝時代，梁武帝也是一個虔誠的佛教帝王，他喜愛佛樂的韻味而作不少頌揚佛樂的歌曲，如：〈大歡〉、〈天道〉、〈滅過惡〉、〈斷苦輪〉等十篇，名爲正樂，皆述佛法（因佛樂本是老百姓喜愛唱誦的俗樂，非儒家思想、朝廷上的雅樂，所以他以皇帝的身分親自正樂，使之成爲「清商樂」，以正樂爲名，宣傳佛法，從佛教國家傳入的雜技音樂引進了宮廷廟堂，宮廷化了佛樂）。星雲（1927～）認爲梁武帝的編曲融合了佛教的雜技音樂與中

〔註 14〕天台宗同樣以阿彌陀爲供奉之對象的禮儀、習慣。Junjiro Takakusu, "Chapter XII. The Jodo School（Amita-pietism, Pure Land, Sukhavati, Ching-t'u 淨土宗），" in *The Essentials of Buddhist Philosophy*, edited by Wing-tsit Chan, and Charles A. Moore（Honolulu：University of Hawaii Press, 1947），pp.170～171.

〔註 15〕同上註，頁 171。

〔註 16〕Li Wei, "The Duality of the Sacred and the Secular in Chinese Buddhist Music：An Introduction," in *Yearbook for Traditional Music*（by International Council for Traditional Music），Vol. 24（1992），p.81。

〔註 17〕Chen Pi-yen, "Sound and Emptiness：Music, Philosophy, and the Monastic Practice of Buddhist Doctrine," in *History of Religions*, Vol. 41, No. 1（Aug., 2001），p.28.

〔註 18〕中國佛教協會（編輯），《中國佛教》（第二冊）（北京：知識出版社，1981），頁 382。

〔註 19〕嵇康，〈養生論〉，《嵇康集校注》（臺北：河洛圖書出版社，1978），頁 157。

國古典音樂的韻味。〔註20〕梁武帝還創造兒童的佛教歌曲，如：《法樂童子集》、《童子一個梵唄》，對於兒童唱讚的形式，《隋書・音樂志》載：「以有法樂童子伎，童子倚歌梵唄，設無遮大會則爲之。」〔註21〕這種經由挑選和訓練過的兒童組成的歌隊和他們所唱的佛曲，應該是梁武帝無遮大會中最受歡迎的節目，不過本曲已經失傳了。

到了東晉，淨土派的慧遠大師也採用歌唱的方法來宣傳佛教。在敦煌，那裏尚未出土的音樂文獻稱爲「俗講」，本講原寫成「聲唄」的形式以便宣唱佛法。宋朝《蝶戀花》之曲被改寫成《具靈相之曲》的一篇佛曲。到了元代，佛教音樂家運用當時流行的「南北曲」提倡佛法。明代多數廟裏也改寫多於三百時曲、古曲而編成《諸佛師尊如來菩薩名稱歌曲》。諸曲的內容除了宣傳佛法以外，在禮儀上則爲對佛們、羅漢們與菩薩們的奉獻，以及邀請其靈性來到位、安置，如：《爐香讚》、《寶頂讚》、《戒定眞香讚》，皆爲雅曲，這些韻味也如同梵唄致使信者虔誠，既優雅、明亮，又深奧、平靜，使身心擺脫恐懼與憂慮，清心寡欲，心思明淨，看穿其性，使人長壽，佛樂的音韻有養生的作用。〔註22〕此也像魏代嵇康的樂論，彈琴有養生的作用，而養生的內涵即「少私寡欲」。

大乘與金剛乘的信徒以梵唄、偈、音樂、歌詞、舞蹈唱頌佛和菩薩之德，歌唱過程中主體反而自我異化、自我內化，成爲被唱的對象，其心進入三昧（samâdhi），而得以淨化，「可以導致修行者浸入特殊的經驗，使他們體會到身體與精神的和諧關聯。」〔註23〕《佛說佛母寶德藏般若波羅密多經》（Ratnagunasamcayagatha）中的對話也提及《阿彌陀經》的淨土場景，說明淨土的無量之提婆（Deva）以音樂供奉於佛及歌頌菩薩的四十八之無量大願。〔註24〕相同而言，爲了引導眾生達到淨土，菩薩也利用樂聲、雅音綏

〔註20〕Hsing Yun（2005）, *Sounds of the Dharma：Buddhism and Music*, retrieved March, 23, 2010 from http://www.blpusa.com/download/bies16.pdf, p.8.俗名爲李國深，僧名爲星雲。

〔註21〕〔唐〕魏徵等著，《隋書》（卷十三）（上海：中華書局，1923），志第八，音樂（上）。

〔註22〕Hsing Yun（2005）, *Sounds of the Dharma：Buddhism and Music*, pp.15～16.

〔註23〕同註16，頁24。

〔註24〕*The Perfection of Wisdom in Eight Thousand Lines & Its Verse Summary*（Chapter VI：Dedication and Jubilation, 5. Considerations of Merit）（electronic book version, free distribution）, translated by Edward Conze（no publication year）, 159, p.127.

靖徒心。心定，而能容受諸法，易於培養、傳道，從而於佛成爲禮儀的捐獻之一。〔註25〕

　　在《勝鬘師子吼一乘大方便方廣經》（Srimala Sutra）說明音樂是一種私人的內在經驗，未必眞正演奏或當眼看到，連一個實習的菩薩也可以有音樂的內在經驗，就文本而言，可說是佛教的一種敘述方法，用之來神聖化菩薩的發誓經驗，勝鬘（Srimala）一發誓承受「十受」，文本描寫：「今於佛前說誠實誓，我受此十大受如說行者，以此誓故於大眾中當雨天花出天妙音，說是語時於虛空中，雨眾天花出妙聲言。」〔註26〕

　　在《維摩詰所說經》（Vimalakirti-nirdesa Sutra）〈維摩詰所說經觀眾生品第七〉中說明菩薩如何「觀眾生」，細讀文本，而重構其義，我們會發現佛經其實與文學作品沒有什麼兩樣。如果音聲代表喜、怒、哀、樂，菩薩怎麼看待之？下文比喻菩薩就如同清晰的鏡子，鏡子可以共鳴回聲，而自己不受污染，鏡子可以反照眾象，使眾生看到他們自己，讓眾生看到他們赤裸的自我，菩薩同時也一樣從眾生中看到他們自己的倒影，鏡眾相照，而鏡子不受污染，清晰如空，因心空虛，才能反照、了解、包容眾生（的喜、怒、哀、樂），同時也不會被眾生（的心象）受感染。因爲空，才虛而待物，因爲空，才應物而無累，〔註27〕菩薩的思維完全擺脫了所有的二元對立，曰：

　　　　爾時文殊師利問維摩詰言：「菩薩云何觀於眾生？」維摩詰言：

〔註25〕 *Treatise on the Perfection of Great Wisdoms*，引用於 Hsing Yun, *Sounds of the Dharma: Buddhism and Music*（2005），p.2. Retrieved from http://www.blupusa.com/download/bies16.pdf（2010/3/23）.

〔註26〕 宋中印度三藏求那跋陀訌譯，《勝鬘師子吼一乘大方便方廣經》，《大正新脩大正藏經》，CBETA，Vol. 12，No. 353，頁 2。

〔註27〕 王弼的意思是說聖人呼應於萬物，可是不被外界有所困擾。我在這裡是以玄解佛，不過意思還是反映佛理，也就是說，菩薩的心無分別，沒有分別識，菩薩的心投射人間的所有願望，可是其心不會被人間的願望所感染、沾染到，另而言之，菩薩的心鏡眾相照。這裡的「無累」不是疲累，而是拖累，即爲外物無法影響到其內心、內在境界。王弼對聖人的看法有助於理解大乘菩薩之修煉——菩薩身在人間，而不屬於人世間。莊子也提出相類的想法——「虛明靈覺心」（超越善與惡之心）或「逍遙」的狀態。
「應物而無累」完全異於何晏的「聖人無情」，「聖人無情」可以相比於歐洲中世紀的神祕主義，拜占庭（Byzantine）教堂常教修行者培養擺脫人間的喜、怒、哀、樂的天使生活（angelic life），稱作「神聖的冷淡」或「神聖的泰然自若」（divine impassivity）。

「譬如幻師，見所幻人，菩薩觀眾生爲若此。如智者見水中月，如
鏡中見其面像，如熱時焰，如呼聲響，如空中雲，如水聚沫，如水
上泡，如芭蕉堅，如電久住，如第五大，如第六陰，如第七情，如
十三入，如十九界，菩薩觀眾生爲若此。如無色界色，如焦穀牙，
如須陀洹身見，如阿那含入胎，如阿羅漢三毒，如得忍菩薩貪志毀
禁，如佛煩惱習，如盲者見色，如入滅盡定出入息，如空中鳥跡，
如石女兒，如化人起煩惱，如夢所見已寤，如滅度者受身，如無烟
之火，菩薩觀眾生爲若此。」〔註28〕

　　上文所有的語碼瓦解二元對立的分別識，菩薩在空虛的狀態上與人間鏡
眾相照。換句話說，普提薩的心之空虛反照人間，人間也照映菩提心。剩下
的只有空與色的影跡——分別識裏的污染（klesa）。整個結構可以寫成圖表，
如下：

〔註28〕 因人讀後感想各不相同，經文有些模糊，我在此用白話箋注代表我個人的
詮釋、理解：從而文殊師利問維摩詰説菩薩如何觀眾生。維摩詰言。如同
他是一個魔師觀看幻人。菩薩就是這麼觀看眾生的。如同一個智者觀看水
中之月。如同觀看鏡中之面象。如同熱時之幻影。如同喊聲之回音。如同
天空中之雲。如同水凝聚成沫。如同水上之泡。如同蕉樹之堅固。如同雷
電之長久所在。如同第五元素（據我所知，物理上只談四個元素：土、水、
風、火，所以第五元素似乎超乎現象了）。如同第六蘊（據我所知，只有五
蘊，沒有六蘊，即爲色 rūpa、受 vedanā、想 samjñā、行 samskāra、識 vijñāna）。
如同第七情。如同第十三處（入應是指處 āyatana，不過我們只有六處而已，
即爲視覺、聽覺、嗅覺、味覺、觸覺、心覺，因而不知是特指什麼或許是
佛教的誇飾表達，也應有其特別旨意，其目的應是以超乎現象瓦解我們的
分別識）。如同第十九界。普提薩則如此觀眾生。如同無色境界之色（色應
是指梵文 rupa）。如同秧苗萌出於燒殼。如同初入聖人之流的身體之表象
（古漢見通於現，延伸意義至多可以指象或相，據我所查的佛教詞典，應
是指 laksana。不過英文翻譯版本譯爲身體的錯覺，把須陀洹譯成入河者）。
如同不返者（anāgāmin）的入胎。如同阿羅漢的三種毒害（貪 rāga、瞋 dveṣa、
愚 moha）。如同一個得忍的菩薩發怒而犯禁。如同一個佛的煩惱習性。如
同盲人見色。如同一個人吸、吐氣而進入滅盡的三昧之狀態。如同天空中
的鳥的影跡。如同一個女子不可生小孩的小孩。如同幻人在煩惱。如同在
夢裏醒來。如同在輪迴的毀滅當中而復活。如同虛無之火。菩薩是如此看
待眾生。姚秦三藏鳩摩羅什譯，〈維摩詰所説經觀眾生品第七〉，《維摩詰所
説經》，《大正新脩大正藏經》，CBETA，Vol. 14，No. 475 [Nos. 474, 476]，
頁 18。

菩提（薩）〔註29〕	空虛	人間／凡音	菩提（心）
A	-A（not A）	A	-A（not A）

菩提心（bodhicitta）在梵文裏含有動詞的趨向，意味著「懷著普提的嚮往」，而不是「在本體上佔有了的菩提心」。〔註30〕凡音反映菩提並不意味著凡音全是菩提，並不意味著人間完全等於佛、等於菩提，而是尚未充分地完全覺醒、體現其菩提之心——尚未充分地覺醒之佛。只有在這個意義上，菩提與凡音才沒有必要的間隙，因而「見性見佛」。〔註31〕上文可以寫成物理學的術語：A＋-A ＋A＋-A＝A/-A，A 本身就是-A，而-A 就是 A 的化身，A 與-A 互相依賴、互相滲透，因而諸法「無性」（asvabhāva）。華嚴學派把諸法之無體性稱爲唯心的「十玄門」或「三界唯心」。這裡的「唯」指的是不過、只是的意思，不是單一（single）的意思。〔註32〕

如果一個沙門寫詩、彈琴，雖然表達出來的是喜、怒、哀、樂，這也不代表其心受污染，因爲大乘本來也沒有把人情看作髒物，需要遠離、避免之，何人認爲人情是髒污，他們尚未擺脫二元對立的思維方法。〔註33〕韓愈也屬

〔註29〕 我把薩括號，因對大乘來說，菩提一詞本是狀態、潛在能力，未必每次指人，佛字也如此，因此難以分清佛、佛祖、佛性、佛心，菩提、菩提薩、菩提心。佛經常指佛，可是我們無法知道彼佛指的是人（具體）還是佛性（狀態）還是兩者兼有。

〔註30〕 晚期的 D. T. Suzuki 更正早期的說法，認爲「菩提心」原本作爲動詞，指的是「懷著菩提之嚮往」，而不是「在本體上佔有了的菩提心」。他清楚地說明梵文的 "anuttarāyāṁ samyaksaṁbodhu cittasya utāḥ" 以及 "cittotpāda"含義是嚮往菩提之心，他後來的說法使我們更了解中文經文裏的「發菩提心」，其眞義就是發覺菩提之心或菩提心之覺醒。D. T.Suzuki,"The Gaṇḍavyuha," in *On Indian Mahayana Buddhism*, edited by Edward Conze（New York：Harper and Row, 1968）, pp.208～211.

〔註31〕 北宗禪說：「即心即佛」，南宗禪使用否定方式換句話說：「無心無佛」。

〔註32〕 Tamaki Kōshirō 指出梵文佛經只寫「三界唯心」——"Cittamātram idam yad idam traidhātukam." 逐字意思是「三界／的／心唯」（The threefold realm/of/the mind only），不過譯成中文後中國僧們加「作」一字進去，成爲「三界唯心作」，代表中國古人對梵文的詮釋，加與不加意味深長。Tamaki Kōshirō, "Yuishin no tsuikyū," in *Kegon Shisō*, edited by Nakamura Hajime（Kyoto, 1960）, pp.345～356. 引用於 Whalen Lai, "The Meaning of "Mind-Only"（Wei-hsin）：An Analysis of a Sinitic Mahāyāna Phenomenon," in *Philosophy of East and West*, Vol. 27, No. 1（Jan., 1977）, p.68.

〔註33〕 一旦我們談到「色」的存在，我們就不自覺地承認了自我的存在，因爲必要提前假設所謂的「不色」作爲對立承認我們有「色」作爲自己的眞實，而你

於這一類的文人，才阻止穎師音樂高手，別「以冰炭置我腸」。〔註34〕韓愈
的成見基於一個假設——佛教應割斷於人情。就認識論而言，在韓愈的心目
中本來就沒有問對問題了，他怎麼可能找到對的答案？這是儒者對大乘的不
了解（其實人能不能互相了解，就認識論而言，自古以來也是一個大問題）。
且不用說韓愈，連小乘佛教也好奇爲何僧們可談音樂藝術及其他表演藝術。
〔註35〕

　　以華嚴的用語解之，儒者與小乘不了解所謂的法界（Dharma-dhatu）之「同
時具足相應門」，從而無法看見「海印三昧一時炳現」。華嚴學派可說是佛教
哲學之「最」，因它可以融合中觀學派（諸法皆空）、唯識學派（唯心眞實，
外界不眞實）、唯心學派（意識、外物互相依賴，因而心也空，物也空）而達
至自圓其說的法界之互相滲透的境界。理念（獅子的形式）、物體（金塊）、
阿賴耶（自我）互相滲透，由於滲透，從而諸法缺乏自己獨立之內在實體，
成爲「一多相容不同門」，三者的關係是無所不在的羅網、無窮無盡的組織、
無始無終的結構，成爲法界的運作之般若——「空」。擺脫分別識就猶如菩薩
的心之空虛可以回應、反照萬眾之心，同時不受污染，那麼表演藝術怎麼可
能髒到菩提心（Bodhicitta）？大乘或許反問怎麼可能用人之道去判斷菩薩之
道？

的自我、自我意識就是中間人，成爲見證的無所不在之主體，那麼自我就大
乘而言是何物呢？本來就是沒有的，不過是「三界唯心」而已，一旦心被瓦
解，一旦照射自己的所有鏡子被打破，諸法皆空。因此說「色即是空」、「空
即是色」，「色」與「空」「唯心作」也。

〔註34〕韓愈，〈聽穎師彈琴〉。通過國立臺灣師範大學圖書館的資料庫引用【寒泉】
　　　　古典文獻全文檢索資料庫的全唐詩。

〔註35〕其實此問題就像我們不了解西洋文化的創世論，我們可以簡單地疑問，但不
　　　　好回答，如果上帝是好人，祂一定不是上帝，否則爲何邪惡在他自己創造的
　　　　世界上才橫行霸道、層出不窮？或爲何祂創造邪惡——惡魔？祂創始邪惡是
　　　　爲了讓我們更愛祂嗎？爲何公道的上帝、慈祥大悲的上帝、萬能的上帝讓清
　　　　白、無辜的人們痛苦？爲何復活的耶穌不在路上現身、走路？爲何耶穌是
　　　　Logos（λογος）的永恒、無法質疑？據我所知，沒有一個希臘思想家能接受
　　　　無法質疑的 Logos（λογος）。
　　　　韓愈、歐陽修、西方人也會覺得爲何世界是痛苦？痛苦眞的是本體問題還是
　　　　現象問題？痛苦到底是何物呢？相同而言，爲何佛之身（Buddhakaya）是不
　　　　可見的？佛之身在何處？先不用談到李淼儒者對此的懷疑，連小乘也好奇爲
　　　　何佛之身還存在？這些問題眞的不好回答。人們之無法了解就猶如兩個境界
　　　　分別自我完善、各有各的內在邏輯，無法互動、相通那樣似的。我對此在第
　　　　六章把此問題拉到「無」的美學與「空」的美學的無法相通的有些性質。

　　如同其餘佛經，在《維摩詰所說經》中也清楚地說音樂有力量傳法，在很長的對話中出現一組敘事，維摩詰對舍利弗（Saliputra）說一個暗喻：「舍利弗，此室常現八未曾有難得之法，何等爲八。」在第五難得之法來自何處？經文曰：「此室常作天人第一之樂絃出無量法化之聲，是爲五未曾有難得之法。」〔註36〕十分明顯，此室傳來提婆們的微妙之弦樂，弦樂帶來無量法化之聲音。這是第五難得之法。上下文不是說明此室如何神妙，而是把此室當作一個虛擬空間的暗喻，以之神聖化佛法（Buddha-dharma）。

　　在《大毗盧遮那成佛神變加持經》（Mahavairocana）中也說在歌唱的所有行動有眞理，所有的舞姿描寫眞實。〔註37〕金剛乘把歌唱、舞蹈、打鼓的動作形容得似乎它們擁有一顆心（citta），問什麼是歌詠之心？它意味著眾生感於歌曲的種種旋律。什麼是舞蹈之心？它意味著爲了養育彼法，向天舞起來而表現超自然的種種變化。什麼是打鼓之心？它意味著爲了遵守地養育此法，人會打起法之鼓。中文經文描寫得這些如同將要入法之門口的狀態，所謂的惡沒有自己的體性，惡有它們自己之法（dharma），善也沒有自己的實體，善有它們自己之法（dharma），一切皆爲心（citta）的般若（tathata）或「心生滅」，音樂、歌舞也如同般若（之狀態），心之起伏、揚抑的流動形態而已，它們也屬於一個法（dharma），曰：「歌詠心，舞心，擊鼓心，……，云何舞心，謂修行如是法，我當上昇種種神變，云何擊鼓心，謂修順是法，我當擊法鼓。」〔註38〕整個段落若不切斷引用，喃喃哪哪如同幻影恍惚、心象流逝一般，其神秘的意境如下：

　　　謂貪心，無貪心，瞋心，慈心，癡心，智心，決定心，疑心，暗心，明心，積聚心，鬪心，諍心，無諍心，天心，阿修羅心，龍

〔註36〕姚秦三藏鳩摩羅什譯，〈維摩詰所說經觀眾生品第七〉，《維摩詰所說經》，《大正新脩大正藏經》，CBETA，Vol. 14，No. 475，頁 20。

〔註37〕Hsing Yun, *Sounds of the Dharma：Buddhism and Music*（2005），p.5. Retrieved from http://www.blupusa.com/download/bies16.pdf（2010/3/23）.

〔註38〕大唐天竺三藏善無畏共沙門一行譯，〈入眞言門住心品第一〉，《大毗盧遮那成佛神變加持經》，《大正新脩大正藏經》，CBETA，Vol. 18, No. 848，頁 4。
中文經文可能漏了一句：「云歌詠心，謂……。」，不過在英文翻譯版本反而出現，似乎譯者爲了使邏輯脈絡更通順、對稱而補加一些句子。*The Vairocanābhisaṃbodhi Sutra*, translated from the Chinese（Taishō Volume 18, Number 848）by Rolf W. Giebel（dBET PDF Version Copyright 2009）（Berkeley, California：Numata Center for Buddhist Translation and Research, 2009），3a：10～11.

心，人心，女心，自在心，商人心，農夫心，河心，陂池心，井心，守護心，慳心，狗心，狸心，迦樓羅心，鼠心，歌詠心，舞心，擊鼓心，室宅心，師子心，鵂鶹心，烏心，羅剎心，刺心，窟心，風心，水心，火心，泥心，顯色心，板心，迷心，毒藥心，羂索心，械心，雲心，田心，鹽心，剃刀心，須彌等心，海等心，穴等心，受生心，祕密主，彼云何貪心，謂隨順染法，云何無貪心，謂隨順無染法，云何瞋心，謂隨順怒法，云何慈心，謂隨順修行慈法，云何癡心，謂隨順修不觀法，云何智心，謂順修殊勝增上法，云何決定心，謂尊教命如說奉行，云何疑心，謂常收持不定等事，云何闇心，謂於無疑慮法生疑慮解，云何明心，謂於不疑慮法無疑慮修行，云何積聚心，謂無量為一為性，云何鬪心，謂互相是非為性，云何諍心，謂於自己而生是非，云何無諍心，謂是非俱捨，云何天心，謂心思隨念成就，云何阿修羅心，謂樂處生死，云何龍心，謂思念廣大資財，云何人心，謂思念利他，云何女心，謂隨順欲法，云何自在心，謂思惟欲我一切如意，云何商人心，謂順修初收聚後分析法，云何農夫心，謂隨順初廣聞而後求法，云何河心，謂順修依因二邊法，云何陂池心，謂隨順渴無厭足法，云何井心，謂如是思惟深復甚深，云何守護心，謂唯此心實餘心不實，云何慳心，謂隨順為己不與他法，云何狸心，謂順修徐進法，云何狗心，謂得少分以為喜足，云何迦樓羅心，謂隨順朋黨羽翼法，云何鼠心，謂思惟斷諸繫縛，云何舞心，謂修行如是法，我當上昇種種神變，云何擊鼓心，謂修順是法，我當擊法鼓，云何室宅心，謂順修自護身法，……。

〔註39〕

　　十分明顯，經文把歌詠、舞蹈形容得無異於其餘萬象之心，它們有它們自己的般若狀態，有自己的法（dharma），與貪心、無貪心、癡心、智心、決定心、疑心、狗心、迦樓羅心、鼠心、住宅心等無兩樣。

　　除此之外，許多大乘佛經之間相對互文，彷彿作者作經的時候心中有很多前有的文本（prior text），如果我們把金剛乘當作大乘的一部分，非分支（雖然一些學者反對之），〔註40〕我們會發現《大毘盧遮那成佛神變加持經》也互

〔註39〕同上註。
〔註40〕至少 Junjiro Takakusu 也和我一樣認為真言宗（現稱金剛乘）在根本上是大

文於《阿彌陀經》（Amitabha Sutra），它同樣談及佛國淨土之常樂，形容那裏的天樂可以共鳴、滲透萬物，場景相類，而用語差別，《大毘盧遮那成佛神變加持經》描寫音樂的「諧韻」，描寫得比《阿彌陀經》還要濃密，表示作者詮釋與接受《阿彌陀經》，特別的就是《大毘盧遮那成佛神變加持經》未說這是《阿彌陀經》所提的佛國淨土，而是說此處是「大毘盧遮那」的三昧狀態，曰：

> 爾時大日世尊，入於等至三昧，觀未來世諸眾生故，住於定中，即時諸佛國土，地平如掌，五寶間錯，懸大寶蓋，莊嚴門標，眾色流蘇，其相長廣，寶鈴，白拂，名衣，幡珮，綺絢垂布而校飾之，於八方隅，建摩尼幢，八功德水芬馥盈滿，無量眾鳥鴛鴦鵝鵠，出和雅音，種種浴池時華雜樹敷榮間列芳茂嚴好，八方合繫五寶瓔繩，其地柔軟猶如綿纊，觸踐之者皆受快樂，無量樂器自然諧韻，其聲微妙人所樂聞。〔註41〕

就結構而言，把地點敘述當作狀態是佛教的敘述特色之一，有助於瓦解自我意識所帶來的二元對立的思維——妄念的依賴。上文出現兩處的「無量」、「間錯」、「長廣」、「眾色」、「眾鳥」、「八方」、「綿纊」、「諧韻」，這些字質把心裏所有空間上的分別「去疆土化」（deterritorialize）。這樣的筆法也相同於《阿彌陀經》的心中獨立的空間之瓦解。

除了字質之外，如果把經文的語碼分析到底，我們會發現此段的字形也押韻，我稱之爲「視覺上的押韻」（visual rhyme），如：幡珮、綺絢、鴛鴦、鵝鵠、浴池、芳茂、綿纊，彷彿濃密的纖維組織在一起，如同神咒（mantra）一般，字質與「視覺上的押韻」使所謂的「意識入眠，而下意識覺醒。」當我們「解構」之，我們發現經文的美——「空」的美。就算解釋不出來，也是一種美——「感官交叉」的美。那麼只可意會不可言傳，〔註42〕似懂非懂

乘佛教。Junjiro Takakusu, "Chapter X. The Shingon School（Mysticism, True World, Mantra, Chên-ven 眞言宗）," in *The Essentials of Buddhist Philosophy*, edited by Wing-tsit Chan, and Charles A. Moore（Honolulu：University of Hawaii Press, 1947），p.142.

〔註41〕 大唐天竺三藏善無畏共沙門一行譯，〈入祕密漫荼羅位品第十三〉，《大毘盧遮那成佛神變加持經》，《大正新脩大正藏經》，CBETA，Vol. 18，No. 848，頁 82。

〔註42〕 在哲學上，「不可言傳」到底是理解還是不理解還是兩者兼有都可以去討論。有的學派說沒有任何理解超越語言，連直覺（intuition）在一定的程度上也基於語言身上，後結構主義認爲經驗也是一種文本（text）。在此我把它們稱之

的無法判定之狀態（undecidability）一般難道不更近於無言的心領神會之般若（bhûtatathatâ）了嗎？難道不越像「心眞如」了嗎？此段經文告訴我們什麼？我們所謂的理解狀態也沒有自己的內在眞實，它無我，必得依賴於「不了解」（無知）作爲其對象，兩者在我們的意識裏一直滑動來去如同影子晃動一般。當我們閱讀此段落的時候，主體不自覺地被對象化爲閱讀之對象。那麼我讀還是被讀呢？主體／客體、意識／下意識、有我／無我，如空一般，圍繞在我們「全我」面前一直流動著。此爲大乘筆法的魅力。

在〈入漫茶羅具緣眞言品第二之餘〉敘述一位往昔之佛，詳細地形容他如何在漫茶羅供奉佛法（Buddha-dharma），而諸法皆空，只有「自性無染污」，才能致知，他除了：「獻以塗香華　燈明及閼伽」外，還「上蔭幢幡蓋　奉攝意音樂吉慶伽陀等　廣多美妙言」。〔註43〕連在多種密印（或手印）裏，其中之一叫作「妙音樂器印」，形容曰：「仰三昧手在於臍輪，智慧手，空風相持，向身運動，如奏音樂，是妙音天費挐印。」〔註44〕偈中說明如何以各種密印供奉無量之佛。可見，就金剛乘而言，以音樂供奉如來（bhûtatathatâ）是不以爲怪的。音樂可以綜合手姿、三昧、雅樂、美詞，連包含個人的心靈之節奏，成爲個人的無言的傾聽經驗──個人音樂的經驗。

還有另外一個例子，此例子十分特別，似乎暗示佛樂不論在定義上或範圍上比嵇康的樂論還廣得多，未限於天樂與梵唄。從這個例子談起，佛教的樂論在某些情況下可以通過傷感的音聲達至「空」，這樣的想法也不同於魏晉以悲爲美的美典，因抒情的結果、目的反而是「空」，又相對於嵇康的樂論，因嵇康反思以悲爲美的風尚，明白地說聲音的和諧狀態無係於人的情感，情感本來早就形成於衷，而被和聲引發出來，琴可以「感盪心志」、「懲躁雪煩」而「發洩幽情」。〔註45〕 *Geschichte des Buddhismus* 記載功德日（Punyaditya）除了哲學思考精微以外，他所寫的《佛所行讚》、《大莊嚴論經》還表現他的詩歌才華，故事敘述他也是一個音樂高手：

為「無法判定之狀態」（undecidability），所謂的理解狀態也沒有自己的內在實體，它無我，必要依賴於「無知」為對象。

〔註43〕此段經文爲聲律詩，隔空如 CBETA 版本。〈入漫茶羅具緣眞言品第二之餘〉，《大毘盧遮那成佛神變加持經》。同上註，頁 24。

〔註44〕手印或契合法梵文是 mudra，有時譯音成「母陀羅」。〈密印品第九〉，《大毘盧遮那成佛神變加持經》。同上註。

〔註45〕嵇康，〈琴賦〉，《嵇康集校注》，（臺北：河洛圖書出版社印行，1978），頁 103～106。

　　當功德日去波吒利弗（Pâtaliputra）傳道時，在那裏他編寫了一部樂曲——『賴吒和囉』（Râstavara?），他也許作曲是爲了引導人們信仰佛教。旋律典雅、令人惋惜、迴旋、引發聽眾思考於存在物之悲苦、沉思於空以及萬物的無體性，進一步地說，音樂可以喚起聽者一個感想——五蘊不過是幻影，因循無常；三界不過是監獄、束縛，沒什麼令人享樂於中，榮譽與權利也無常，無法抵抗衰落，彷彿天上雲煙之消散，其象不過是僞裝，如同樹幹的空虛，如同敵人一般，無人嚮往靠近，又猶如裝著眼鏡蛇的箱子，無人懷有；諸佛皆譴責執著於形色世界之人。爲了具體地闡述無我與空的教義，功德日編寫了一篇樂曲，不過音樂家們沒辦法掌握到旋律中的眞義，從而無法演奏出旨意與其妙。他穿白長袍參與樂團更正音樂家們的音調，親自打鼓、敲鐘，使樂聲發揮其美，旋律惋惜，又令人寬心，同時喚起了聽眾心中的悲苦、萬物的無我。五百個王子在本都裏因而恍然大悟，厭煩於七情，斷絕凡間，嚮往在菩薩的懷抱裏找到歸宿。波吒利弗的國王驚嚇於此事，害怕若何人傾聽此曲，就會拋棄其家（如同王子門那樣），會使王國百姓減少、政事混亂。因此他警告平民此後不要演奏此曲。〔註46〕

　　這裡的悲苦不是身心的痛苦，而是 dukkha，嚴謹的意義就是人間妄念之依賴——心（citta）的「不空」（aśūnyata）。據我所知，所謂的 dukkha 是力量或狀態多於身心的感受。當談到 dukkha 時，我們談及人生狀況，不是談及個人的物理或心理的痛苦，而對大乘來說，人生狀況亦源於自我或阿賴耶（alaya）的無知（avidja）。Jin Y. Park 認爲「對佛教來說，dukkha 來自不知與無能認知性質的互相依賴」，〔註47〕因互相依賴才「無性」，「不可命名」（unnamable），

〔註46〕 *Geschichte des Buddhismus*, German Translation, p.91. 此引文已被引用於 "Introduction," in *The Awakening of Faith*, translated from the Chinese by Teitaro Suzuki, pp.35～36. Teitaro Suzuki 在此引用德語翻譯版本，未引用藏文原文，雖然他明明知道德語翻譯版本也合乎西藏《喇嘛多羅那他》（Târanâthâ）的說法。此表明 Teitaro Suzuki 學術態度謹慎，不懂藏文，就不引，而引他所看懂的德文，從他所用的引文可知除了日文、中文、英文、梵文，還精通德文。雖然他不懂藏語，無法引用藏文的材料，也不成問題，因他可以透過德語翻譯版本去閱讀、查看金剛乘所記載的資料，然後以之相比於他所看懂的其他語文。

〔註47〕 Jin Y. Park, "Naming the Unnamable：Dependent Co-arising and Différence," in *Buddhisms and Deconstructions*, edited by Jin Y. Park and afterword by Robert Magliola（Lanham, Boulder, New York, Toronto, Oxford：Rowman & Littlefield

才可以「自我解構」（self-deconstructing）。

　　三界是指「欲」（kama）、「色」（rūpa）、「無形色」（arūpa），「色」指的是現象世界，「無形色」指的是超乎現象的世界，皆是「三界唯心」。這裡的「唯」是「不過」、「只是」的意思，不是「單一」的意思，三界不過是心或三界不過屬於心，英文翻譯比較清楚：mind-only（或 mind only）與 one mind 意義差別很大。「三界唯心」是梵文的翻譯，出於《大方廣佛華嚴經》（Avatamsaka Sutra），曰："Cittamātram idam yad idam traidhātukam." 逐字意義：三界／的／心唯，Hakeda 譯成：「屬於三界的不過是心。」〔註48〕（What belongs to this triple world is mind only.）

　　如果音樂是「唯心作」，思考心理操作的般若狀態則是一個達「空」的基礎。傾聽音聲不過是「觀看」心生滅之操作，「抽身靜觀」心中的污染（klesa）——塵象（guna）。王弼的「言、象、意」之說只不過點出心中之影跡的美，而大乘進一步推論影跡不過是「唯心作」，你可以思考之、跨越之、超越之，而終究從中得以解脫。這就是「音」與「空」的美。

第二節　「音」與「空」

一、音與塵

　　我們進行理解音樂是何物之前，大乘不像嵇康那樣早就先承認音樂的地位成為獨立的一個藝術領域了，大乘反而質疑音樂是經由什麼組成，音聲最為基本的性質、體質或元素是什麼？答案十分簡單，就是心（citta）、心理的內在過程或心的投射。這裡的心不是《禮記·樂記》所談的人們的自然反應——喜、怒、哀、樂，〔註49〕而是心理操作之過程，大乘稱之為心理的「般若」（tathata），如同幻影，幻影一詞沒有什麼貶義，是一種自然而然的現象。雖然《禮記·樂記》承認人情是自然反應，但沒有說人情本身是人性，曰：「六者非性也，感於物而后動。」〔註50〕（六者在此指的是喜、怒、哀、樂、敬、

Publishers, Inc., 2006），p.14.
〔註48〕Asvaghosa, *The Awakening of Faith Attributed to Asvaghosa*, translated by Hakeda Yoshito（New York：Columbia University Press, 1967），p.49.
〔註49〕「凡音之起，由人心生也。……。樂者，音之所由生也，其本在人心之感於物也。」〈樂記〉（禮記注疏），《十三經注疏》（阮元編輯，1814）。
〔註50〕同上註。王夢鷗注譯的時候，雖然為經文添加一句——「有些不同」進去，

愛）

　　既然所有的音聲是經由自我意識而作，那麼「沉思般若（tathata）本身作爲初步的過程，而終究引發超越的智慧」，〔註51〕傾聽音韻則不異於沉思般若的活動。就大乘而言，三界的音聲不過是「唯心作」，音聲如同雲煙那樣，生起、存在、維持而消滅，大乘稱之爲心裏的「灰塵」（guna）或塵相（紅塵的現象）。我的詮釋也合乎《楞嚴經》的說法，曰：

　　　　音聲性動靜　　聞中爲有無

　　　　無聲號無聞　　非實聞無性

　　　　聲無旣無滅　　聲有亦非生〔註52〕

　　音聲之性質有靜、動，耳所聞爲有、無，無聲稱爲無聞性，幻境中聞到了無體性（asvabhāva）。我如此解釋，因認爲句法應該合乎上下文，前文句法是 abcab，「無聲號無聞」，即爲否定詞＋賓語＋動詞＋否定詞＋賓語，後句也

以之形容前面的「天性」、後面一句——「由於不同的」説明「刺激」，説：「本不是人的天性有些不同，而是由於不同的刺激引起的。」王夢鷗（註譯）、王雲五（主編），〈第十九樂記〉，《禮記今註今譯》（下冊）（臺北：臺灣商務印書館發行，1984），頁 609。

可見，箋注實際上是因果關係的重構，同時也是個人的反思，如同編史那樣，原文明明毫無談及，但當我們編寫的時候難免不添加一些虛詞、實詞進去。王夢鷗似乎知道經文這裏有些不通順的地方，才把「有些不同」補充「天性」的意義，但我看了，覺得沒必要，因添加了，可以疑問：（一）爲何人的「天性」不同，才需要不同的「刺激」，這也是一個問題。這麼箋注，難道人性不可一樣嗎？我可以簡單地駁説人雖然個性迥異，但他們的七情還是一樣，這跟他們各不相同的個性有何關係？（二）爲何王夢鷗把人各不相同的個性當作人的「天性」？這也是一個問題。因個性與天性本來就屬於不同的領域考察。現代心理學家沒有誰把人各不相同的個性當作人性的思考，人性的思考是屬於哲學領域中的形上思考。（三）王夢鷗把人各不相同的個性當作「天性」，在哲學上是否合理可以討論，假如不合理，在哪個方面才合理。（四）王夢鷗爲了把「天性」當作人各不相同的個性的意思，箋注時也要除掉「后」字，刪掉時間前後的關係，因談及各不相同的個性了，就沒必要談時間前後的關係。不過對我來説，時間前後的關係非常重要，比他那個各不相同的意思還重要，因時間前後的關係引導我的詮釋方向，讓我發現我個人的詮釋：雖然《禮記·樂記》承認人情是自然反應，但不是人們所應該追求的終止東西。這樣的解釋不論在名教的哲學上、宗教上或心理學上皆合理。對此問題詳看我的第二章。

〔註51〕Yamabe Nobuyoshi, "The Idea of *Dhātu-vāda* in Yogacara and *Tathāgata-garbha* Texts," in *Pruning the Bodhi Tree·The Storm over Critical Buddhism*, edited by Jamie Hubbard and Paul Swanson（Honolulu：University of Hawaii Press：1997），p.199.

〔註52〕唐天竺沙門般刺蜜帝譯，《楞嚴經》第六卷，《大佛頂萬行首楞嚴經》，《大正新脩大正藏經》，CBETA，Vol. 19，No. 945，頁 39。

該呼應前文的 abcab 之結構，「非實聞無性」，「非實」就是幻影，「聞」是動詞，「無性」（無體性）是聞的賓語。〔註53〕聲之無聞性既不是滅，聲之有聞性又不是生。〔註54〕音聲不過是心的「不空」（aśūnyata）而已。

　　從上文談起，音樂是心理（內界）與物理（外界的動／靜）的互相依賴的操作，心與物本來也沒有任何內在眞實，因心象和物象生起、保存、變異、消滅，彷彿幻影，所以佛教才把意識所引發出來的東西作爲灰塵——心裏的灰塵或塵相，灰塵造成幻影給予人，使人認爲他們所接觸的東西是自在（自己存在）的眞實。大乘所說的心、物沒有意味著只有心眞實，物不眞實，而是因心賴於物，才知心，物賴於心，才知物，心、物無體性，經由自我作之。當消除自我後，我們才看東西，看得一樣「般若」（tathata）那樣。〔註55〕法相宗也沒有把心理的般若之狀態簡單地視爲絕對眞實，般若不是絕對的第一因（有內在的實體），還把般若本身當作沉思的對象，認爲沉思般若狀態之過程終究會引發超越的智慧。沉思般若的形態不過是達至涅槃的基礎而已。〔註56〕傾聽音樂的過程也是如此，音樂體顯般若的狀態，它們「生」、「住」、「異」、「滅」，沉思音樂就如同思考般若的活動。

　　《楞嚴經》詳解我們所有的感官世界——視覺、聽覺、味覺、嗅覺、觸覺。上述的引文是局部，但可以涵蓋《楞嚴經》的所有感官理論，就結構而言，不管在句法上的系譜軸（paradigm）或毗鄰軸（syntagm）〔註57〕都可以

〔註53〕不過 Charles Luk 譯成 "Not hearing devoid of nature" 其義是無聞性質之虛無，未聞到性質之虛無。Han Shan（1546～1623）（editor）, *The Surangama Sutra（Lengyan jing）*, translated by Upasaka Lu K'uan Yu（Charles Luk）（electronic book version, free distibution）（Buddha Dharma Education Association Incorporation, no publication year）, p.208.
　　　紫虛居士反而認爲此句本義是指無聞性而已。紫虛居士，《大佛頂首楞嚴經》（未出版的著作），頁355。筆者認爲此句甚至可以理解爲分離句法：無聞性、無性質的意思。
〔註54〕此句紫虛居士反而認爲正義是若聲無聞性就是無是滅，聲有聞性就不會發生了。
〔註55〕Tathata 或 bhutatathata 漢文譯成多詞，如：眞如、般若或如來。
〔註56〕Yamabe Nobuyoshi, "The Idea of *Dhātu-vāda* in Yogacara and *Tathāgata-garbha* Texts," in *Pruning the Bodhi Tree：The Storm over Critical Buddhism*, edited by Jamie Hubbard and Paul Swanson（Honolulu：University of Hawaii Press：1997）, pp.198～199.
〔註57〕西方符號學上的一種虛構組合，此組合借用語言系統上的語義、句法之差異或二元對立爲其出發點，如：黑字的語義之存在出於白字的存在，黑字既不是指外界可看到的眞正黑色，而是來自白字的語義之存在，女字既不是直指

把其餘有關感官的符號代替、更迭，如：眼根／耳根／鼻根／舌根／身根／意根（六根），色處／聲處／香處／味處／觸處／法處（六境），眼識／耳識／鼻識／舌識／身識／意識（六識），皆可相連於自己的內在語碼（internal signification），如：明／暗，靜／動，香／臭，甜／淡，冷／熱，寤／寐，這表明經文瓦解自己的結構，同時也重組自己的結構，才叫作文本之「解構」——既瓦解，同時重構，這才是「解構」的眞義。〔註58〕

明暗	有	明暗之體性
動靜	有	動靜之體性
香臭	有	香臭之體性
甜淡	有	甜淡之體性
冷熱	有	冷熱之體性
寤寐	有	寤寐之體性

一旦更迭、轉換一個符號的內在對立之互相依賴之界義，不管甲或乙就立即變成主體之外在的對象，而同時也確認主體的自我存在正在認知外在的語義，整個過程只是自我與語義的互動而已，主體對語義的認知已經虛擬化主體以及主體的外在他者，而外在他者反而回來確認主體的存在。問題十分簡單：如果明由暗決定其存在，而暗由明決定，它們怎麼可能與我們的經驗、感官有必要的關聯，它們何必依靠我們的器官體現、認知？一切的過程不過是語義的封閉系統的內在滑動，與主體的經驗、感官毫無關係，不過主體總以爲這些是他們的經驗、感官的眞實反映、回味。當經驗、感官被貶值成爲語義的奴隸時，不管甲或乙就「顯得失去」自我的他性，甲不是甲，乙就不是乙。〔註59〕

外界的活生生的女性，而是出於男字的語義之存在，靠男字作爲其對象，兩者都是非本質性（non-essential）的雙生關系，在語言系統裏反而産生無窮無盡的形式上的意義，竪軸叫做 paradigm，橫軸叫做 syntagm，如筆者以上有關感官符號的分析，一切皆爲形式上的關系而已。

〔註58〕所謂的 deconstruction 來自 destroy 與 construct 結合在一起。譯成中文後讓人誤以爲只指「瓦解結構」，其實不對。所謂的「解構」是瓦解，同時重構，過程也同時步驟，兩詞皆爲動詞或可以作爲動詞的名詞（verbal noun）。

〔註59〕我在此故意玩耍兩個語義，玩弄「顯得」與「失去」的邊疆虛擬。

$$A / \text{-}A \quad = \quad 0$$

明／暗	＝ 無色
動／靜	＝ 無聲
香／臭	＝ 無香
甜／淡	＝ 無味
冷／熱	＝ 無觸
寤／寐	＝ 無法（法即性也）

／代表符號或存在的内在他者（différence）。〔註60〕

-A（not A）代表 A 的内在他者。

0 代表自己無法定義自己的狀態，必得依賴他者確認自己的存在，從而無體性。

　　上表闡述文本自身的「解構」，一個符號佔有力量成爲他者，這個內在他者超乎人類的控制能力，如同優先權力一般，它們促使我們的經驗紛紛擺在符號之背後，而後認知之、確認之，感官似乎成爲符號的無所不在的他者，與外界的眞實毫無相干。在這個意義上符號本身作爲自己的烏托邦（utopia），在語義上互相反射、滲透，又優先自在，連人的意識也絲毫不能進去干擾。後結構主義把語言符號的烏托邦稱爲「鬼魂」（specter），符號的界義就如同無所不在的燈光不斷地生滅，互相毀滅、互相生產，彷彿「鬼魂」那樣似的。連我們所謂的感官、經驗也變成它們的奴隸、變成它們的「鬼魂」，如同雅克·德希達（Jacques Derrida 1930～2004）說：「文本之外無他物。」（There is nothing out of text）。〔註61〕德希達曾說：「這是我的出發點：沒有任何意義得以決定，如果沒有其周邊，除非其周邊允許自己的浸透。」〔註62〕

〔註60〕我把符號與存在並寫，因一個符號的認知早就代表一個存在了。德希達説 différence 不是詞，又不是概念，不是否定，又不是肯定，因爲否定還是代表本質仍隱藏著，需要否定動作，而 différence 如同滑動之動作，完全不屬於存在的類別或非存在的類別，它不過是自我八方的分離或「中間的聲音」(middle voice)。Jacques Derrida, "Difference," in *Margins of Philosophy*, trans. Alan Bass（Chicago：University of Chicago Press, 1982），pp.130, 137.

〔註61〕原文法文是 "Il n'y a pas de hors texte"。

〔註62〕"This is my starting point：no meaning can be determined out of context, but no context permits saturation." Jacques Derrida, "Living on," in Harold Bloom, ed al., *Deconstruction and Criticism*（New York：Seabury, 1979），p.81.

Ian Mabbett 指出所謂的「文本之外無他物」意味著語言系統的內在與外在的無窮無盡，不是單指語言封閉系統的內在。〔註63〕無意義，若無周邊，無周邊，若無意義。有意義，才有周邊，有周邊，才有意義。內／外不過是符號的虛偽構造，於是在此的烏托邦只是虛擬的比喻而已，不要被它所上當，德希達提醒了又提醒，如果我們把這個烏托邦認知為一個存在物或一個概念之存在，它的存在也難免指涉於一個符號的「存在」，我們就永遠一直進入新一陷阱，如此無窮無盡，德希達心裏也清楚這個事實，才說存在之所謂的他者既不是詞，又不是概念，它彷彿鬼魂那樣一直纏綿你、驚嚇你，等到你面對死亡的那個一刻為止。當那個時候來臨，你就不再有「未來」的印象之存在，他說：「等到死亡。死亡是內在他者的滑動（，）只有在這個意義上那個滑動才必然停止。」〔註64〕（Until death. Death is the movement of difference to the extent that that movement is necessarily finite）（連德希達的書寫也解構自己，死亡（終止）怎麼可能是滑動，他所運用的句法也似連非連那樣，to the extent that 代表在這個意義上或程度上，其前後文無標點符號隔著，句法、語義正在流動，但其後面——finite 反而體現滑動的停止，譯成中文的時候如果「只有在這個意義上」的前面沒有添加逗號的話，似乎非語法、不很自然，所以我有意把逗號括弧，讓譯語近於原文，也顯然流動一些，不過不論怎麼翻譯也難以保留西文句法的流動能力。從而說德希達德的文本也解構自己。）

　　德希達以符號的烏托邦質疑我們的經驗、感知（即為懷疑現象主義），當我們的經驗、感知得以解構時，我們的存在也同樣「顯得消失」，變得微微弱弱、渺渺茫茫、隱隱約約地存在，如同明暗之恍惚交涉，似有似無的標緲影跡。德希達的解構也如同佛說須菩提，說法，而法不可說，這才是法之說。〔註65〕

〔註63〕Ian Mabbett 提出：「德希達曾寫文本實際上無任何界線限制之，而成為一整個周邊的一部分。」Ian Mabbett, "Nāgārjuna and Deconstruction,"in *Buddhisms and Deconstructions*, edited by Jin Y. Park, afterword by Robert Magliola（Lanham, Boulder, New York, Toronto, Oxford：Rowman & Littlefield Publishers, Inc., 2006）, p.27.

〔註64〕Jacques Derrida, *Of Grammatology*, trans. Gayatri Chakravorty Spivak（Baltimore：The Johns Hopkins University Press, 1974）, p.143.

〔註65〕姚秦天竺三藏鳩摩羅什譯，《金剛般若波羅蜜經》，《大正新脩大正藏經》，

　　而《楞嚴經》提說未必等到死刻來臨，連活生生的主體的整體存在、統一的自我、完整的自我意識或阿賴耶也沒有自己的內在眞實，主體的自我意識構造了大夢中的許多小夢而已。德希達以符號的內在他者解構經驗、感知的體性，而大乘除了這個方法以外，還簡單地使用實證主義（positivism）也可以駁回、否定自我所帶來的體性、眞實。本文以耳識爲例分析，其餘的感官讀者可以在 X 與 Y 之軸上親自瓦解及重組，經文曰：

> 此聞離彼動靜二塵畢竟無體，如是阿難當知是聞非動靜來，非於根出不於空生，何以故若從靜來，動即隨滅應非聞動，若從動來，靜即隨滅應無覺靜，若從根生必無動靜，如是聞體本無自性，若於空出，有聞成性即非虛空，又空自聞何關汝入，是故當知耳入虛妄，本非因緣非自然性。〔註66〕

　　經文一方面承認聽聞是自然而然的流逝之現象之存在，說是自我意識的相應──「吸此塵象」（吸受相應的塵象），一方面也否定三個命題：（一）聞性非出於動與靜（二）聞性非生於耳根（三）聞性非出於空虛：

　　（一）聞性非出於動與靜：若聽聞離開動、靜符號──我們自我意識所帶來的二元對立，就失去其自性，在這個意義上，符號是自我意識的再次認知。若說聽聞從靜來，動就會立即消滅，在面對運動的境相時，應該聽不到聲音──動相，若說聽聞從動來，靜就會即將消滅，在面對靜止的境相時，應該感覺不到靜相，因此動／靜之假設符號不過是「唯心」或「唯心作」，眞正的音聲，既無聲，又非無聲。一旦擺脫二元對立的符號的虛擬認知，一切無性：說聲則有聲，說無聲則無聲。擺脫無聲、有聲的概念，才是純然的音聲。

　　（二）聞性非生於耳根：若說聞性出於耳根，「必無動靜」，如前文所談。

　　（三）聞性非出於虛空：若說聞性出於、生於虛空，就帶來兩個假設：1. 若說聞聽功能出於虛空，但虛空本身既然佔有了自己的能聞性，就不應該再稱之爲虛空了。2. 若說聞聽功能出於虛空，就代表虛空早就有自己的能聞性了，如果沒有此功能，怎麼施與他人呢？它們既然聽聞自己了，那麼何必要依靠你的耳根呢？1. 和 2. 可以用我們的經驗證明之，可以透過我們的實

CBETA，Vol. 08, No. 235，頁 1～8。

〔註66〕唐天竺沙門般剌蜜帝譯，《楞嚴經》第三卷，《大佛頂萬行首楞嚴經》，《大正新脩大正藏經》，CBETA，Vol. 19，No. 945，頁 15。

證主體去體會。這就是使用實證主義駁回實證主義的眞實。〔註67〕

上述所否定的內容，如下：

（一）等於否定語義的內在實體或內在眞實——語義的體性。

（二）等於否定六處（āyatana）所引發的眞相（眞實之境相）。

（三）等於否定眞實出於虛無。如果透過第三項反省王弼的「貴無」（貴空虛的存在、本體），王弼之以「無」爲絕對的所在地就大乘而言皆唯心作也。

（一）、（二）與（三）連串起來，成爲「唯心」的操作——大自我中的小自我，如同大夢中之小夢的無窮無盡。

論音聲與十二處（六根加上六境）的關係，〔註68〕經文細膩地分析鐘與鼓的聲相不過是心境中的幻影之構造，文本中建立一個場景作爲解釋的環境（context of explanation）或解釋的前提，如同蹄、筌，一旦進入，也難以脫身，可說是經文的解釋力量。那個場景發生在祇陀園裏，佛祖讓阿難在祇陀園裏試試聽通知大眾喫飯時擊鼓的聲音以及集合大眾時撞鐘的聲音，經文曰：

> 鐘鼓音聲前後相續，於意云何，此等爲是聲來耳邊耳往聲處。
> 阿難若復此聲來於耳邊，如我乞食室羅筏城，在祇陀林則無有我，
> 此聲必來阿難耳處，目連迦葉應不俱聞，何況其中一千二百五十沙
> 門，一聞鐘聲同來食處。若復汝耳往彼聲邊，如我歸住祇陀林中，
> 在室羅城則無有我，汝聞鼓聲，其耳已往擊鼓之處，鐘聲齊出應不
> 俱聞，何況其中象馬牛羊種種音響。若無來往亦復無聞，是故當知
> 聽與音聲俱無處所，即聽與聲二處虛妄。〔註69〕

經文反問鐘鼓的聲音來到你耳朵那裏還是你的耳根跑到聲音那裏去？經文用空間上的更迭瓦解了能聞與所聞的內在眞實，若說聲音來到你的耳邊，則譬如我（佛祖）往室羅筏城乞食，此祇陀園就不會有我的蹤跡了，由於來／去在邏輯上可以交錯，不過是心境中的「相應染」而已。若說聲音來到你的身邊，旁邊的人，比如：目連、迦葉應該聽不到才對。這更不用談到一千二百五十比丘都聽到並來到發聲處集合。若說你的耳根跑到鼓聲的來源處，

〔註67〕此證明未必都要用後結構主義來「瓦解」所有的現象，我們可以用實證主義的內在邏輯來推翻實證主義的眞實亦可。

〔註68〕六根爲眼根、耳根、鼻根、舌根、身根與意根，六境另名六塵，即色、聲、香、味、觸、法。

〔註69〕唐天竺沙門般剌蜜帝譯，《楞嚴經》第三卷，《大佛頂萬行首楞嚴經》，《大正新脩大正藏經》，CBETA，Vol. 19，No. 945，頁16。

就應該聽不到同時所發出的鐘聲，何況還有大象、馬、牛、羊等林林種種的聲音參雜於其中，因而說：「若無來往亦復無聞」。〔註70〕既然本無往來，所謂的聽覺與所聽的聲相紛紛都站不住——「聽與音聲俱無處所，即聽與聲二處虛妄。」〔註71〕

論音聲、耳根（肉耳）、耳識三者的關係，《楞嚴經》把它們問題化成為兩個面向：（一）耳識是因耳根所生，以耳根為界。（二）耳識是因音聲所生，以音聲為界，而《楞嚴經》皆否定之。此次的否定完全掃蕩對阿賴耶的所有存在性之迷思。經文曰：

> 阿難若因耳生，動靜二相既不現前，根不成知必無所知，知尚無成識何形貌。若取耳聞，無動靜故聞無所成，云何耳形雜色觸塵名為識界，則耳識界復從誰立。若生於聲，識因聲有則不關聞，無聞則亡聲相所在，識從聲生，許聲因聞而有聲相，聞應聞識不聞非界，聞則同聲，識已被聞誰知聞識。若無知者終如草木，不應聲聞雜成中界，界無中位，則內外相復從何成，是故當知耳聲為緣生耳識界，三處都無，則耳與聲及聲界三，本非因緣非自然性。〔註72〕

（一）假如說耳識是因耳根所生，以耳根為界，也帶來幾項問題：1. 若說耳識生於耳根，若沒有動、靜二相出現在面前，單靠耳根也是不能有聽覺的。一旦沒有聽覺，耳識怎麼可能有自己的形貌？2. 若說耳根來自我們身根的表象，而身根的用性就是冷熱之接觸，怎麼可能把身根的冷熱之接觸當作能聞？怎麼可能以之命名為耳識——「雜色觸塵，名為識界」？

（二）假如說耳識是因音聲所生，以音聲為界，也帶來幾項問題：1. 若說耳識生於音聲那裏，這意味著耳識無係於耳根的聽聞。既然沒有聽聞，聲相的所在也當然會亡失——「無聞則亡聲相所在」，〔註73〕若沒有聽聞，怎麼可能生起耳識呢？2. 若說耳識出於音聲那裏，這還意味著因聽聞而有聲相，那麼耳識就如同獨立於你己的一種存在，它聽聞的時候也要能聽到自己的表相、相狀——「識從聲生，許聲因聞而有聲相，聞應聞識」，〔註74〕如果不，就不能稱之為耳識（因耳朵的意識的功能應是認知自己、聽見自己，才能叫

〔註70〕同上註。
〔註71〕同上註。
〔註72〕同上註。
〔註73〕同上註。
〔註74〕同上註。

作耳識）。3. 假如耳識能夠認知自己，聽到音聲的到底是你還是你的耳識呢？如果只有你的耳識能聽聞音聲，你自己就不如草木了嗎？從而說耳根、聲境、耳識，「唯心作」也。三者無體性地互相依賴，沒有分界，也不應作爲獨立之中界——「不應聲聞，雜成中界。……。是故當知，耳、聲爲緣生耳識界，三處都無」。〔註75〕實際上《楞嚴經》只是把三者當作各個語碼的獨立中界，然後將它們的各個獨立的空間玩耍、轉動來去罷了，解構之後，一無所有。

　　《楞嚴經》的聽覺美學還否定了唯心論及唯物論的音聲之說，爲何？因唯心論以主體之優先存在（ego cogito）爲前提認知音聲，這意味著音聲的存不存在取決於有沒有主體認知之，若有，音聲就存在，若沒有，音聲就不存在。同時也否定以外在客體爲前提的存在之說，因就唯物論而言，音聲不取決於主體存不存在，而音聲的物理現象也永遠存在。《楞嚴經》駁斥此說，以爲心／物，「唯心作」也。

　　不僅如此，《楞嚴經》還否定中國中古的形而上學：「大音希聲」，因歸根結底所謂的小音的所有現象一直都以無音（偉大到無音之音）爲其本體，與無音分享其性，而生滅在大音之無限的體性裏。在大乘的鏡頭之下，「大音希聲」則是「貴無」的掩飾，其模棱兩可使我們以爲有／無平等，實際上有／無，「唯心作」也。

　　《楞嚴經》讓我們反思嵇康樂論中的本體上的和諧狀態，促使我們質疑和諧的體性之說，這個和諧狀態有兩種說法：一、音聲完全擺脫情感，全無哀樂，沒有哀樂在這個意義上不相等於淡味，無情與淡味是不同回事，因無情在邏輯上有時可當作完全虛無的味道，味道全然毀滅，成爲空零，而淡味仍然是有味道與無味之間的疆域，淡味是指稍微有味道或色澤，但微乎其微，所以何物才是淡味也是一個大問題，不過有的學者，如：蕭馳認爲，聲無哀樂的眞義就是恬和淵淡，他把無哀樂當作淡乎無味的意思。〔註76〕筆者認爲兩種說法都有道理。淡味可以視爲完全虛無的味道或味道爲零的意思以及味道微乎其微的引申義。不過我在此只能說這裡的淡是憑藉味覺中的淡味來形容樂聲的淡性，以爲可以互通。不過《楞嚴經》連所謂的「淡味」也是「唯心作」，全無眞實，曰：「因甜、苦、淡二種妄塵發知，吸此塵象，名知味性。

〔註75〕同上註。
〔註76〕蕭馳，〈嵇康與莊子超越境界在抒情傳統中之開啓〉，《漢學研究》第 257281 期（2007 年 6 月）：112。

此知味性離彼甜、苦及淡二塵，畢竟無體」。〔註77〕《楞嚴經》追查到底說此知味性不是從甜、苦來，又不是從淡而來，也不是從舌根生起，更不是從虛空中產生。為何如此？《楞嚴經》駁說若說知味性從甜、苦來，當我們感受、體會所謂的「淡性」時，對「淡性」的味覺當然會立即消失，何以仍說能感受到淡味呢？相對而言，若說此知味性出於淡味，當我們嘗到淡味時，「甜性」、「苦性」就會即將消失，為何我們還說能品味到甜、苦這兩個塵象呢？若說此知味性源於舌根，但舌根為中性，並沒存有所謂的味道的任何屬性，因而不可能由舌根而同時或分別產生出來三個味道，所以曰：「斯知味根本無自性」，〔註78〕假如說斯知味性出於虛空，其自身就有味道了，未必經過你的口味奠定，而且如果虛空本來自有味覺了，何必要靠你的口、舌為中介呢？因此說味覺：「本非因緣，非自然性。」〔註79〕

　　此外，《楞嚴經》還異於亞瑟‧叔本華（Arthur Schopenhauer 1788～1860）的樂論，因就叔本華而言，樂聲沒有特指什麼情感，而是體現所謂的人類的共同意志（Will）而已。〔註80〕當我們聽賞音樂時，樂聲可以打動我們的心靈是因為它們超越個體的喜、怒、哀、樂之疆界，成為人類共同可享的意志。叔本華設想人類可以分享音樂是因為音樂作為宇宙的映像，何物是宇宙的意志，何物是人可相通的意志，既共同，又普遍一般，而對大乘而言，宇宙的映像，「唯心作」也。據我理解，叔本華這樣的看法深受印度教的一個經文之說法的影響：原子何如，宇宙也何如，微觀宇宙何如，宏觀宇宙也何如，人之體魄何如，宇宙之體魄也何如，人之心何如，宇宙之心也何如。

　　不僅於此，《楞嚴經》尚不同於畢達哥拉斯（Pythagoras 大約公元前 570～495）的樂論，因畢達哥拉斯認為秩序與和諧是數字的展現。亞里多斯德

〔註77〕《楞嚴經》把甜／苦並列於淡而看待，從而說二種，不是三種。因這裡的標點符號影響到我的詮釋，所以在此引用賴永海、楊維中，《楞嚴經新譯》（臺北：三民書局，2012），頁 97。

〔註78〕同上註。

〔註79〕同上註。

〔註80〕Will 在此必要大寫，代表沒有特指誰的情感，而是代表人類分享的共同意志。可見，越大寫，越有本體、精髓。對於叔本華，音樂沒有特指彼情感、此情意，沒有特別、分別代表喜、怒、哀、樂，但人類的映像（man representation）——喜、怒、哀、樂的無法分清之混沌的體魄，反而成為人可分享的宇宙之意志，因此叔本華說世界不過意志與映像。Schopenhauer, *The World as Will and Representation*, trans. E. F. J. Payne, 2 volumes（New York：Dover Publications, 1969），Vol. 1：261.

（Aristotle 大約公元前 384～322）如此描述畢達哥拉斯及其學派，說：「畢達哥拉斯們是第一派別建立數學，其學術不僅長足地進展，還認爲萬象所有的原理就放在數學之原理上。由於其數學原理，數字在本性上才作爲所有的第一原理，而在數字上他們看到所有的相類性質，萬物也通過數字的秩序得以體現，多於看作火、土、水……從此，再次，他們認爲音階的變樣與比率透過數字而可表現；從此，再度，萬象似乎擁有其性，而其性就基於數字身上，數字似乎成爲萬象的第一東西，他們認爲數字的要素就是萬象的要素，而整個上天就是音階（harmonia）與數字。」〔註81〕數字可以統一相異的性質，因數字可以多層次地變換其性質，不管在偶數還是單數。〔註82〕眞正的和諧出現在數率上，而數率通過音樂得以體現。畢達哥拉斯還認爲我們的靈魂也是一種和諧，對他來說，靈魂是軀體的和諧比率，人體中的和諧就猶如里拉琴（lyre）的合調。〔註83〕連畢達哥拉斯古典數學家也相信重生之輪，音樂的功能可以純化我們的靈魂，「魂之得以淨化就是在重生之輪回當中而終於得以解放，……，成爲宇宙和諧的個體再生——世上的神聖之秩序。這就是音樂對靈魂的力量之奧秘。」〔註84〕也就是說，樂聲可以淨化、和諧化人的靈魂，人過世後其和諧殘餘也體現、烙印在宇宙的本體裏，而永遠衍生了宇宙的自然秩序。

十分明顯，數字上的和諧，不管在數量上還是在音階上，就大乘而言，分別識也，越分別，越有個別的本體之運作那樣似的，又有其背後的本體力量之操作的存在。如同畢達哥拉斯，雖然嵇康未把音樂看作數字的運作之和諧，但也堅持認爲音樂佔有分別於人情的自然本體、自然體性。對大乘來說，「唯心作」也。

固然《楞嚴經》否定感官境界的內在實體（否定諸法有體），它們不過是妄念的般若之暫時現象：生起、維持、變異、消滅，但另一方面也肯定感官

〔註81〕 Aristotle, *Metaphysics*, 985b, § 23. 引用於 Richard Mckeon, *Introduction to Aristotle*（New York：The Modern Library, 1947）, p.255.

〔註82〕 Leon Robin, *Greek Thought and the Origin of the Scientific Spirit*（New York：Russell & Russell, 1928）, p.56.

〔註83〕 Aristotle, *De Anima*, 407, § 32. 引用於 Richard Mckeon, *Introduction to Aristotle*, p.160.

〔註84〕 Francis Macdonald Cornford, *The Unwritten Philosophy and Other Essays*, edited with an introductory memoir by William Keith Chambers Guthrie（Cambridge：Cambridge University Press, 1950）, p.20

的用性，我們可以依賴感官達至佛法（Buddhadharma），彷彿登岸捨筏一般，菩薩們當中的觀世音菩薩（Bodhisatta Avalokitesvara）也靠「聞」（聽聞）、「思」（思維）、「修」（修行）而「圓通」（通明萬性）。聞性不僅是工具，而終於成為一個必棄之法。觀世音菩薩他（／她）重視聽覺，也借用「能聞之性」，達至「寂滅」（空寂的完全消滅），〔註85〕《楞嚴經》卷六第一部分記載觀世音菩薩依照自己的所證說明，以耳根法門最為殊勝，曰：

世尊憶念我昔無數恒河沙劫，於時有佛出現於世名觀世音。我於彼佛發菩提心，彼佛教我從聞思修入三摩地，初於聞中入流亡所，所入既寂動靜二相了然不生。如是漸增聞所聞盡，盡聞不住覺所覺空，空覺極圓空所空滅，生滅既滅寂滅現前，忽然超越世出世間。〔註86〕

經文敘述在無數恆河沙劫以前，有一位佛出現於世，名叫觀世音。他（／她）跟從這位佛「發覺菩提心」，也教他從「聞」（聽聞）、「思」（思維）、「修」（修行）三個方面悟入三摩地。聽與所聽是何物？經文解答說起初經由聽聞而進入沒有對象可聞的狀態──「亡所」，所聞之聲既無，動、靜兩種相狀了然不生。如此漸修增進。能聞與所聞的聲相全然崩塌、消滅──「聞、所聞盡；盡聞不住」，〔註87〕能覺與所覺也不存在──「覺、所覺空」，〔註88〕覺空與空境也隨之全部消滅──「空覺極圓，空、所空滅」，〔註89〕生與滅完全消滅，只有寂滅出現在面前。終究聞與所聞非聞、非所聞，聞也空，所聞也空，覺與所覺非覺、非所覺，覺也空，所覺也空，皆為「唯心作」也，這就是所謂的「寂滅」。〔註90〕

一旦你心承蒙了大乘，你的心就是菩提心，之後沒有任何願望是不能實現的，因與你鏡眾相照的「觀世音」會現身成三十二應而為你說法。三十二應成為一種力量為遠超過羅漢、羅漢及種種許願之凡人而說法，經文把三者

〔註85〕由於大乘認為菩提薩的狀態是超越性別的真諦，所以我寫成他（／她）。
〔註86〕唐天竺沙門般刺蜜帝譯，《楞嚴經》第六卷，《大佛頂萬行首楞嚴經》，《大正新脩大正藏經》，CBETA，Vol. 19，No. 945，頁35。
〔註87〕這樣的標點符號來自賴永海、楊維中，《楞嚴經新譯》（臺北：三民書局印行，2012），頁230。
〔註88〕同上註。
〔註89〕同上註。
〔註90〕其實此引文真令人費解，閱讀中的現代標點符號，如：逗號、分號，對我的詮釋影響極大，所以在此引用新譯本。

在發覺菩提心的觀念之下連串起來，成爲一系列哲學性的寓言，其中之一就是「聲聞身」，曰：

> 若諸有學得四諦空，修道入滅勝性現圓，我於彼前現聲聞身，而爲說法令其解脫。〔註91〕

　　細讀三十二應會發現大乘把宗教的神秘經驗文學化，聲、心、羅漢、非羅漢、超越心、凡人心紛紛組織在一起，連續成爲一體，非彼非此，讓擬人化的「觀世音」瓦解成爲普遍性的菩提心而滲透萬事，本文試舉三十二應的上部分爲例，曰：

> 世尊若諸菩薩入三摩地，進修無漏勝解現圓，我現佛身而爲說法令其解脫。若諸有學寂靜妙明勝妙現圓，我於彼前現獨覺身，而爲說法令其解脫。若諸有學斷十二緣，緣斷勝性勝妙現圓，我於彼前，現緣覺身，而爲說法令其解脫。若諸有學得四諦空，修道入滅勝性現圓，我於彼前現聲聞身，而爲說法令其解脫。若諸眾生，欲心明悟，不犯欲塵欲身清淨，我於彼前現梵王身，而爲說法令其解脫。若諸眾生欲爲天主統領諸天，我於彼前現帝釋身，而爲說法令其成就。若諸眾生欲身自在遊行十方，我於彼前現自在天身，而爲說法令其成就。若諸眾生欲身自在飛行虛空，我於彼前現大自在天身，而爲說法令其成就。若諸眾生愛統鬼神救護國土，我於彼前現天大將軍身，而爲說法令其成就。若諸眾生愛統世界保護眾生，我於彼前現四天王身，而爲說法令其成就。若諸眾生愛生天宮驅使鬼神，我於彼前現四天王國太子身，而爲說法令其成就。〔註92〕

　　三十二應最後一行的描述十分重要，由於經文把所有的應身體現在聽聞的修行上，「觀世音」不過是般若的狀態，它來無所從，去也無所至，滲透萬物的一切。其實此段內涵豐富無窮，《新譯》本詮釋說：「它們都是我於耳根修習中，以本覺的聞性向內熏起始覺妙智所成就的無作妙力，自在而顯現出來。」〔註93〕經文曰：

> 是名妙淨三十二應入國土身，皆以三昧聞熏聞修，無作妙力自

〔註91〕 「有學」是指阿羅漢。唐天竺沙門般剌蜜帝譯，《楞嚴經》第六卷，《大佛頂萬行首楞嚴經》，《大正新脩大正藏經》，CBETA，Vol. 19，No. 945，頁35。
〔註92〕 同上註。
〔註93〕 賴永海、楊維中，《楞嚴經新譯》（臺北：三民書局印行，2012），頁236。

在成就。〔註94〕

　　經文的神秘力量在於經文讓菩提心此抽象觀念化身爲個人心裏的音樂節奏，把文本中的節奏、情脈、意脈連接於文外的三昧狀態中的傾聽活動，圓融了文學與文外的三昧的傾聽實踐，終究刪除了「聲」與「心」的分明界限。經文以聽覺的詩學（poetics of listening）相連於宗教的神秘經驗，建立了菩提心、聽聞、三昧之間的密切關係，何人以傾聽活動爲三昧，不會離開眾生，眾生的悲苦與祈禱化解成爲菩薩的美化之樂聲，曰：「世尊我復以此聞薰聞修金剛三昧無作妙力，與諸十方三世六道，一切眾生同悲仰故，令諸眾生於我身心，獲十四種無畏功德。」，從而說菩薩之心無分別。十四種無畏功德也都相關於眾生的聲音、禱告與菩提薩的傾聽之三昧，因而得名──「觀世音」，這裡的「觀」不僅是觀看（觀見），還涵著聽覺的所有感受或「觀聽」，「觀聽」近於「靜觀」或「觀察」，「靜觀」原本包含了聽聞的體會，同時也不會因悲聲受到污染。

　　經文對「觀看」進一步地補充，說：「一者由我不自觀音以觀觀者，令彼十方苦惱眾生，觀其音聲即得解脫。」〔註95〕其義是我不會親自地觀見人間的聲音，而只能觀察人間所嚮往、所想得到的種種主體，一旦眾生一心稱念我名，我就會觀察其音，尋聲救苦，使其即刻得以解脫。十四無畏功德之名大部分相關到傾聽與三昧，如：「三者觀聽旋復」、「五者薰聞成聞」、「七者音性圓銷」、「八者滅音圓聞」、「九者薰聞離塵」、「十者純音無塵」、「十二者融形復聞」、「十三者六根圓通」，以十四無畏功德提升到菩薩對眾生之保佑，彷彿與菩薩鏡眾相照的眾生之所求不是那麼重要，重要的是「本願」或「觀聽」的實行，讓「本願」或「觀聽」滲透到人世間的法界（dharma-dhatu）去，曰：「由我所得圓通本根發妙耳門，然後身心微妙含容遍周法界。」〔註96〕如果眾生是無邊的聲音，圓通其聲成爲一種三昧的觀聽之活動，整個世界成爲沒有邊疆的音聲之宇宙，耳根、聲音、三昧、空相皆無分別，曰：「佛問圓通我從耳門圓照三昧，緣心自在因入流相，得三摩提成就菩提斯爲第一。世尊彼佛如來，歎我善得圓通法門，於大會中授記我爲觀世音號。由我觀聽十方圓

〔註94〕薰字通用於熏，其義是熏起。賴永海、楊維中，《楞嚴經新譯》，頁 234～235。
〔註95〕唐天竺沙門般刺蜜帝譯，《楞嚴經》第六卷，《大佛頂萬行首楞嚴經》，《大正新脩大正藏經》，CBETA，Vol. 19，No. 945，頁 36。
〔註96〕同上註。

明，故觀音名遍十方界。」〔註97〕

　　《楞嚴經》瓦解音聲的本體爲妄相，而最後透過此塵象得以圓通。五根之中都不如耳根圓融無礙，曰：「五根所不齊　是則通眞實」。〔註98〕大乘這種互動主體（intersubjectivity）異於嵇康樂論的本體觀念（以平和爲宇宙的體性）是因爲樂聲的純然性質原本就擺脫、無係於人性，樂聲是宇宙的秩序的客觀反映，賞樂則是回歸秩序之母。大乘反而認爲音聲是人的「唯心作」，它是心理過程中之般若，我們可以借用之達至圓通。大乘還把「唯心作」的音聲擴展到與菩薩鏡眾相照的眾生——「凡音」。唯心、聲音、幻影、觀聽、觀世音、菩提心、凡音非彼非此，皆無分別，成爲在人世間的空的美學。

二、音與相

　　音的來源也不過是相——假相，何人以爲音必得出於因明（hetu），會永遠陷入這個陷阱，此陷阱可以寫成以下的四層符號：

　　（一）音存在。

　　（二）音不存在。

　　（三）音既存在，又不存在。

　　（四）音既不是存在，又不是不存在。

　　我們可以把存在換成其他因明亦可，如：音有來源、音沒有來源、音既有來源，又無來源、音不是有來源，又不是沒有來源或音存在，聽者不存在、音不存在，聽者存在、音既存在，聽者又存在、音不存在，聽者又不存在，最後音不是存在，聽者又不是存在、音既不是不存在，聽者又不是不存在等符號遊戲。這種「四句破」（catuṣkoṭi）源於一個假設——音聲有其因明：（一）肯定其存在的假設（自生），（二）否定其存在的假設（非自生），（三）既肯定，同時又否定其存在的假設（兩者皆是或共生），第三層值得注意，因爲此層融合（一）及（二）建立自己，（四）既不是肯定，又不是不肯定（兩者皆非或無因生），第四層把前三者的假設都否定，第四層十分重要，因爲此層使我們無法再把音聲的淵源談論下去，成爲一種「超越」的狀態可以掃蕩（一）至（三）的命題。若音聲是「法」的再現，而「諸法不自生，亦不從他生，

〔註97〕同上註。
〔註98〕同上註。

不共不無因，是故知無生。」〔註99〕龍樹的才華在於不管我們怎麼推問音聲是何物（追問音聲的本體），我們一定會找到以上的答案之一，既然你們明知本來就知道的大案，何必問呢？而且這四個答案都擁有無限的可能，重點是到底我們越討論，越無法透徹理解音聲是何物，因所謂的音聲本無體性。龍樹用「四句破」來駁回兩種人：（一）經驗主義（經驗推概），（二）理性主義（邏輯推論），龍樹幽默地說若我立論，你們就會發現我論述中的缺陷，因我無論可立，真假、是非的認證問題就不會發生，一旦沒有傷痕，毒藥怎麼可能浸透？

　　龍樹還談及六官——眼、耳、鼻、舌、身、意與其感知說明感官皆為空性，龍樹舉眼官為例，而後把其餘五官演繹到眼官，曰：

　　　　問曰，經中說有六情，所謂：

　　眼耳及鼻舌　身意等六情
　　此眼等六情　行色等六塵

　　　　此中眼為內情色為外塵，眼能見色乃至意為內情，法為外塵，意能知法，答曰無也，何以故？

　　是眼則不能　自見其己體
　　若不能自見　云何見餘物

　　　　是眼不能見自體，何以故，如燈能自照亦能照他，眼若是見相，亦應自見亦應見他，而實不爾，是故偈中說，若眼不自見何能見餘物，問曰，眼雖不能自見，而能見他，如火能燒他不能自燒，答曰：

　　火喻則不能　成於眼見法
　　去未去去時　已總答是事

　　　　汝雖作火喻，不能成眼見法，是事去來品中已答，如已去中無去，未去中無去，去時中無去，如已燒未燒燒時俱無有燒，如是已見未見見時俱無見相，復次：

　　見若未見時　則不名為見
　　而言見能見　是事則不然

〔註99〕龍樹菩薩造，梵志青目釋，姚秦三藏鳩摩羅什譯，《中論》，《大正新脩大正藏經》，CBETA，Vol. 30，No. 1564，頁3。

　　眼未對色，則不能見，爾時不名爲見，因對色名爲見，是故偈中說，未見時無見，云何以見能見，復次二處俱無見法，何以故？

見不能有見　非見亦不見
若已破於見　則爲破見者

　　見不能見，先已說過故，非見亦不見，無見相故，若無見相，云何能見？見法無故見者亦無，何以故？若離見有見者，無眼者，亦應以餘情見，若以見見，則見中有見相，見者無見相，是故偈中說，若已破於見則爲破見者，復次：

離見不離見　見者不可得
以無見者故　何有見可見

　　若有見見者則不成，若無見見者亦不成，見者無故，云何有見可見，若無見者，誰能用見法分別外色，是故偈中說，以無見者故何有見可見？復次：

見可見無故　識等四法無
四取等諸緣　云何當得有

　　見可見法無故，識觸受愛四法皆無，以無愛等故，四取等十二因緣分亦無，復次：

耳鼻舌身意　聲及聞者等
當知如是義　皆同於上說

　　如見可見法空，屬衆緣故無決定，餘耳等五情聲等五塵，當知亦同見可見法，義同故不別說。〔註100〕

　　龍樹簡單地駁說：（一）觀見自身不能看到它們自己。（二）無法看到它們自己的東西怎能看到其他東西？（三）若說觀見自身是眞實，就如同燈既可以自照，又可以照耀他人，如此才能說觀見本爲眞實，但事實亦不然。（四）若說觀見自身不見自己，可是見到他人，就如同火堆不能燃燒自己，只能燃燒他人，越更不合理。（五）從（二）的命題談起（觀見不能看到它們自己，因此便不能看到他人），若觀見不能看到他人，歸根到底就沒有所謂的觀見，因爲無法說觀見自身正在觀看其餘東西。

〔註100〕龍樹菩薩造，梵志青目釋，姚秦三藏鳩摩羅什譯，《中論》，《大正新脩大正藏經》，CBETA，Vol. 30，No. 1564，頁 8～9。

　　龍樹思辨的狡猾就在於此，若觀見只能看見其餘東西，而不能看到它們自己，觀見動作就如同一個火堆，它們不能自燒，只能燃燒別人，觀見的這麼不合理之真實來自何處？它們就源於自我的留戀使然，此為主體依戀於、執著於眼相。若把自我怪物消除掉，還有觀見或被觀見嗎？因見本身不能見，既然不能見，就等於不見，既然沒有所謂的看見，還有觀者乎？還有留戀之情哉？因此說所看見的不過是眼相，無真實，皆為無性，云：「耳鼻舌身意，聲及聞者等，當知如是義，皆同於上說。」〔註 101〕

三、音與聞

　　上面談及音聲的空性與觀聽認知的空性，在此論及音與聞性，瑜伽派也認為空性的習得出於聞（śruta-mayī）、思（cinta-mayi）、修（bhavana-mayi）。Śruta 的 ta 是被動形態，其義就是所聞，引申義可以指能聞性或耳識的習得性，mayī 直義就是組成，Poussin 詮釋 mayī 的意義為「因而組成」、「因而轉化」，〔註 102〕他的詮釋有趣，因為聽聞不是完整的過程，而是從所聞中而組成，又反映著所謂的聞性之轉化，而 mayī 的本義在中文翻譯中已經消失。

　　有關聞性，瑜伽派在〈聞所成地〉（śrutamayī-bhūmī）一卷把所聞的知識分為「五明」（pañca-vidyā）：（一）內明（adhyātma-vidyā），如：事施設建立、想差別施設建立、攝聖教義、佛教所應知處。（二）藥明（cikitsā-vidyā）（三）因名（hetu-vidyā，如同第二節所談）（四）聲明（śabda-vidyā）（五）工巧（śilpakarma-vidyā）。本文注重聲明，聲明有六個面向：（一）法施設建立（法的命名）（二）義施設建立（義的命名）（三）補特伽羅施設建立（人的命名）（四）時施設建立（時間的命名）（五）處所、根栽施設建立（空間的命名）。

　　五個面向可以將音符、歌詞中的語義（義施設建立）的再現、認知一言蔽之，這些音符、歌詞佔時間（時施設建立），又佔空間（處所、根栽施設建立），不然我們怎麼能認知樂曲，若樂曲不佔時空（連韻味中等語義聯想皆是）。所有的音聲現象皆為法的再現，我們怎麼認知、了解法是由聲明註之、認之，傾聽音聲的現象之理解（如：樂聲、悲咒、偈）亦出於聲明的辨認，怎麼沉思這些音聲的現象是一個重要手段，因此大乘空論的習得的方法之一

〔註 101〕同上註，頁 9。
〔註 102〕Poussin 引用 S. M. Paṇini & Katre, *Aṣṭadhyayi of Paṇini*（1st Indian edition）（Delhi：Motilal Banarsidass, 1987），p.471.

就是沉思聲相，分爲「聞所成慧」、「思所成慧」。〔註103〕瑜伽派教我們從通過所聞而沉思什麼？

　　瑜伽派教我們沉思所聞中的塵相，稱之爲「了相作意」（把所觀聽當作相之心意），曰：「聽聞正法，常思惟言，顯示了相作意。常修習言，顯示勝解作意；由起勝解而修習故。先觀見麁靜言，顯示遠離作意。於修習一向等言，顯示攝樂作意。於諸相觀察言，顯示觀察作意。加行究竟言，顯示加行究竟作意。能離欲界欲及離色界欲，入眞諦現觀，能離一切欲等言，顯示世間、出世間加行究竟果作意。」〔註104〕習得「勝解作意」（看之似乎如來的心意）後會進入「遠離作意」（遠離相之心意），遠離相之心意後心裏得到一種喜悅或「攝樂作意」。瑜伽派認爲單靠聞與思不能使我們達到「寂滅」的境界，若不「修習一向」，不過也是「初修業者」之入門，因聞與思在一定的程度上可以消除自我的依戀。之後觀察言，這裡的言梵文是 nimitta，其義是相，可見符號的了解也是一種心相，作爲言相，而最後達到「加行究竟果」。

　　瑜伽派認爲所謂的習得出於「心相應」，音聲也是，音聲不過是心中的相應染，連心本身也不過是個名，無體性，因此法藏曾攻擊玄奘對藏識、如來藏心的永恒實體之觀點。由於我們要在空間性的意識上辨別而認知語義、符號，所以我們所觀聽不過是相，此相在我們的意識上佔空間，成爲意識上的空間性的一個名。當我們覺醒到這個眞實時，主體就會慢慢疏遠於所聞所見，以之爲心相應，此過程需要通過思與修，才能成慧。所以聞、思、修的關係本是一種藝術，需要修習而增進。

　　習得的過程是從瑜伽所謂的「有漏」走向「無漏」，「有漏」指的是「流動其心，故名爲漏。」〔註105〕聲明的感知也是一種「有漏」，修行者需要練習「了相作意」走向「無漏」。瑜伽認爲：「可愛因者，謂善有漏法。」〔註106〕恰當的因緣造成「有漏」之法相，「一切有漏共相者，謂有漏行者，皆苦性相。」，〔註107〕「有漏」的所有共相皆爲有漏之運作的狀態，而造成引發苦性之相，曰：「一切有漏皆性是苦。」〔註108〕，享樂也是一種「有漏」，

〔註103〕彌勒菩薩說，三藏法師玄奘奉詔譯，《瑜伽師地論》（卷14），《大正新脩大藏經》，CBETA，第三十冊，T30，no. 1579，頁354，b19～26。
〔註104〕同上註，《瑜伽師地論》（卷17），T30，no. 1579，頁369，c27～370，a8。
〔註105〕同上註，《瑜伽師地論》（卷8），T30，no. 1579，頁314，c5。
〔註106〕同上註，《瑜伽師地論》（卷16），T30，no. 1579，頁362，c1。
〔註107〕同上註，《瑜伽師地論》（卷16），T30，no. 1579，頁361，c26～27。
〔註108〕同上註，《瑜伽師地論》（卷15），T30，no. 1579，頁358，c14～15。

曰：「一切樂受皆是有漏。」〔註109〕聞性本身是一種「有漏」，因心一直在相應，而觀聽自身的塵相使「有漏」之心態逐漸變成「無漏」之心境，從世間領會出世間，借用世間爲工具達至出世間，當那個時刻來臨，修行者對世間與出世間無分別識，世間也空——「世間一切種清淨」，出世間也空——「出世間一切種清淨」，〔註110〕兩者得以淨化，曰：「由了相等七種作意，世、出世道，皆清淨故」。〔註111〕到最後涅槃或空也不過是假相，因此瑜伽派的唯心之說無衝突於中觀學派的諸法皆空，兩者在哲學上可以保留大乘空論的根本價值。

四、音與淨土

「空」是觀念或狀態，「空」的美學是將「空」的感知融入於各種各樣的藝術領域，沉思音相是其中之一，所以可以借用音性的藝術、實踐達至「空」。〔註112〕音聲不會與「空」呼應，若主體不沉思所有音聲的現象，而認爲此爲「唯心作」也。你怎麼認知音聲，淨土（或般若而來、如來的狀態）就在你心那裏呈現。音聲的空性與空性的美學之交涉就在於此。

若把音聲的空性當作一種狀態，我們怎麼認知那個狀態或透過什麼認知那個狀態就屬於美學了，本來單身的空性我們是不能認知的，我們要透過某某東西認知空性，那就是透過現象認知空性，音聲也是一種現象。就西方哲學而言，美學本來不是判斷美醜的準則，此義是應用的意義，而且是最後的意義了，英文美學——aesthetics 原義就是感知的方式，是一種 mode of perception，你怎麼感知就屬於美學領域了，就空的美學而言，我們怎麼透過音聲的現象了解空性原本就是一種美學，而且非常有人生的意義，其實就康德的美學而言，美學可以或未必可以相關到人生亦可，比如：在康德的《判斷力批判》（Critique of Judgment）一書的〈美的分析論〉（Analytic of the

---

〔註109〕同上註，《瑜伽師地論》（卷15），T30，no. 1579，頁358，c21。

〔註110〕同上註，《瑜伽師地論》（卷20），T30，391a17，ZH 72～1307，頁109～313，a7。

〔註111〕同上註，《瑜伽師地論》（卷17），T30，no. 1579，頁369，c27～370，a8。

〔註112〕其實在西洋哲學上所謂的「美學」（aesthetics），字源本義是人的感知方式（mode of perception），主體如何感知就屬於美學領域了，傾聽音聲也是一種感知方式，西洋哲學上的美學未必相關到人生，像康德意義的純科學（pure science）那樣亦可，不過中國美學似乎必要相關到人生，變成一種人生態度，才有價值，才起著作用。

Beautiful）篇章裏康德論述顏色、音聲的認知也是一種美學，屬於純科學，這個純科學不是現代科學的意思，康德運用我們的先天知識範疇來論述顏色、音聲的認知，說我們無法知道顏色、音聲是什麼樣的形狀，我們只能透過立體、三維度、佔空間、時間等觀念認知顏色、音聲，康德提問我們怎麼能認知顏色、音聲，若它們不佔時空，康德說本體上的顏色、音聲我們不能知道，我們只能知道的是現象上的顏色、音聲，這些論述就屬於美學了，康德還把這些論述擴展到人生，比如：我們可以觀賞藝術物件，而觀賞動作是無利益的，比如：我們覺得佛廟不美，可是其他人覺得很美，這些判斷屬於所謂的主觀上的普遍性（subjective universality），爲什麼才說主觀上的普遍性沒有衝突，因爲每個人對佛廟的形式（form）、架構對稱等感官認知得不一樣而已。

瑜伽派說我們怎麼認知空性、般若的狀態要通過「了相作意」，「了相」過程中也是一種美學，你們怎麼把萬物當作一種塵相而認知則屬於美學了，而且相關到活生生的人，變成一種修佛的人生態度和生活方式。傾聽現象上的音聲也屬於一種美學，因而文殊菩薩稱讚觀世音菩薩透過「聞」而「圓通」（通明萬物的空性）。《楞嚴經》還說傾聽音聲的般若狀態可以讓我們「發菩提心」，從「發菩提心」可以維持永遠不會退步或阿毘跋致的嚮往，佛經還說我們越思考音聲性的現象，越使我們維持菩薩本願。所以不管論純科學或論人生態度，我覺得，比如：沉思經文的韻味或念佛等佛樂實踐都屬於美學。

爲何我們該念經？誦經讓我們取得了什麼？誦經與音樂的韻味有何關係？此活動與我們的能聞性有何牽連？與空論有何呼應？如果誦經是一種體現音聲的活動，我們所朗誦的音聲就是我們心（citta）的反映，而心所反映的則爲淨土，淨土就在人間，作爲我們心的反映，因此說誦經就是誦「空」，念經、念你心之空虛也。

在此的淨土除了是學派，還包含著每個佛派所支持的音樂實踐——早晚誦經。因淨土是一種音聲的實踐，代表心理之過程，從而淨土作爲我們心的反映。若我們心反映淨土，淨土也不過是覺醒佛性、覺醒空論的情態，經文在某處曾說連一微塵內也有淨土，一旦覺醒其心，你就會看到淨土，淨土是作爲「空」——般若的體現。

雖然大乘分成多派，早晚誦經仍是每一派的共同習慣，早晚誦經到了明末，才定型成爲我們現在於廟裏常見之習慣，但朱紅僧人早就在宋代出版了一書——《諸經日誦》，此書而後稱爲《禪門日誦》，因被一些主要的禪廟實

行。目前本經泛稱《佛門日誦》。Chen Pi-yen 認為早晚誦經作為主要的禮儀，有助於沙門可以維持一種宗教之嚮往——「為了取得佛性而普度眾生」，同時也得到靜心與三昧狀態，成為中國佛教的信仰、理念、習俗以及種種象徵意義紛紛來集合之點。〔註113〕一大早當寺廟演奏法之音時，如：木塊、鐘、鼓，這些音韻會喚起、覺醒沙門，使沙門進入誦經狀態，同時也淨化、沉思其心，使心思在混亂之前安靜下來，把凡間的欲望隔離於心，這些善行導致他們對佛性之嚮往。〔註114〕

　　天台僧人釋興慈在他的一書——《重訂二課合解》中強調早晚誦經是沙門的必行紀律，使沙門達至、維持宗教之嚮往。〔註115〕念經相關到有／無的生滅觀念，另而言之，早晚誦經則是聽聞有／無之轉變，早暮的自然轉換就猶如天天心之生滅，相關到聽聞之經驗，如同離道之遠近一般。經文形容本心真空，因無知，才從空中創立世界，法相因而誕生。「頑空」應該是「頑固的虛無」。若執著於有我，諸法就是主體的自我之投射，才說「自無而有」。認知無我的境界後，就猶如「自有而無」，兩者的轉換如同一天天早暮的自然繞行。早上誦經彷彿「自無而有」的心態，而暮誦則彷彿「自有而無」的心境，亦皆與離道的遠近息息有關。因早上之心「自無而有」，所以要「息」（停息），因晚上的心逐漸地「自有而無」，從而則「消」（消然）。兩者不過是心生滅的自然現象而已。如果念經是對心生滅之覺醒，它就直接相關到聽聞之經驗——傾聽心理上的節奏。〔註116〕自漢至唐雖然諸師前後分成八宗二行，

〔註113〕 Chen Pi-yen, "Sound and Emptiness：Music, Philosophy, and the Monastic Practice of Buddhist Doctrine," in *History of Religions*, Vol. 41, No. 1（Aug., 2001）, p.31.

〔註114〕 同上註。

〔註115〕 此書的編輯之一靜虛俞恆曰：「夫心本真空，由不覺故而變頑空，頑空而立世界，世界而生萬物，萬物生則人心趣之著之，勃然執之有我，自有我而一切諸法無一無我，層層惑障緣我而生，種種現象由我而幻，此自無而有之境界然也。反是以觀，我即人也，我即物也，我即世界也，頑空也。充類而返，求之以至於真空，固知無所謂我也，無所謂我，而我自知之，則我猶未脫乎生老病死之我，不過如莊子所謂夢中覺夢者焉，此自有而無之境界然也，自無而有則去道日遠自有而無則與道日近，去道日遠者，猶南轅而北其徹也，不可無法以止之，與道日近者，猶蒸水而化為汽也，不可無法以收之，法者維何，日早暮二課是已，有早課而自無而有之境界以息，有暮課而自有而無之境界以消，消乎息乎其斯之謂道乎。」釋興慈，〈二課合解會本序〉，《重訂二課合解》（福建：莆田廣化寺佛經流通處印，無年），頁1。

〔註116〕 釋興慈還解釋：「自漢至唐，前後諸師別開八宗二行，而晉遠公，闢蓮宗於

而晉遠公於廬山樹立淨土學派，儒家、道家有許多人遵從之。此後諸師陸續出現於世，然而早晚誦經仍是「不易之軌」，而且唐宋諸師還收藏下來祕傳或心傳之佛文，「則晨夕功課尤備」，無人違反早晚誦經之習俗，由於早晚誦經對修行者有很大的功效。

早晚誦經分爲三個部分：《百八般經》（作爲正文）、《普結回向》（parinamana）、《祝禱護神》（歌頌菩薩之偈），它不僅是禮儀，還包含文本與音樂的韻味以及其他朗誦的特殊技巧，釋氏說廟裏誦經的配樂使禮儀本身變得更有生命力，使禮儀取得心靈上、社會上的轉化，產生各不相同的意義與經驗，使念經本身擁有力量認證其教義、神聖化其教條，同時也展示個人與他們的主體性怎麼表達、互動而朗誦出來。〔註 117〕聞聽與沉思聞聽使佛教所提的空論得以認證，也就是說，認知而再認知使念經活動屬於音樂的實踐或音性的實踐。我們念經就是爲了傾聽我們自己，傾聽心理的過程、心相（塵相）的生起、維持、變異、消滅——心生滅。

朗誦《百八般經》的時候常常採用自由誦經的方式，「所謂的自由即沒有固定或先有的旋律、曲調讓朗誦者可以遵循。朗誦者要依照自己所得的心態去朗誦，每次個人都表現出各不相同的音調與風格。這代表朗誦者正在再次而再次詮釋他們所念的經文。自由誦經相對於固定旋律的唄咒」。〔註 118〕

按照 Chen Pi-yen 的實地調查，自由誦經除了《百八般經》正文以外，還包含著一些唄咒或神咒（Dharani），始唱於正文。早誦的正文爲：《楞嚴咒》、《大悲咒》、《十小咒》和《心經》，而暮誦的正文爲：《大阿彌陀經》、《大悲懺》《蒙山施食儀軌》，開始唱時速度很慢，而後逐漸增速到最快的速度。在加速過程中 Chen Pi-yen 指出經文與其音質（acoustics）的密切關係，也就是說，正文與其朗誦的音響沒有固定的節奏，一旦朗誦者在自由音響的圍繞當中沉思經文一句一句的意義會有助於主體非中心化（decentered）的狀態，而

廬山，儒道咸歸，嗣後解脫之士，多於他宗，斯爲禮誦不易之軌。再幸唐宋諸祖，遞集教中顯密諸文，則晨夕功課尤備，宗雖各位，總未越斯，令惰者勤，勤者益進，應機之廣，端在是夫。」〈示要〉（卷一），同上註，頁2。

〔註 117〕Chen Pi-yen, "Sound and Emptiness：Music, Philosophy, and the Monastic Practice of Buddhist Doctrine," in *History of Religions*, Vol. 41, No. 1（Aug., 2001）, p.34.

〔註 118〕Ibid.

形成了佛樂的無形式性的藝術。陳氏點出佛教音樂重在音的性質，多於旋律（melody），〔註 119〕說朗誦者著重於音本身與音的內在（sound in and of itself），他們追求音本身與音的內在——音的性質（quality of sound）。〔註 120〕此過程是習得互動的，習得互動什麼？習得互動所謂的「時時皆有變化的音響之協調。」〔註 121〕此協調是活的、無預約性，朗誦群體在那個環境當中自然而然地領悟協調音響的方法，自各協調音響，而在協調過程中產生了音響的變更（variation），此變更作為音響的協調。整個過程發生在文化群體的程度上，非一個人能決定。此習得的互動性提供、促使朗誦者一陣一陣對經文的思考，避免掉所謂的「咬死韻」——沒有變化、反反覆覆而單調之曲。這音之變更性也合乎佛教一個主旨：萬物時時皆有變化，也有助於朗誦者靜觀而覺悟到他們實實在在的心與身之本在狀態。〔註 122〕在歌唱也傾聽、在傾聽也歌唱的時候會導致精神集中，傾聽一句一句唱聲的意義會讓沙門容易進入三昧狀態，靜觀萬物的現象性，此能聞性終究有助於防禦沙門心不在焉、胡思亂想或妄想的心態。

　　陳氏對此過程這麼形容：「當沙門誦經時，他們體會能聞性質，也就是說，音聲生起，則有聲，音聲消滅，則無聲。主體的能聞性不會由於其生起或消滅既產生了什麼，又非產生了什麼。能聞性質如同鏡子，鏡子反映物件，而不會受污染，鏡子的本體還是原樣，無論它投射了何物。我們的體性也是如此，它不會經由所見、聞、嗅、觸、想而生起或消滅。」〔註 123〕生起、消滅不過是心塵，當我們的鏡子清晰時，鏡子會投射般若而來的一切——如來藏心。對陳氏來說，傾聽是一種經驗，念經也是傾聽的一種經驗，經驗什麼？經驗我們的心塵、體驗我們的心生滅，一旦沉思心生滅，心則真如，則明晰、清澈，清澈，則無心，無心就沒有所謂的聽聞或所聽聞。聽聞也空，無聽聞也空，念經最後成為聽聞的所有消滅，傾聽聽聞自己的所有寂滅，如下：

〔註 119〕 "Buddhist chanting is concerned less with the shapes of melodies than with the quality of sound, which is believed to reflect the chanter's mental and physical state." Ibid., p.45.

〔註 120〕 Ibid., p.35.

〔註 121〕 Ibid.

〔註 122〕 Ibid., p.36.

〔註 123〕 Ibid., p.37.

　　　　　念經＝聽聞

　　　　　歌唱＝傾聽

　　　　　傾聽心塵（傾聽心生滅、心相）＝聽聞心眞如（心般若）

　　　　　心眞如，則無心（心空）。

　　　　　無心，則完全寂滅。

　　念經實際上是以心證實心（以聽聞肯定聽聞本身），同時也否定心（以聽聞否定聽聞本身），另而言之，以心對象化心，終究瓦解心，變成無心，因而陳氏說：「按照大乘，凡人總是以五蘊所引發出來的倒影爲眞實，如同以鏡中之花或水中之月，以之爲眞體，以爲它們有自己的體性。……。誦經者應該經由傾聽外物、聽聞外界而回歸他們自己的眞實。」〔註124〕

　　爲此《楞嚴經》也說我們以能聞性體會「空」，以能聞性達至佛性，爲何不從聽聞了解聽聞本身，爲何不從聽聞聽到能聞的本性，聽聞歸根結底一旦擺脫了音性、聲相，聽聞也不過是一個假名，從而曰：「將聞持佛佛，何不自聞聞？聞非自然生，因聲有名字，旋聞與聲脫，能脫欲誰名？」〔註125〕（以聞聽保持佛性變成佛，爲何不從能聞性質中而聽聞？聞聽非出於自然，因音聲本身有虛名，一旦能聞性質擺脫了聲音，擺脫了誰可以爲它定名）。耳根與其能聞性一旦擺脫了妄念，看到能聞性質——「見聞」，回歸本源，其餘之根就跟著得以解脫，三界則爲空，「自性清淨心」，經文繼續曰：「一根既返源，六根成解脫。見聞如幻翳，三界若空華。聞復翳根除，塵銷覺圓淨。」〔註126〕

　　佛樂所謂的「和」其含義不僅是音響本身，還包含上述的個體與團體的音性協調——個人與團體的朗誦互動。雖然是自由誦經，即興作爲重要的作用，朗誦者要懂得協調其音，必得考慮到他人的朗誦之節奏、韻律，皆屬於和諧化之過程，陳氏說：「佛教自由誦經是一種音樂性的形式，它反映群體上的互動。朗誦的音性之變更與協調可以和諧化個體與群體之間的互動，同時也提倡群體性。」〔註127〕

〔註124〕Ibid., p.36.

〔註125〕標點符號來自賴永海、楊維中，《楞嚴經新譯》（臺北：三民書局印行，2012），頁247。

〔註126〕同上註。

〔註127〕Chen Pi-yen, "Sound and Emptiness：Music, Philosophy, and the Monastic Practice of Buddhist Doctrine," in *History of Religions*, Vol. 41, No. 1（Aug.,

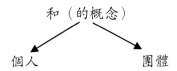

　　從宋至明代，淨土學派的經文得以經典化爲早晚誦經，成爲各個學派必不可少的禮儀（此現象表示各個學派互相吸收經文），那些經文爲（一）《往生淨土神咒》（Sukhavatyamrta-vyuha Sutra）（出小無量壽經或小經，佛說阿彌陀經又稱小無量壽經或小經），本咒又稱《拔一切業障根本得生陀羅尼經》（二）讚佛偈。下面我要討論三個問題，由於此三個問題相關到音聲的活動、思考音聲的活動以及音聲與維持菩薩本願之嚮往，以這些經文爲主分析：（一）《往生淨土神咒》的重要性，此部分內容相近於《佛說阿彌陀經》，筆者把《佛說阿彌陀經》在上一節：佛教與音樂作出引論了，在此引用其咒或陀羅尼，把《往生淨土神咒》連繫於兩個觀念：阿毘跋致（Avivartin）以及菩薩本願。（二）「念佛」（的作用與效果），此部分引用《大制度論》的論述爲主。（三）淨土即爲對心的反映、反省與淨化。

（一）《往生淨土神咒》與阿毘跋致（Avivartin）及菩薩本願

　　如果淨土的性質之一反映在天樂的音性那裏以及其咒（陀羅尼）的韻味之實踐，〔註128〕淨土就在我們人間裏，淨土不過是人心（citta）的客觀反映，不是隔離於世界的天堂。經文說人人平等往生淨土，皆有資格以西域的阿彌陀佛爲助而實現自己的佛身（Buddha-kaya），但淨土有很多層次，取決於個人身心的涵養水平，你怎麼涵養或涵養到哪個程度，那就是你擁有的淨土。每人淨土各不相同是由於它反映你涵養的心，它不過是人心的涵養的客觀投射而已。因是心的投射，咒之神韻在於它逐漸地使一個人成爲阿毘跋致、永久維持菩薩的所有承諾。何謂阿毘跋致？以下論之。

　　淨土學派的深度在於雖然經文提及天樂、說明它的性質，也似乎承認它的存在，但何人宣傳自己聽見之，連一毫宣傳，彼人也許不是佛，淨土說爲「下愚」。淨土學派承認何人可以擁有三身（trikāya）：法身（dharmakāya）、報身（sambhogakāya）、化身（nirmānakāya），可說爲佛，何人擁有「四智」（catvāri

---

2001）, p.35.

〔註128〕陀羅尼就是某某大藏佛經的精華短文，一般都是梵文或中文的簡潔韻文。因其目的是唱誦，所以寫成韻體，如：《大悲咒》。若照著經文完整篇章朗誦，叫作梵唄。

jñānāni）：大圓鏡慧、平等性智、妙觀察智、成所作智，可說爲佛，但何人宣傳自己擁有「五眼」〔註129〕（肉眼、天眼、法眼、慧眼、佛眼）或者「六通」〔註130〕（天眼通、天耳通、他心通、宿命通、神足通、漏盡通），連一毫聲稱自己擁有，彼人可不是佛。其中之一就是「天耳通」。此意味著什麼？經文似乎告訴我們那些神能可能有或沒有，都不重要，重要的是就算有，也不能聲稱自己擁有、不能透漏告訴他人，何人違反，大乘稱之爲「違戒」。

《往生淨土神咒》說明在淨土那裏皆是「無量之光」，因阿彌陀佛位置在西域淨土那裏從而得名。那裏擺脫凡間的苦惱，滿天皆爲天樂的共鳴，充滿著無量、無價的珠寶。那裏的人也都是擺脫輪回的阿毘跋致（菩薩的另稱），何謂阿毘跋致？阿毘跋致就是永遠不會退步的修行者，一個修身成菩薩的人在他們逐漸達至佛性的過程之中永遠是不會退步或落後到比他低的以前狀態或他已經達到了的狀態。

本咒的重要性在於它可以維持菩薩的所有本願，它的神韻性使菩薩不斷地成爲阿毘跋致，神咒的韻味作爲一種「方便」（upaya），有助於修法，咒文的一部分曰：

> 南無　阿彌多婆夜　哆他伽哆夜　哆地夜他
>
> （歸敬阿彌陀　如來　即說咒曰）
>
> 阿彌利都婆毘　阿彌利哆　悉耽婆毘
>
> （甘露安住於產生之上　甘露安住於光明清澈之產生上）
>
> 阿彌利哆毘迦蘭諦　阿彌利哆　毘迦蘭哆
>
> （甘露安住於強大之上　甘露　勇健有力）
>
> 伽彌膩　伽伽那　抧多迦隸　莎婆訶
>
> （於證達上空性啊　安住於摧伏業障之中　是所祈求）〔註131〕

本咒還形容阿彌陀佛（Amitabha Buddha）爲般若（tathata），阿彌陀本義是無量之光或無量之智慧，這裡的無量含義不是超乎現象、神聖，而是由於無量（不可估量），才如來——般若而來（之佛），無量的延義也近於如來，由於「如來者，無所從來，亦無所去，故名如來」，〔註132〕無所從來，也無

〔註129〕「五眼」出於中觀學派的《大智度論》。

〔註130〕「六通」出於俱舍宗的俱舍論，而法相宗從之一部分。

〔註131〕劉宋天竺三藏求那跋陀羅奉詔重譯，《拔一切業障根本得生淨土神呪》（出小無量壽經），《大正新脩大正藏經》，CBETA，Vol. 12，No. 368，頁1。

〔註132〕姚秦天竺三藏鳩摩羅什譯，《金剛般若波羅蜜經》，《大正新脩大正藏經》，

所去，才近乎無量的本在、現時的性質。如來佛的往生也發菩提心成為無量壽之菩薩，他後來完成了所有本願（總共四十八條），得以「般若婆羅密多」（prajna paramita），〔註133〕而達至了佛身。他的本願其中值得注目的包含著：第一條、若在本佛界裏還有地域、畜生、餓鬼，我寧願永遠不會「正覺」——「設我得佛，國有地獄餓鬼畜生者，不取正覺。」〔註134〕第二條、若在本佛界裏人壽終之後還降落於地獄、畜生、餓鬼之三界，我寧願永遠不會「正覺」——「設我得佛，國中人天，壽終之後，復更三惡道者，不取正覺。」〔註135〕第十八條、我會捨棄自己的佛身，若眾生嚮往欲生於佛界，雖然他們完成了「十念」，但無法成為可能，除非他們那些人誹謗佛法，我寧願永遠不會「正覺」——「設我得佛，十方眾生至心信樂，欲生我國乃至十念，若不生者不取正覺，唯除五逆誹謗正法。」〔註136〕第十九條、我會捨棄自己的佛身，若眾生已發菩提心，而我不現身於他們臨終之面前，我寧願永遠不會「正覺」——「設我得佛，十方眾生發菩提心修諸功德，至心發願欲生我國，臨壽終時，假令不與大眾圍遶現其人前者，不取正覺。」〔註137〕及第二十五條、我會捨棄自己的佛身，若在我佛界中的菩薩門不能演說佛法與圓覺，我寧願永遠不會「正覺」——「設我得佛，國中菩薩不能演說一切智者，不取正覺。」〔註138〕天台觀月子興慈註明說本經是信徒得到佛性的一種「方便」或「捷徑」，小乘或淺禪學者不知其中之珍寶，才斥之。〔註139〕

　　淨土這樣的實踐曾經流行於印度，自從第四世紀對佛徒起著重要作用。佛教經典之中有一些文獻記載凡人可以透過「念佛」而往生淨土。本經至今還是中國廟裏的幕誦之習慣，也清楚地說明何人嚮往淨土需要虔誠、本願、實行：虔誠於阿彌陀佛、本願往生於淨土及實行朗誦如來阿彌陀之名。〔註140〕

CBETA，Vol. 8，No. 235，頁 7。

〔註133〕梵文 prajna 其義是智慧，引義是有關般若的智慧或般若本身，paramita 本義就是完成、完善，引義是達到彼岸。

〔註134〕曹魏天竺三藏康僧鎧譯，《佛說無量壽經》，《大正新脩大正藏經》，CBETA，第十二冊，No. 360，頁 3。

〔註135〕同上註。

〔註136〕同上註，頁 8。

〔註137〕同上註，頁 4。

〔註138〕同上註。

〔註139〕釋興慈，〈彌陀經玄義〉，《重訂二課合解》（卷三）（福建：莆田廣化寺佛經流通處印，無年），頁 82。

〔註140〕Chen Pi-yen, "Sound and Emptiness：Music, Philosophy, and the Monastic

第三者又稱「念佛」而作為十分重要的淨土實踐。

（二）「念佛」

為何「念佛」？念佛當然離不開音性的韻味，這個韻感有何神秘力量，隋代天台智顗說念佛可以取得三昧定、嚮往擺脫輪回之恆心。他認為眾生難以進入三昧定，除非把心願集中在一個東西，專一朗誦阿彌陀佛之名可以進入唯一的三昧定。為何必要西方阿彌陀佛，其他佛不行嗎？筆者解釋不如經文自解，曰：

> 如《隨願往生經》云：『普廣菩薩問佛：「十方悉有淨土，世尊何故偏讚西方彌陀淨土，專遣往生？」佛告普廣：「閻浮提眾生，心多濁亂，為此偏讚西方一佛淨土，使諸眾生，專心一境，即易得往生。」』若總念一切佛者，念佛境寬，則心散漫，三昧難成，故不得往生。又求一佛功德，與一切佛功德無異，以同一佛法性故。為此念阿彌陀佛，即念一切佛；生一淨土，即生一切淨土。故《華嚴經》云：『一切諸佛身，即是一佛身，一心一智慧，力、無畏亦然。』又云：『譬如淨滿月，普應一切水，影像雖無量，本月未曾二。如是無礙智，成就等正覺，應現一切刹，佛身無有二。』智者以譬喻得解，智者若能達一切月影即一月影，一月影即一切月影，月影無二；故一佛即一切佛，一切佛即一佛，法身無二。故熾然念一佛時，即是念一切佛也。〔註141〕

疏義說同時念諸佛，佛境寬，心則散漫，求一佛之功德則如一切佛之功德，則如同一佛法相等，生一靜土，則如生一切淨土，且一佛身等於一切佛身，因此念一佛等於念一切佛。除此之外，你未必只念「阿彌陀」之名，你可念你本名取得你自己的佛心，讓你的佛性逐漸得以完全的覺醒，無量光之佛（如來之佛的另稱）曾說：「自從我發菩提心後，你可以朗誦我名，也可以念誦你本名取得佛性。」〔註142〕十分明顯，「念佛」不過是「方便」。

Practice of Buddhist Doctrine," in *History of Religions*, Vol. 41, No. 1（Aug., 2001），p.39.

〔註141〕（隋）智顗，〈第三疑〉，《淨土十疑論》（印贈版本）（財團法人佛陀教育基金會，無年），頁13～14。

〔註142〕"After I realize Buddhahood, you can recite my name and do so as well." Hsuan Hua, "The Five-fold Profound Meaning," in *The Buddha Speaks of Amitabha Sutra：A General Explanation*, translated and annotated by Hsuan Hua

　　連邏輯緊密的《大智度論》（Maha-Prajna-Paramita Sastra）除了專談空論以外，處處皆談及「念佛」或「念佛三昧」，「念佛三昧」有兩種：「聲聞法中」與「道於無量佛土中」，曰：「云何爲念佛三昧，答曰，念佛三昧有二種，一者聲聞法中，於一佛身心眼見滿十方，二者菩薩道於無量佛土中。」〔註143〕在此的「道」是動詞或使動用法，其義是使人傾向於、朝向於、導向於，引義則是嚮往於，云：「念三世十方諸佛，以是故言念無量佛土諸佛三昧常現在前。問曰，如菩薩三昧種種無量，何以故，但讚是菩薩念佛三昧常現在前。答曰，是菩薩念佛故，得入佛道中，以是故念佛三昧常現在前。」〔註144〕

　　除了對佛性的嚮往的作用以外，「念佛」還可以助於信仰與思考的融合，因而可以從中體會般若、取得智慧，這由於「念佛」就是一種「念般若」（思考般若狀態），「念」字不僅是發音的韻感、傾聽的韻味，還包含著思考中的神韻，其神韻相關到心之生滅的體會（傾聽音聲的動靜等於傾聽心的生起與滅亡）或心理過程中的音性上的思考（思考中有韻味），心裏的音性之節奏就是我所謂的唯一的三昧定（在此的三昧就是音樂性的心境、感受），從三昧定中體會心的生滅可以消除種種所帶來煩惱之妄念，讓我們覺悟到般若的所在。這裡的般若就是擺脫有生有死、有色無色的二元識別的「相應染」之覺醒，《大智度論》談及的「念佛三昧」根本上則是談及幾個關鍵問題：（一）「妄念」（的二元對立）（如：有色相與無色相的虛構）（二）「無量」（因空於二元對立的虛擬構造，才無量，而作爲永恆的現時性或無礙）（三）「通達無礙」（因理解妄念，才通達無礙）。「念佛三昧」使我們看到心或妄念的般若，因而說「念佛」就是「念般若」的深義。全經文常常使用「念佛者」或「念佛心」來稱呼佛徒，「念佛」的活動讓我們解脫種種「一念中住」之心態，如：解脫過去的「色」的虛擬存在或未來的「色」的不存在的虛擬構造，連現在的色相也「無住」，筆者先以此例論「念佛」的用性，第二例子詳論所謂的無生無死的觀念，由於生死般若，才沒有虛擬的生或死，才無所謂的年輕或老化，因無生無死、無壯老年，才永恆，永恆就是現時性或永恆的現時性，何人活在當下、擺脫無生無死、無壯老年的虛擬憂慮，彼人永恆。這也如同過橋的

　　　　（Burlingame, California：Buddhist Text Translation Society, 2002），p.22.

〔註143〕聖者龍樹造，後秦龜茲國三藏鳩摩羅什譯，〈大智度初品中佛土願釋論第十三
　　　　卷第七〉，《大智度論》，《大正新脩大正藏經》，CBETA，第二十五冊，No.1509
　　　　（cf. No. 223），頁 52。

〔註144〕同上註。

動作，若從此岸過到彼岸的動作是般若，就沒有所謂的眞正的過的行爲，所謂的過不過是假象，並沒有所謂的過或已過，過或已過不過是心作的假名、虛擬概念或妄念心——心的相應染，皆生滅在主體的腦海裏而已，因此經文說何物無常意味著沒有常或無常，這才是眞正的無常。筆者認爲此兩例子頗有代表性，可以概括本經的精華（其他例證亦諸如此類，也大同小異），同時證實了「念佛」就是「三昧」的習得方法之一，經文曰：

> 答曰，觀無常即是觀空因緣，如觀色念念無常，即知爲空。過去色滅壞不可見故無色相，未來色不生無作無用不可見故無色相，現在色亦無住不可見不可分別知故無色相。無色相即是空，空即是無生無滅。無生無滅及生滅其實是一，説有廣略。

> 問曰，過去未來色不可見故無色相，現在色住時可見，云何言無色相。答曰，現在色亦無住時，如四念處中説。若法後見壞相當知初生時壞相，以隨逐微細故不識，如人著屐。若初日新而無有故，後應常新不應有故。若無故應是常，常故無罪無福，無罪無福故，則道俗法亂。復次生滅相常隨作法無有住時。若有住時則無生滅，以是故現在色無有住，住中亦無有生滅，是一念中住，亦是有爲法故，是名通達無礙，如是應念法。〔註145〕

以上引文説明「念佛」爲何一方面就是「念法」，這裡的「法」就是生滅的虛構。如何虛構？佛文舉例就如同你想象業障、色相的過去、現在、未來的存在，其實皆不過是「唯心作」也。所謂的無常就是靜觀萬象之空虛，經文駁説過去的業障可説沒有，若有，爲何我們不會有先天的色相之認知，因而說「過去色滅壞不可見故無色相。」未來的色相還不會發生，它們無作、無用、不可見，故無色相。連我們以爲現在存有的色相，也不過是虛擬的妄念，皆爲空，經文駁回當現在的概念無住的時候，就沒有所謂的現在了，追問説假如有前生的色相，爲何我們天生不知其色相，若一切法之背後存有壞相，爲何我們天生毫不認知，假如壞相根本就存有，這也是一種迷意，此迷意就如同穿新鞋而無舊，可以一代一代地流傳下來，彷彿無舊，經文用實證主義駁回實證主義本身説若無舊的話，應該是常、永恒，何物本常（本來就是那樣、永久），就沒有所謂的罪或福，這樣思考，「則道俗法亂」，一旦色相

〔註145〕〈大智度論釋初品中八念義第三十六之餘卷二十二〉，同上註，頁162。

擺脫了生與死的二元對立的虛擬，則無住，無住，則空。這樣才是真正的念法。

　　經文還說所謂的無常就是沒有常或沒有無常，〔註146〕也就是說，生與死是般若的現象，是由於般若，於是沒有真正的生或死，生與死不過是我們虛幻之現象，是一個空虛之名而已，從而說萬物無常（anitya）意味著沒有所謂的無常或無不常，意思是說沒有什麼外在於變化，但同時也沒有什麼不變化、不滑動，一切般若，因般若，才永恆，因永恆，才般若，因時間就是本在，而本在就是時間，在無常的變化當中沒有什麼本體存在，沒有所謂的來或往、初始或盡頭，何人活在當下，就是永恆。經文對此問題還幽默地解說年輕人也不會老，而老年人也不會變老，〔註147〕因萬物般若，還有年輕、老化的區別嗎？

　　在《大方廣佛華嚴經》裏敘述普賢菩薩（Samantabhadra Bodhisattva）重宣莊嚴其義，莊嚴的形態之一就是說明佛國滲透萬象或萬象皆有佛國，連一微塵皆有佛國，連一毛孔也有般若之所在（或法界），那麼佛國就在人間，人間包含著佛國，菩薩們所嚮往的清淨土、佛國與凡間的區分也不過是一種意念，經文用夢來比喻之，連一種意念也包含著法界。因「法界等無別」，〔註148〕萬象互相滲透，才無性，佛國也無性，凡間也無性，存在的是永恆

〔註146〕龍樹，《七十空性論》（第五十八詩節）。在此引用 Christian Lindtne 從梵文譯成英文的翻譯版本："58.（In a relative sense）everything is impermanent, but（in the absolute sense）nothing is permanent or impermanent.（If there）were things, they would be either permanent or impermanent. But how is that（possible）?" Nāgārjuna, *Seventy Verses on Sunyata*（Shunyatasaptati）, Verse 58, translated by Christian Lindtne. Retrieved from http://www.lemniscaatmethode.be/Lemniscaat_methode/NAGARJUNA_files/seventy_verses_transl_lindtner.pdf（2011/09/26）.

〔註147〕「是法則無異　異法則無異　如壯不作老　老亦不作壯」此法（dharma 是指物體、物象）沒有變化成了什麼，彼法也沒有變化成了什麼，如同少年也不會變老，有年級的也不會再更加成長。龍樹造，姚秦三藏鳩摩羅什譯，《中論》（第二卷，《大正藏》，CBETA，第 30 冊，No. 1564，頁 30。這裡的「法」應該是指出物理現象，不是規法或理法，因我參考從藏文譯成英文的《中論》，英文版本也保留物體的含義："/de nyid la ni gzhan 'gyur med//gzhan nyid la yang yod ma yin//gang phyir gzhon nu mi rga ste//gang phyir rgas pa'ang mi rga 'o/" "This itself does not change into something else. The other itself too does not（either）. Because youth does not age. Because age too does not age." Nāgārjuna, *Mūlamadhyamikakārikā*（XIII5）.Retrieved from http://www.stephenbatchelor.org/index.php/en/verses-from-the-center（2011/09/26）.

〔註148〕因現代標點符號，如：句號、逗號、分號等影響到我的解讀，所以引用《大

的法的境界（般若），以下的論述都是一系列的比喻，比喻法的境界，經文自解說：

> 佛智廣大同虛空，普遍一切眾生心，悉了世間諸妄想，不起種種異分別。一念悉知三世法，亦了一切眾生根，譬如善巧大幻師，念念示現無邊事。隨眾生心種種行，往昔諸業誓願力，令其所見各不同，而佛本來無動念。……。或見日藏世所尊，住善光明清淨土，及與灌頂諸菩薩，充遍十方而說法。或見金剛大焰佛，而與智幢菩薩俱，周行一切廣大刹，說法除滅眾生翳。一一毛端不可說，諸佛具相三十二，菩薩眷屬共圍繞，種種說法度眾生。或有觀見一毛孔，具足莊嚴廣大刹，無量如來悉在中，清淨佛子皆充滿。或有見一微塵內，具有恒沙佛國土，無量菩薩悉充滿，不可說劫修諸行。或有見一毛端處，無量塵沙諸刹海，種種業起各差別，毗盧遮那轉法輪。
> 〔註149〕

法界是無所不在的，佛的智慧滲透一切眾生心，涵蓋著凡世間的所有妄想，無法分別，「普遍一切眾生心，悉了世間諸妄想，不起種種異分別」這裡的「普遍」是動詞，其義就是滲透。一旦念佛，則等於念念法界，等於知道「三界」的法，等於知道法界涵蓋著眾生的六根等等，因爲涵蓋、滲透，一切般若而無性。我們所嚮往的淨土投射在人世間那裏，而人世間那裏也反映對淨土的嚮往，因爲有淨土，才有人世間，因爲有人世間，淨土才存在，這就是佛法的境界，也屬於佛法的緣因論，比喻地說，嚮往中另有嚮往，夢中另有夢，緣因中另有因，淨土與凡間不斷地進展，彷彿無眞正的來龍去脈——空。

經文反反覆覆地說明清靜之土或善惡的二元區別不過是個夢，它們自己無眞實，一旦它們擺脫二元對立的區分，也無體性，從而說：「以一切法無性爲性」，〔註150〕經文把未來的佛國當作個夢，如同心裏的雲煙或相應染，因在法界之下只有般若之所在，曰：「諸修普賢願，所得清淨土，三世刹莊嚴，一切於中現。佛子汝應觀，刹種威神力，未來諸國土，如夢悉令見。十方諸世

方廣佛華嚴經》，頁 49。本 Word 經文由簡體版轉繁體版，有些文字稍有差異，敬請見諒。正確版請參閱闐國三藏實叉難陀奉詔制譯，大周新譯大方廣佛華嚴經序，天冊金輪聖神皇帝制。

〔註149〕同上註，頁 147～148。

〔註150〕同上註，頁 128。

界，過去國土海，咸於一刹中，現像猶如化。三世一切佛，及以其國土，於一刹種中，一切悉觀見。一切佛神力，塵中現眾土，種種悉明見，如影無真實。」〔註151〕經文還說凡人所嚮往看見的諸佛也是經由其心而現，曰：「知一切佛及與我心，悉皆如夢；知一切佛猶如影像，自心如水；知一切佛所有色相及以自心，悉皆如幻；知一切佛及以己心，悉皆如響。我如是知，如是憶念：所見諸佛，皆由自心。」〔註152〕

本經〈入法界品〉篇中敘述善財童子（或金童）收聽諸位菩薩教導，普賢菩薩教導他「十大願望」，〔註153〕希望善財童子完成「十大願望」，嚮往淨土，而後善財童子完善了其佛性——「成正覺」。因此可說念佛、念般若、念法、念法界、三昧定、保留恆心（普渡眾生的初心）、嚮往淨土皆是同一回事、同一過程，無法分開。

（三）淨土即為對心的反映、反省與淨化

除了把「念佛」當作對淨土的嚮往之保留而後把清靜佛土當作心裏殘餘的雲煙或法界的假象（空論的程度）以外，通俗而言，淨土就是對心的反省與淨化。在《維摩詰所說經》（Vimalakirti-nirdesa Sutra）還說佛國與凡間固然無性，但還是要修煉淨土學派的「念佛」以啓發眾生的菩提心。對此智顗解說智者嚮往淨土是因為他們深知重生的正義就是寂滅而不生（或往生佛國就是你已寂滅了的心，你心已寂滅了，才重生），這才是真正的寂滅（或真正的不生），因此阿毘跋致、菩薩們淨化了其心，照耀了佛國。愚者迷糊於生一字，糊塗以生爲生，以死爲死，他們不知道生就是不生，而不生就是生。所以往生淨土的真義就是寂滅而不生，不生何物？不生所謂的心的「相應染」，寂滅了才生（你每次已寂滅了的心才不斷地重生、不停息地修煉，逐漸成爲阿毘跋致），因此說佛國則是你心，說「念佛」心之涵養也、「往生淨土」心之淨化也。興慈說往生的深義就是阿毘跋致的用心，曰：「此經往生不退爲用。用者力用也，……，既得往生、皆是阿毘跋致翻不退轉。」〔註154〕（句末經文

〔註151〕同上註，頁 50。

〔註152〕同上註，頁 314。

〔註153〕「一者：禮敬諸佛；二者：稱讚如來；三者：廣修供養；四者：懺悔業障；五者：隨喜功德；六者：請轉法輪；七者：請佛住世；八者：常隨佛學；九者：恆順眾生；十者：普皆迴向。」

〔註154〕釋興慈，〈彌陀佛玄義〉（卷三），《重訂二課合解》（福建：莆田廣化寺佛經流通處印，無年），頁 86。

如此註解阿毘跋致的真義）往生淨土是阿毘跋致的心的不斷地涵養，它是永遠維持的狀態，而不是目的地。

　　淨土所傳的真諦在於心與業障的涵養與淨化，而最良的方法就是神凝地念無量光佛之名，而無量光佛就是念時你心的反映、投射，曰：「事持則未達即心即佛、但決志信願、憶佛念佛、聲聲無間、心心相注、無時暫忘故。理持則了知是心是佛、句句從自心流出、聲聲還入自心、能念所念理自空寂、感應道交、或時忘身、唯有佛號歷歷、自然成一片故。」〔註155〕本段言簡意賅，本意為念佛出於心而歸還心，唱誦與傾聽是同步驟，通俗而言，我們朗誦阿彌陀佛之名的時候，我們也在傾聽自己朗誦的每一個字、每一個句子，透過念佛而覺悟其心與其心所妄念的佛也不過是空，對此興慈註解說：「心佛俱空、二空相合、句句相應、念念清靜、周圓法界、當體與無量壽互顯、如鏡內外唯一清虛也。」〔註156〕一旦二空相遇，念佛的韻味互相呼應，其心得以淨化，剎那間清靜的狀態周邊法界而與阿彌陀（無量壽光）互相投射，與般若而來（如來）的狀態融為一體。但愚者反而以為念佛嚮往淨土（往生）真的有一個淨土隔離於其心（若細讀文本，興慈也反反覆覆地說淨土其實不過是你的心相而已），云：「愚者念佛則多著相、一句作一錢、或求來生富、或寄冥庫等事、皆妄計所現之虛影、如鏡隨像。」〔註157〕

第三節　結　語

　　音樂可以當作禮儀上的莊嚴表演、道德涵養的媒介、念經的配音、歌功頌德等實踐，這些實踐多少相關到所謂的超越境界，若音樂相關到超越的境界，甚至可以把世間聯繫於超越的境界，音樂也不僅是形式上的禮儀、象徵或表面上的習俗，而是載運修行者進入超越境界的特殊工具，德國社會學家Max Weber（1864～1920）總結過超越意義的三個面向：

　　一、莊嚴與神奇（awe and wonder）：我們在禮儀上的音樂表現當中可以感受到其莊嚴、神奇的氣質（aura），〔註158〕這種氣質被信為神聖

〔註155〕〈彌陀經蒙解〉（卷三）。同上註，頁135。
〔註156〕同上註，頁139～140。
〔註157〕同上註，頁140。
〔註158〕Aura一詞本是基督教或天主教常用的專有名詞，原本是基督身上的光環，班亞明（Walter Benjamin）用之來形容宗教的神聖性質，借用之來解釋藝術品、

的接觸與傳染，更有趣的是莊嚴一詞也當作華嚴學派的佛的境界之一（華嚴也用此詞來形容法界），讓人感悟到所謂的如來之境界。〔註159〕Max Weber 說得甚是。

二、難以訴諸言語來表達：這種超越感使人擺脫一般的理性考量，反而使人們體悟到超越語言的境界，達至非語言的心領神會，嚮往擺脫人間的沾染，體會凡間不過是一種現象。

三、提升信者的宗教魄力、神授能力（charisma）、宣洩（catharsis）及喜悅的奉獻（ecstatic devotion）：這些都是心理上的境界。

　　大乘佛教的音樂不論是禮儀上的音樂、早晚課誦、念佛，皆含有三者以上的不同程度，或多或少，或融為一體，佛樂起著以下七項功能：〔註160〕

一、佛樂作為記法

　　在口頭文化裏，經文借用格律、音聲的韻味作為一種記法，這種記法讓修行者容易記住、朗朗上口，可以通過音聲、歌詞的韻味一代一代地流傳下來經文的內涵。在印度吠陀（veda）的傳統裏經文的韻味起著極大的作用，可說前有的吠陀文化影響到佛文之記載，這些歌功頌德具有樂譜之功能（notational function），作為一種音樂性的有聲化（musical vocalization），也就是說，格律、音節作為一種記法可以維持宗教之雅言，同時也可以維持禮儀上的音樂實踐。Ter Ellingson 舉起一個好例，佛僧怎麼認知而修改經文的錯字也要依靠朗讀經文的方法，藉用篇章上下文的韻味來修辭經文。這樣在詩學

藝術物件的不可複製的唯一性，因為真正的藝術品有唯一的性質（獨一無二），但現代的機械性的複製可以蔓延藝術的唯一性，可以大眾化藝術，複製氣質過程當中反而使藝術失去了其真正的神聖性。班亞明選用的 aura 一詞解答了大眾化藝術的現象，想讓大眾欣賞藝術，藝術就氾濫得失去其神聖性，被機械性地複製到失去其唯一性。可是人們都習慣吸毒藝術的這種氣質、靈氣，覺得自己可以達到藝術的核心。

〔註159〕華嚴也用「相即相入」一詞解答、論述法界的「相互滲透」（inter-penetration）、「互為內在」（拉丁原字：coincidentia oppositorum）的性質。湯一介，〈華嚴「十玄門」的哲學意義〉，《佛教與中國文化國際學術會議論文集》（下輯），（台北：中華文化復興運動總會宗教研究委員會，1995），頁815。華嚴把滲透、無礙狀態比喻成珠寶相互反照的無量光輝，把法界中的相同性質比喻成種種珠寶的相似性質，最後把空比喻成種種珠寶的清澈。

〔註160〕Ian W. Mabbett, "Buddhism and Music," in *Asian Music*, Vol. 25, No. 1/2, 25ᵗʰ Anniversary Double Issue （1993～1994）, pp.15～25.

上、聲韻上的記憶能力從而成爲全經文的記法而歷代地流傳下來。〔註161〕

初期的佛經不是韻文，韻文的形式是透過各個佛教學派反反覆覆地編輯、重新恢復起來那些片段的語錄（口頭文學）。有一種詩性的經文叫作《護衛經》（Paritta），〔註162〕起初當作一種擋住疾病、災難的經文，Paritta 本義是保護，之後本經在禮儀上被使用得如同咒文一般，這樣的咒文既凡而聖，可以連接起來凡人的願望以及超然的力量，豐富了修行者精神上的價值。

印度佛學有一個術語，漢文、日文譯成「聲明」，梵文是 sabdavidya，其義是聲明學，Ter Ellingson 指出實際上聲明學多數得以運用作爲一種記法，有助於記錄經文的韻味，協助經文再現旋律、聲韻的變化之複雜。大乘、金剛乘之運用鼓、喇叭的現象也同樣都合乎印度佛教的傳統，就是一邊朗誦，一邊演奏，利用旋律、韻味來助於記憶。〔註163〕星雲說此爲「聲唄」。〔註164〕連日本的金剛乘（Singon，創始人爲空海）也採用樂器作爲記法的工具、傳導的載體。〔註165〕此音樂實踐也影響到日本天台派。連第七世紀末年中國名僧義淨也記載他探訪印度的遊歷，說印度僧們念佛既有韻味，又長。〔註166〕

二、佛樂作爲一種傳道方法

在此的樂如同第五章所論及的皆包含純音樂、音樂帶歌詞（唄、咒、念佛），還包含了佛教舞蹈，如：「空也念佛」，其念佛的舞姿叫作「金叩」（hachi-tataki）。佛樂作爲大眾化佛理的一種重要的方式，大乘、金剛乘常借用多種的音樂實踐來幫助坐禪或「念佛三昧」，準備其心，使之容易陷入三昧狀態。在西藏，佛僧們使用多種樂器演奏來陪襯他們所表演的暗喻、象徵故事，當故事、舞姿表演達至高潮之點時，由於他們相信樂聲、舞姿含有「法」（dharma），「法」就會從音樂實踐、表演中流露出來，修行者也會感受到神聖的氣氛，那時場景時與空就會抹掉，充滿著超越的感覺。〔註167〕

〔註161〕Ter Ellingson, "Buddhist Musical Notations," unpublished, p.3.
〔註162〕本經有些內容不是佛所註，而是尊者所註。
〔註163〕Ibid., p.55.
〔註164〕Hsing Yun（2005）, *Sounds of the Dharma Buddhism and Music*, retrieved March, 23, 2010 from http://www.blpusa.com/download/bies16.pdf , p.7.
〔註165〕John Blofeld, *Mantras, Sacred Words of Power*（London：Allen and Unwin, 1977）.
〔註166〕I Ch'ing, *A Record of the Buddhist Religion*, translated by Junjiro Takakusu（Oxford：Oxford University Press, 1896）, p.156.
〔註167〕Alec Robert 和 Denis Stevens 還指出日本在第十三至十五世紀能劇（Noh）也借

三、佛樂作爲線管連接於超越的一種象徵

　　本功能幾乎每個宗教的音樂實踐皆有，也難以定義超越在此有多廣，也許是他們所信仰的諸佛、菩薩們、羅漢們，也許是他們自己的佛性或「本覺妙心」，也許是他們所嚮往的淨土或「自性清靜心」，或許是坐禪時的自然而然的狀態，或許是伊利雅德（Mircea Eliade 1907～1986）的意義上的「神話時間」（mythological time）的一種感受，在此「神話時間」不是狹義的神話故事，而是人類腦海裏所有的神話情節的永遠再生，只有在這個意義上，諸如此類有關菩薩本願的等等故事，如：偈、梵唄、聲文，當它們得以演唱時，這些「神話時間」就會永遠再生，而於人世間永遠再生。沒有何人一生可以逃脫於「神話時間」。

四、佛樂作爲禮儀上的一種組構

　　如同上文所述，佛樂可以陪襯禮儀上的莊嚴，烘托禮儀上的神聖性，並且神聖化信徒所唱的經文。除此之外，在禮儀上可以演奏音樂陪伴各種各樣的手印（mudra）。〔註168〕

五、佛樂作爲一種奉獻

　　如前文所談，音樂可以作爲禮儀上的奉獻之物，以樂聲歌功頌德諸佛、菩薩們，滿足信者對諸佛、菩薩們、自己的佛性、菩提性的嚮往，把世俗的願望連接於超越的嚮往，如：阿毘跋致的本願、普度眾生的嚮往。

六、佛樂作爲個人投入宗教感的引導

　　信者可以通過積極的參與感而得到自我超越的感受，使其自我融化在更爲龐大的宗教實體。

用多種的藝術形式傳達佛理，其中之一就是音樂。到了第十七世紀在歌舞伎（Kabuki）院那裏，出雲阿國（O Kuni）日本女唱者創造了佛教的舞蹈傳達佛理，她也借用打鼓、吹笛的方式烘托其表演。Alec Robert and Denis Stevens, eds., "Ancient Forms to Polyphony," Vol. I of *The Pelican History of Music*（Baltimore：Pelican, 1960），pp.64～65. Nichiren 派的僧們也常用風扇外殼作爲一種小鼓，像西藏小小的鼓輪那樣，一邊演奏其聲，一邊販賣他們的佛產、佛文。

〔註168〕W. Kaufmann, "The Mudrās in Sāmavedic Chant," in *Ethonomusicology*, 9/2（1967），pp.161～169.

七、佛樂作爲個人投入禪的狀態之引導

「念佛三昧」、佛樂的韻味、聲文與坐禪息息有關，世俗上是意識上的一種轉移，超越上是沉思意識上的生起、維持、變異、消滅——心生滅。

第六章　結　論

嵇康與大乘佛教的樂論之間：走向比較美學

　　本章把前章所有的論述分析在比較美學的鏡頭之下，試試比較、歸納嵇康的樂論與大乘的樂論的異同之處。本章採用比較方法總結比較之成果，而不是對話方法，因對話方法必得有文獻證明嵇康曾經接觸佛文或僧人，相同而言，僧人曾經接觸嵇康或嵇康的詩文，然而目前無文獻證明之，因此以比較方法爲佳。

比較框架　嵇康的樂論

一、音樂的淵源可追朔於「無論」。

二、音樂的屬性以「無」爲自己的超物之學（metaphysics）、以「無」爲自己的本在、體性（svabhāva）。

三、音樂「以平和爲體，而感物無常」，因平和（和諧狀態）在形上得以絕對化，從而擺脫人情。

四、因平和在形上被絕對化，平和才是彌漫的狀態，它既超然，又永恒。

五、因平和是狀態，旋律（melody）是其特性，而且起著很大的作用。

六、因平和的狀態屬於「無」的本體，但是其功用是（一）「感盪心志」（二）「懲躁雪煩」及（三）「發洩幽情」。

七、如果把平和解釋當作完全擺脫情感的狀態，聽樂則是歸屬宇宙之母。

八、如果把平和解釋當作淡味（恬和淵淡），平和也息息相關到嵇康的人生觀——養生之說，養生之說以少私寡欲爲其出發點，而其目的則

是長壽。

佛教的樂論

一、音樂不過是心理上的過程——唯心作或幻影。

二、音樂本來無體性（asvabhāva）。

三、因音聲無體性，音聲的感知、聽覺都不過是般若的狀態。它既是虛構，又真如，彷彿般若而來的真相。

四、因此可以借用之當作一種工具沉思般若的狀態而達到心真如。

五、因沉思般若本身的狀態，所以所有的音聲（包括文字、歌詞、喃喃吶吶、個人心裏的節奏）皆爲媒介可以心領神會般若本身，而終究擺脫之，如同捨筏登岸。

六、因重視心真如的生起、維持、變異與消滅，節奏（rhythm）或音拍（beat）以及反響（resonance），尤其是音質（acoustic）（音聲的每個單一的拍子、停頓、生起與消逝叫作音質）才起著重要作用。

七、能聞性相關到阿毘跋致（Avivartin）的嚮往與修行。聽覺的修煉使一個菩薩成爲永遠不會退步的人。

八、佛教樂論不否認悲感在一定的程度上能感化聽者，以悲苦之感激發聽者感悟到萬象之真如。

走向比較美學

一、嵇康的樂論：音樂限於旋律，不包含音樂帶歌詞或舞蹈。
佛教的樂論：音樂非限於純粹旋律，包含著音樂帶歌詞（偈、梵唄、聲唄）、所有的喃喃吶吶的節奏（念佛）。
佛教的樂論也承認佛樂、念經、「念佛三昧」這樣的好處。
佛教反而把音樂當作人世間的一般所有的音聲，瓦解後不過是唯心作也。體會心般若，音聲不過是假相或心相而已。
佛樂也有這樣的修身功用，音樂（念佛）作爲你心的反映、反省與淨化，可以永久維持阿毘跋致的狀態、嚮往。

二、嵇康的樂論相關到長壽——養生之說。

三、嵇康承認音樂來自天地，又擁有天地的形上力量，其地位甚高。其本體不沾染任何人情。

四、嵇康的樂論：音樂的效用是「感物無常」，樂聲可以「感盪心志」（二）

「懲躁雪煩」及（三）「發洩幽情」。更高一層的就是體會宇宙的本
性，擺脫所有的感情的狀態或可以讓聽者感到淡味、恬和淵淡、少
私寡欲的境界。

可見，就比較美學而言，兩者並非二元對立，有的內在因素可以相通、
可以會通，有所謂的「共生性」（symbiosis），不是 A 完全隔離於 B（A 與 B
不是固定封閉的認識論的主體），也不是 A 加上了 B，而是 A 以朝向 B 或 B
可以朝向 A 的變化生成（becoming）。

為何孔子未談到無，而老子反而談得很多？有的學者認為：「老子還沒
達到體道的境界」。〔註1〕有的認為語言本身就是「不足」，但是 Rudolf G.
Wagner 反而提出語言的「不足」不是語言的原本之缺點，而是語言的必然
本體。〔註2〕老子和王弼才談及無，談個不停。王弼還說老子明顯是有論者，
曰：「老子是有者也，故恆言無，所不足。」〔註3〕這裡的「有者」指的應該
不是沒有通達道的境界，而是有論者（無論者的反義詞），才願意談無，探
討個不停，由於「無又不可以訓」，〔註4〕所以怎麼談，也談不足、言之不足。
如果把「有者」當作「辯論者」也通，因為能言善道就是有論者的一個面向。
所以馮友蘭才把《世說新語》這一段譯成如此：孔子體無，而覺悟無又不可
以訓，故言之有限（有論的局限），但老子和莊子未完全放棄有論者的境界，
才談及無，談個不停。〔註5〕

可見，越說「無」，「無」越存在。氣化論、陰陽論也要透過「無」才起
著其用，若把音樂的起源分析在「無」的存在的框架之下，天籟音響才有絕

〔註1〕 曾永義、黃啓方（主編），〈王弼傳〉，《注音詳解古今文選》（第十二集）（臺
　　　　北：國語日報社，2002），頁 5（總 4715）。

〔註2〕 Rudolf G. Wagner, "Chapter 1 Discerning the That-by-Which：The Language of the
　　　　Laozi and the Lunyu," in *Language, Ontology, and Political Philosophy in China：
　　　　Wang Bi's Scholarly Exploration of the Dark（Xuanxue）*（Albany：State University
　　　　of New York Press）, p.59.

〔註3〕 曾永義、黃啓方（主編），〈王弼傳〉，《注音詳解古今文選》（第十二集）（臺
　　　　北：國語日報社，2002），頁 1（總 4711）。

〔註4〕 《世說新語·文學》。

〔註5〕 "To this, Wang Pi answered：'……But Lao Tzu and Chuang Tzu had not yet
　　　　completely left the sphere of *Yu*（Being）, with the result that they constantly spoke
　　　　of their own deficiencies.' "「『弼曰：……老、莊未免于有，恆訓其所不足。』」
　　　　馮友蘭著、趙復三譯，《中國哲學簡史》 *A Short History of Chinese Philosophy*
　　　　（中英對照）（天津：天津社會科學出版社，2007），頁 360，361。

對的意義。可以這麼說，音樂的身分到了魏晉時代才在形而上學的意義上得以絕對化，其身分被提升到形上的絕頂。

嵇康在形而上學的意義上絕對化了音樂，佛教反而將音樂瓦解成爲唯心的操作，兩者可以保留其不同之處，同時也有很多面向在「無」的美學與「空」的美學的比較框架之下找到可以相通之點，使兩者走向比較美學。兩者的美學傳統既相對，又相通，豐富了中國古代文人的藝術生活。「無」的美學與「空」的美學之相對與相通亦如同我首章所引的「夫和實生物，同則不繼。」〔註6〕這就是「無」與「空」的魅力。

本論文把嵇康所談的音樂身分分析在「無」的美學的框架之下，並指出嵇康把音樂的「和」的狀態在形上絕對化，使之脫離於凡人的種種感情，成爲優先的狀態，而由和聲引發出來的各種各樣的情感皆爲後天的相對感知，毫無影響到和聲的純然本體。這樣的思維方法也投射了同時代王弼的一個形而上學的假設，即把所有萬象分析在「無」的絕對狀態。

筆者透過希臘 cosmology 或 cosmogony 的字源質疑湯用彤的分類法——「漢爲宇宙論，魏晉爲本體論」，筆者指出英文的 cosmology 或 cosmogony 是湯用彤的哲學術語的翻譯，而翻譯後帶來幾項問題：（一）希臘的 cosmology 其義本來就包含尋找萬物的變化背後的唯一之基點（single ground）或普遍的基礎（universal ground），本義則爲探討萬象背後的唯一存在（Being 大寫），此唯一存在本來就屬於本體之說了，沒有所謂的宇宙論，若沒有本體之說（唯一存在之說）作爲其前提，萬物不會在沒有唯一存在之說作爲其背景的情況下運作。（二）此本體之說不是單一各個物體的存不存在的問題，而是唯一存在之說，所以以 cosmology 一詞解釋五行，在理論上無法成爲可能，因五行不等於希臘 cosmology 中的原子論（Atomism），而原子論的目標就是尋找唯一的原動力（prime mover）或第一因（First Cause 大寫）。此外，（三）因 cosmology 向來未擺脫過原動力、第一因的思考，亞里多斯德（Aristotle 公元前 384～322）才把本體之說歸類在形而上學（metaphysics）之下，而屬於形而上學的亞類。

因此與其說漢爲宇宙論、魏晉貴無爲本體論，不如說無論作爲一種一元論（Monism）或絕對論（Absolutism），因王弼在形上將「無」絕對化，成爲唯一的存在，透過唯一的存在去討論名教的重要性——「名教出於自然」。若以佛解玄，王弼越把「無」絕對化，「無」就越優先存在，因而說無論就是體

〔註6〕 《國語》，第十六卷，〈鄭語篇〉。

性（svabhāva）之論，所以筆者的詮釋就是「無中生有」還是「有」，在「無」的狀態中的「有」的消滅還是「有」。

這個思辨方法基於一個體用之假設，「有」以「無」爲體，而「無」以「有」爲用，而嵇康樂論的思辨也基於這一體用的想法——樂聲「以平和爲體，而感物無常」，音樂可以引發我們後天的種種感受，說之爲後天是因感受沒有普遍性（universality），而是各地區的文化產物，有文化領域的限制，因此說音樂的情感效果是相對的或傾聽的效果是多元的，而和聲作爲純然的本體，純然一詞在此有兩種可能的說法，皆有道理：（一）全無情感（二）淡味（恬和淵淡）。若解之爲全無感情，這早就有形而上學、本體之說包含在內了，因無情感，才能「感物無常」，人間的情感不會沾染到其純然的體性——和聲，和聲終究成爲體性的美學（ontic aesthetics）。若解之爲淡味，也通，因這相關到嵇康的養生之說，音樂具有養生的功能。但不論是全無情感或淡味，皆以「貴無」的絕對存在爲優先——「無」的美學。

嵇康論樂的體性，大乘反而論樂的無體性（asvabhāva），透過空論去瓦解音聲的存在、體性之說，音聲不過是「唯心作」也。音聲是我們心理上的短暫之操作，如同心中的假相——鏡中的幻影。本過程發生後於「自我意識」或「分別識」的覺醒，也是自然而然的現象，如同「般若而來」，因爲「心眞如」（皆爲心中所妄念），對音聲的感知才皆爲無體性。我們的感知要依賴體性之說爲其假設的前提，如：明／暗、動／靜、香／臭、甜／淡、冷／熱、癢／痲，皆爲「分別識」的假相之基礎。「聽覺」也同樣要依賴「動」／「靜」的假相才能起著作用，若離開「動」／「靜」的思辨之假相，「聽覺」則爲「空」，覺醒兩者不過是我們心的「不空」或心的「相應染」。連我們感知的淡味皆爲「唯心作」也。

兩者爲不同的美學傳統，也使兩者的審美的音性著重在不同之處，嵇康的樂論重在旋律（melody），此由於旋律反映著形而上學的和諧狀態，旋律才起著很大的作用。大乘以空論瓦解了音聲的體性，因此重在節奏（rhythm）或音拍（beat）、音的反響（resonance），尤其是音質（acoustic），借用之啓發我們對聽覺的空性——「諸法皆空」。嵇康的樂論限於純粹的旋律，毫不帶歌詞，因旋律以和諧爲其純然的狀態，而其用感物無常。佛樂範圍較廣，包含著所有的音樂形式，如：純粹的音樂、音樂帶種種歌詞（偈、梵唄、聲唄）、音聲的韻味（念佛），這些音性的實踐可以維持阿毘跋致（Avivartin）的嚮往與修

行，傾聽的修煉使一個菩薩成爲永遠不會退步的人。

雖然兩者出於不同的美學傳統——「無」的美學與「空」的美學，不過兩者都可以走向相通之處。嵇康、佛教都提及音樂的養生之說，皆認爲音樂使人增長壽命，嵇康談及音樂與少私寡欲、消除衝動的情感（恬和淵淡）之關係，佛教也談到音樂與涵養、修身的關係，大乘認爲不論人爲的音樂還是天樂皆可以淨化聽者的心靈，引發三昧狀態，使人抽身靜觀唯心的生起、維持、變異與消滅——唯心的操作。傾聽活動本身終究成爲了冷眼靜觀的對象。

兩者雖然出處不同，可是在中國文化上具有不少成分可以互相滲透而生成。音樂不論無哀樂、恬和淵淡還是傾聽唯心的操作，皆相關到我們傾聽的感知或傾聽的美學，我稱之爲「傾聽的詩學」（poetics of listening），它們豐富了中國文人的藝術生活，如同紡織成爲一片之纖維。因它們是活生生的纖維，當你描述它們的美的時候，你總以「無」爲「空」，以「空」爲「無」。這也是它們朦朧的美。

徵引文獻

王弼著作

　　王弼：《王弼集校釋》，北京：中華書局，1980。

　　王弼：《周易略例》，北京：中華書局，1980。

嵇康著作

　　嵇康：《嵇康集校注》，臺北：河洛圖書出版社，1978。

電子佛經

　　〔秦〕三藏鳩摩羅什譯：《維摩詰所説經》，《大正新脩大正藏經》，CBETA，第十四冊。

　　〔秦〕天竺三藏鳩摩羅什譯：《金剛般若波羅蜜經》，《大正新脩大正藏經》，CBETA，第八冊。

　　〔秦〕罽賓三藏佛陀耶舍共竺佛念等譯：《四分律》（卷第三十五），《大正新脩大藏經》，CBETA，第二十二冊。

　　〔秦〕龜兹三藏鳩摩訌什譯：《佛説阿彌陀經》，《大正新脩大正藏經》，CBETA，第十二冊。

　　〔秦〕龜兹國三藏鳩摩羅什譯：《摩訶般若波羅蜜經》，《大正新脩大正藏經》，CBETA，第八冊。

　　〔魏〕天竺三藏康僧鎧譯：《佛説無量壽經》，《大正新脩大正藏經》，CBETA，第十二冊。

　　〔唐〕天竺三藏善無畏共沙門一行譯：《大毘盧遮那成佛神變加持經》，《大正新脩大正藏經》，CBETA，第十八冊。

　　〔唐〕天竺沙門般剌蜜帝譯：《大佛頂萬行首楞嚴經》，《大正新脩大正藏經》，CBETA，第十九冊。

〔宋〕天竺三藏求那跋陀羅奉詔重譯：《拔一切業障根本得生淨土神呪》（出小無量壽經），《大正新脩大正藏經》，CBETA，第十二冊。

〔宋〕中印度三藏求那跋陀訌譯：《勝鬘師子吼一乘大方便方廣經》，《大正新脩大正藏經》，CBETA，第十二冊。

西天譯經三藏朝散大夫試鴻臚卿宣梵大師賜紫沙門臣日稱等奉詔譯：《諸法集要經卷第一》，《大正新脩大藏經》，CBETA，第十七冊。

馬鳴菩薩造，大周于闐三藏實叉難陀奉制譯：《大乘起信論》（大正新脩大正藏經，CBETA，第三十二冊。

龍樹菩薩造，梵志青目釋，〔秦〕三藏鳩摩羅什譯：《中論》，《大正新脩大正藏經》，CBETA，第三十冊。

龍樹菩薩造，（後秦）龜茲國三藏鳩摩羅什譯：《大智度論》，《大正新脩大正藏經》，CBETA，第二十五冊。

龍樹菩薩造，（後魏）三藏毘目智仙共瞿曇流支譯：《迴諍論》，《大正新脩大正藏經》，CBETA，第三十二冊。

彌勒菩薩説，〔唐〕三藏法師玄奘奉詔譯，《瑜伽師地論》，《大正新脩大藏經》，CBETA，第三十冊。

古籍文獻

〔春秋〕左丘明：《國語》，臺北：宏業書局，1980。

〔戰國〕《十三經注疏》，阮元編輯，臺北：藝文印書館，1814。

〔漢〕京房等（著）、（明）程榮（校）：《漢魏叢書》，臺北：新興書局，1959。

〔漢〕應劭：《風俗通義》，上海：上海商務印書館，1936。

〔漢〕劉向（編）：《楚辭章句補注》，臺北：世界書局，1956。

〔魏〕阮籍：《阮籍集校注》，北京：中華書局，1814。

〔晉〕王衍：《晉書》，北京：中華書局，1974。

〔晉〕郭璞：《莊子集釋》，臺北：河洛圖書出版社，1974。

〔南朝〕李善：《文選：附考異》，臺北：五南圖書公司，1991。

〔南朝〕劉義慶：《世說新語》，臺北：臺灣商務印書館，1968。

〔南朝〕范曄：《後漢書》，北京：中華書局，1965。

〔南朝〕蕭統、李善：《文選》，北京：中華書局，1977。

〔南朝〕鍾嶸，《詩品》，曹旭集注：《詩品集注》，上海：上海古籍出版社，1994。

〔隋〕智顗：《淨土十疑論》（印贈版本），財團法人佛陀教育基金會，無年。

〔唐〕慧皎：《高僧傳》，臺北：文殊出版社，1988。

〔唐〕魏徵等：《隋書》，上海：中華書局，1923。

〔清〕段玉裁:《說文解字注》,上海:上海書店,1992。

〔清〕陳祚明:《續修四庫全書》,上海:上海古籍出版社,2002。

〔清〕劉熙載:《藝概》,上海:上海古籍出版社,1978。

〔清〕盧文弨:《抱經堂叢書》,北京:智力書局,1923。

〔清〕嚴可均:《全上古三代秦漢三國六朝文》,北京:中華書局,1985。

中文近人著作

中國佛教協會(編輯):《中國佛教》(第二冊),北京:知識出版社,1981。

中華書局編輯部:《全唐詩》,北京:中華書局,1999。

方述鑫:《甲骨文字典》,成都:巴蜀書社,1993。

王國維:《觀堂集林》,北京:中華書局,1959。

王夢鷗(註譯)、王雲五(主編):《禮記今註今譯》(下冊),臺北:臺灣商
    務印書館,1984。

吳冠宏:《魏晉玄義與聲無新探》,臺北:里仁書局,2006。

李澤厚、劉鋼紀(主編):《中國美學史》,臺北:谷風出版社,1987。

來可弘:《國語直解》,上海:復旦大學出版社,2000。

周法高:《金文詁林補》,臺北:中央研究院歷史語言所,1997。

馬承源(編輯者):《商周青銅器銘文選》(第四冊),北京:文物出版社,1990。

高友工:《中國美典與文學研究論集》,臺北:臺大出版中心,2004。

國立政治大學中文系所主編:《漢代文學與思想學術研討會論文集》,臺北:
    文史哲出版社,1991。

張少康:《中國文學理論批評史》(上冊),臺北:水牛出版社,2005。

張守中:《郭店竹簡文字遍》,北京:文物出版社,2006。

張君勱:《中國現代學術經典‧君勱卷》(黃克劍、王濤編輯),石家莊:河
    北教育出版社,1996。

張蔭麟:《中國史綱》,上海:上海古籍出版社,1999。

郭沫若:《郭沫若全集》(上冊),北京:科學出版社,2002。

陳必祥:《歐陽修散文選》,香港:三聯書店,1990。

陳奇猷(校):《韓非子集釋》,北京:中華書局,1961。

曾永義、黃啓方(主編):《注音詳解古今文選》(第十二集),臺北:國語日
    報社,2002。

湯一介:《佛教與中國文化國際學術會議論文集》,臺北:中華文化復興運動
    總會宗教研究委員會,1995。

湯用彤:《理學‧佛學‧玄學》,北京:北京大學出版社,1991。

湯用彤：《湯用彤學術論文集》，北京：中華書局，1983。

湯用彤：《魏晉玄學論稿》（1957），北京：中華書局，1983。

湯用彤著，湯一介編：《魏晉玄學》，臺北：佛光書局，2001。

紫虛居士：《大佛頂首楞嚴經》（未出版之著作）。

逯欽立（校）：《先秦漢魏晉南北朝詩》，北京：中華書局，1983。

馮友蘭：《民國叢書》，上海：上海書店，1996。

楊勇（校）：《陶淵明集校箋》，加州：正文書局，1976。

載璉璋：《玄智、玄理與文化發展》，臺北：中研院文哲所，2002。

劉興隆：《新編甲骨文字典》，北京：國際文化出版社，1993。

蔡仲德：《中國音樂美學史》，臺北：藍燈文化公司，1991。

蕭馳：《中國抒情傳統》，臺北：允晨文化公司，1999。

賴永海、楊維中：《楞嚴經新譯》，臺北：三民書局，2012。

錢鍾書：《管錐編》，北京：中華書局，1994。

謝大寧：《歷史的嵇康與玄學的嵇康──從玄學史看嵇康思想的兩個側面》，
　　臺北：文史哲出版社，1997。

謝柏梁：《中國分類戲曲學史綱》，臺北：臺灣商務印書館，1994。

藍吉富（主編）：《中華佛教百科全書》，中華佛教百科文獻基金會出版，1996。

羅光：《中國哲學思想史》，臺北：臺灣學生書局，1978。

釋興慈：《重訂二課合解》，福建：莆田廣化寺佛經流通處印，無年。

中文期刊論文

吳冠宏：〈當代《聲無哀樂論》研究的三種論點商榷〉，《東華漢學》第 3 期，
　　頁 109。

馮友蘭：〈魏晉玄學貴無論關於有論的理論〉，《北京大學學報》（哲學社會科
　　學版）1986：1：11～18。

蕭馳：〈嵇康與莊子超越境界在抒情傳統中之開啟〉，《漢學研究》第 25 卷第
　　1 期（2007 年 6 月）：95～129。

外文中譯

〔德〕瓦格納著、楊立華譯：《王弼《老子注》研究》，南京：江蘇人民出版
　　社，2008。

杜維明（Tu Wei-ming）著、陳靜譯、楊儒賓導讀：《我們的宗教：儒教》，臺
　　北：麥田，2002。

馮友蘭著、趙復三譯：《中國哲學簡史》（A Short History of Chinese Philosophy）
　　（中英對照），天津：天津社會科學院出版社，2007。

西文近人著作

Althusser, Louis. *Essays on Ideology*. Thetford, Norfolk: Verso, 1984.

Blofeld, John. *Mantras, Sacred Words of Power*. London: Allen and Unwin, 1977.

Bloom, Harold, et al. *Deconstruction and Criticism*. New York: Seabury, 1979.

Cai Zong-qi, ed. *Chinese Aesthetics*: *The Ordering of Literature, the Arts, and the Universe in the Six Dynasties*. Honolulu: University of Hawai'i Press, 2004.

Ch'en, Kenneth. *Buddhism in China*. Princeton, NJ: Princeton University Press, 1964.

Chan, Alan. *Two Visions of the Way*: *A Study of the Wang Pi and the Ho-shang Kung Commentaries on the Lao-tzu*. Albany: State University of New York Press, 1991.

Cornford, Francis Macdonald, ed. *The Unwritten Philosophy and Other Essays*. Edited with an introductory memoir by William Keith Chambers Guthrie. Cambridge: Cambridge University Press, 1950.

Derrida, Jacques. *Of Grammatology*. Trans. Gayatri Chakravorty Spivak. Baltimore: The Johns Hopkins University Press, 1974.

Derrida, Jacques. *Margins of Philosophy*. Trans. Alan Bass. Chicago: University of Chicago Press, 1982.

DeWoskin, Kenneth J. *A Song for One or Two*: *Music and the Concept of Art in Early China*. Ann Arbor: University of Michigan Center for Chinese Studies.

Dumoulin, Heinrich. *A History of Zen Buddhism*. Boston: Beacon Press, 1963.

Gibran, Kahlil. *The Prophet*. Middlesex: Echo Library, 2006.

Hartman, Charles. *Han Yü and the T'ang Search for Unity*. Princeton: Princeton University Press, 1986.

Hobsbawm, Eric. *The Invention of Tradition*. Eds. Hobsbawm & T. Ranger. Cambridge: Cambridge University Press, 1983.

Hsuan Hua. *The Buddha Speaks of Amitabha Sutra*: *A General Explanation*. Translated and annotated by Hsuan Hua. Burlingame, California: Buddhist Text Translation Society, 2002.

Hubbard, Jamie & Swanson, Paul Loren, eds. *Pruning the Bodhi Tree*: *The Storm Over Critical Buddhism*. Hawaii: University of Hawaii Press, 1997.

Hussain, Mazhar and Wilkinson, Robert, eds. *The Pursuit of Comparative Aesthetics*: *an Interface between East and West*. Burlington, VT: Ashgate, 2006.

Julian, Baldick. *Mystical Islam*: *An Introduction to Sufism*. New York: New York University Press, 1989.

Kelsang Gyatso, Geshe. *The Bodhisattva Vow*: *The Essential Practices of Mahayana Buddhism*. Ulverston, England and Glen Spey, New York: Tharpa Publications: 2003.

Kivy, Peter. *Introduction to a Philosophy of Music*. Oxford: Clarendon Press, 2002.

Kjellberg, Paul and Ivanhoe, Philip J., ed. *Essays on Skepticism, Relativism, and Ethics in the Zhuangzi*. Albany: State University of New York Press, 1996.

Kristeva, Julia. *Desire in Language: A Semiotics Approach to Literature and Art*. Trans. Thomas Gora, Alice Jardine, and Leon S. Roudiez. Ed. Leon S. Roudiez. New York: Columbia University Press, 1980.

Kuttner, Fritz. *The Archaeology of Music in China*. New York: Paragon House, 1990.

Lancaster, Lewis R. & Lai, Whalen, eds. *Early Ch'an in China and Tibet*. Berkeley, California: Regents of the University of California, 1983.

Lucretius, Titus. *De Rurum Natura*（On the Nature of Things）. Trans. W.E. Leonard. New York: Dover Publication, 2004.

Margolis, Joseph. *The Truth about Relativism*. Oxford: Basil Blackwell, 1991.

Mckeon, Richard. *Introduction to Aristotle*. New York: The Modern Library, 1947.

Miyamoto. *Studies in Indology and Buddhology*. Presented in honor of Prof. S. Yamaguchi. Tokyo: No publisher, 1955.

Nietzsche, Friedrich. *The Will to Power*. Trans. Walter Kaufmann. New York: Random House, 1967.

Owen, Stephen. *The Poetry of Meng Chiao and Han Yü*. New Haven and London: Yale University Press, 1975.

Panini & Katre, S. M. *Aṣṭadhyayi of Paṇini*. Delhi: Motilal Banarsidass, 1987.

Park, Jin Y, ed. *Buddhisms and Deconstructions*. Edited by Jin Y. Park and afterword by Robert Magliola. Lanham, Boulder, New York, Toronto, Oxford: Rowman & Littlefield Publishers, Inc., 2006.

Rawls, John. *A Theory of Justice*. Cambridge: Harvard University Press, 1971.

Robert, Alec and Stevens, Denis, eds. *The Pelican History of Music*. Baltimore: Pelican, 1960.

Robin, Leon. *Greek Thought and the Origin of the Scientific Spirit*. New York: Russell & Russell, 1928.

Schopenhauer, Arthur. *The World as Will and Representation*. Trans. E. F. J. Payne. New York: Dover Publications, 1969.

Suzuki, D. T. *On Indian Mahayana Buddhism*. Ed. Edward Conze. New York: Harper and Row, 1968.

Takakusu, Junjiro. *The Essentials of Buddhist Philosophy*. Eds. Wing-tsit Chan, and Charles A. Moore. Honolulu: University of Hawaii Press, 1947.

Taylor, Rodney. *The Religious Dimensions of Confucianism*. Albany: State University of New York Press, 1986.

Teilhard, Pierre. *Writings in Time of War*. Trans. René Hague. New York & Row, 1968.

Tillman, Hoyt Cleveland. *Utilitarian Confucianism*: *Ch'en Liang's Challenge to Chu Hsi*（陳亮與朱熹的辯論——明道誼而計功利）. Cambridge（Massachusetts）and London, Harvard University Press, 1982.

Wagner, Rudolf G. *Language, Ontology, and Political Philosophy in China*: *Wang Bi's Scholarly Exploration of the Dark*（*Xuanxue*）. Albany: State University of New York Press, 2003.

Wellesz, ed. *The New Oxford History of Music*. London: Oxford University Press, 1957.

西文期刊論文

Alexandrakis, Aphrodite. "The Role of Music and Dance in Ancient Greek and Chinese Rituals: Form versus Content." *Journal of Chinese Philosophy*. 2006: 267～278.

Chai, David. "Musical Naturalism in the Thought of Ji Kang." *Dao*: *A Journal of Comparative Philosophy.*（Publisher Springer Netherlands）Subject Collection Humanities, Social Sciences and Law, Volume 8, Number 2/June, 2009, pp. 151～171.

Chen Pi-yen. "Sound and Emptiness: Music, Philosophy, and the Monastic Practice of Buddhist Doctrine." *History of Religions*. Vol. 41, No. 1（Aug., 2001）, pp. 24～48.

Egan, Ronald. "The Controversy over Music and "Sadness" and Changing Conceptions of the *Qin* in Middle Period China." *Harvard Journal of Asiatic Studies*. Vol. 57, No. 1,（Jun., 1997）, pp. 5～66.

Ellingson, Ter. "Buddhist Musical Notations," unpublished.

Fang Zhaohui. "Metaphysics or Xing（er）shangxue 形（而）上學？: A Western Philosophical Term in Modern China." *Dao*：*A Journal of Comparative Philosophy*. Vol. V, No. 1, December 2005, pp. 89～107.

Garfield, Jay L. "Epoché and Śūnyatā：Skepticism East and West." *Philosophy East and West*. Vol. 40, No. 3. July, 1990, pp. 285～307.

Gulik, R. H. van. "The Lore of the Chinese Lute：An Essay in Ch'in Ideology." *Monumenta Nipponica*. Vol. 1, No. 2（Jul., 1938）, pp. 386～438, Vol. 2, No. 1（Jan., 1939）, pp. 75～99, Vol. 2, No. 2（Jul., 1939）, pp. 409～436, Vol. 3, No. 1（Jan., 1940）, pp. 127～176. "The Lore of the Chinese Lute（Monumenta Nipponica Monographs, Tokyo 1940）Addenda and Corrigenda." *Monumenta Nipponica*. Vol. 7, No. 1/2（1951）, pp. 300～310.

Hsieh Shan-yuan. "Hsün Tzu's Political Philosophy." *Journal of Chinese Philosophy*.（March, 1979）6.1：69～90.

Kaufmann, W. "The Mudrās in Sāmavedic Chant." *Ethonomusic: logy.* 9/2（1967）.

Lai, Whalen. "The Meaning of "Mind-Only"（Wei-hsin）: An Analysis of a Sinitic Mahāyāna Phenomena." *Philosophy of East and West.* Vol. 27, No. 1（Jan., 1977）, pp. 65～83.

Li Chenyang. "The Ideal of Harmony in Ancient Chinese and Greek Philosophy." *Dao: A Journal of Comparative Philosophy.*（2008）7：81～98.

Li Wei. "The Duality of the Sacred and the Secular in Chinese Buddhist Music: An Introduction." *Yearbook for Traditional Music.* Vol. 24（1992）, pp. 81～90.

Lin Yü-sheng. "The Evolution of the Pre-Confucian Meaning of *Jen* and the Confucian Concept of Moral Autonomy." *Monumenta Serica.*（1974～1975）31：172～204.

Mabbett, Ian W. "Buddhism and Music." *Asian Music.* Vol. 25, No. 1/2, 25th Anniversary Double Issue（1993～1994）, pp. 9～28.

McEvilley, Thomas. "Early Greek and Mādhyamika." *Philosophy East and West.* 31, no.2（April 1981）：149～152.

Mei, Y. P. "Hsün Tzu's Theory of Government." *Tsing Hua Journal of Chinese Studies.*（August, 1970）8.1 & 2：36～80.

Owen, Stephen. "Deadwood: The Barren Tree from Yu Hsin to Han Yu." *Chinese Literature: Essays, Articles, Reviews（CLEAR）.* 1.1（1979）, pp. 157～179.

Raphals, Lisa. "Skeptical Strategies in the Zhuangzi and the Theaetetus." *Philosophy East and West.* Vol. 44, No. 3. July, 1994, pp. 501～526.

Rosemont, Henry, Jr. "State and Society in the *Hsün Tzu*: A Philosophical Commentary." *Monumenta Serica.*（1970～1971）29：38～78.

T'ang Yung-t'ung, "Wang Pi's New Interpretation of the *I Ching* and *Lun-yü*." *Harvard Journal of Asiatic Studies.* Translated, and noted by Walter Liebenthal. Vol. 10, No. 2（Sep., 1947）, pp. 124～161.

Wu Zhao. "The Origins of China's Musical Culture: Jiahu Turtleshell Shakers, Bone Flutes, and the Eight Trigrams." Trans. by Kenneth J. DeWoskin and Scott Cook. *La pluridisciplinarité en archéologie musicale.* Paris: Centre française d'archéologie musicale Pro Lyra, Volume 2.

Yang Xiao. "The Pragmatic Turn: Articulating Communicative Practice in the *Analects*." *Oriens Extremus.*（2005）45: 1～19.

古籍英譯

Asvaghosa. *The Awakening of Faith Attributed to Asvaghosa.* Trans. Hakeda Yoshito. New York: Columbia University Press, 1967.

Açvaghosha. *The Awakening of Faith in the Mahâyâna.* Translated for the first time from the Chinese versions by Teitaro Suzuki（second printings, 100 copies）. Republic of China: Chinese Material Center, 1983.

Ames, T. Roger, trans. *The Analects of Confucius*: *A Philosophical Translation*. Bilingually translated by Roger T. Ames and Henry Rosemont, Jr. New York: The Ballantine Publishing Group, 1998.

Chan, Wing-tsit, trans. *A Sourcebook in Chinese Philosophy.* Princeton, NJ: Princeton University Press, 1963.

Conze, Edward, trans. *The Perfection of Wisdom in Eight Thousand Lines & Its Verse Summary.* Electronic book version, free distribution. No publication year.

Davids, Rhys, trans. *The Book of the Kindred Saying.* Oxford: Pali Text Society, 2000.

Ekken, Kaibara. *The Philosophy of Qi*: *The Record of Great Doubt.* Trans. Mary Evelyn Tucker. New York: Columbia University Press, 2007.

Giebel, Rolf W., trans. *The Vairocanābhisaṃbodhi Sutra.* Translated from the Chinese（Taishō Volume 18, Number 848）by Rolf W. Giebel（dBET PDF Version Copyright 2009）. Berkeley, California: Numata Center for Buddhist Translation and Research, 2009.

Han Shan（1546～1623）, ed. *The Surangama Sutra*（Lengyan jing）. Trans. Upasaka Lu K'uan Yu（Charles Luk）（electronic book version, free distibution）. Buddha Dharma Education Association Incorporation, no publication year.

I Ch'ing. *A Record of the Buddhist Religion.* Trans. Junjiro Takakusu. Oxford: Oxford

Legge, James, trans. *The Chinese Classics.* Hong Kong, 1960.

Müller, Max, trans. *Buddhist Mahâyâna Texts.* New York: Cosimo, Inc, 2007.

University Press, 1896.

Wang Bi. *The Classic of Changes*: *New Translation of the I Ching as Interpreted by Wang Bi.* Trans. Richard John Lynn. New York: Columbia University Press, 1994.

Wang Pi. *Commentary on the Lao Tzu by Wang Pi.* Translated by Ariane Rump in collaboration with Wing-tsit Chan（Monograph No. 6 of the Society for Asian and Comparative Philosophy）. Hawaii: The University Press of Hawaii, 1979.

西文索引

A Concordance to the Zhuangzi（Harvard Yanjing Concordance Series）.

西文學位論文

Chang, Edmond Yi-the. The Aesthetics of Wu: Wang Bi's Ontological Paradigm and the Transformation of Chinese Aesthetics. PhD dissertation, University of California, San Diego. Ann Arbor: 2001.

Spitz, Rivi Handler. Diversity, Deception, and Discernment in the Late Sixteenth Century: A Comparative Study of Li Zhi's A Book to Burn and Montaigne's Essays. PhD dissertation. Chicago: University of Chicago Press, 2009.

網站

天樂繪圖，http：//www.terakoya.com/amidakyo/r_amida_03b2_e.htm（2012/5/3）. Webpage by Terakoya-Net/Renjo-ji（蓮淨寺，淨土眞宗本願寺派）。

Hsing Yun. *Sounds of the Dharma*: *Buddhism and Music* (2005). Retrieved from http://www.blupusa.com/download/bies16.pdf（2010/3/23）.

Nāgārjuna. *Seventy Verses on Sunyata*（Shunyatasaptati），Verse 58. Trans. Christian Lindtne. Retrieved from http://www.lemniscaatmethode.be/Lemniscaat_methode/NAGARJUNA_files/seventy_verses_transl_lindtner.pdf（2011/09/26）.

Nāgārjuna. *Mūlamadhyamikakārikā*（XIII 5）. Retrieved from http://www.stephenbatchelor.org/index.php/en/verses-from-the-center（2011/09/26）.